HEYNE <

MARTIN BAUER

DIE
TEMPELRITTER

Mythos und Wahrheit

WILHELM HEYNE VERLAG
MÜNCHEN

Dieser Band erschien bereits in einer früheren Ausgabe unter der
ISBN 3-453-13203-3

Verlagsgruppe Random House FSC-DEU-0100
Das für dieses Buch verwendete FSC-zertifizierte Papier *München Super*
liefert Mochenwangen.

Taschenbuchausgabe 12 / 2006

Copyright © 1997 by Wilhelm Heyne Verlag GmbH & Co. KG, München
Copyright © 2006 by Wilhelm Heyne Verlag, München,
in der Verlagsgruppe Random House GmbH
www.heyne.de
Printed in Germany 2006
Redaktion: Gertrud Bauer
Konzeption und Realisation:
Christine Proske, Julia Bauer (Ariadne Buchkonzeption)
Grafiken: Design-Studio Fleischer
Umschlaggestaltung: Hauptmann & Kompanie Werbeagentur,
München – Zürich
Umschlagillustration: Artwork Hauptmann & Kompanie Werbeagentur,
München – Zürich
Druck und Bindung: GGP Media GmbH, Pößneck

ISBN-10: 3-453-62011-9
ISBN-13: 978-3-453-62011-7

Inhalt

Einleitung 9

Teil 1: Die Anfänge 11

I. Die Jahre bis zur offiziellen Anerkennung 13
   1. Die Eroberung Jerusalems 13
   2. Die Gründung des Ordens 16
   3. Die Erfindung des Mönchsrittertums 26

II. Das Konzil von Troyes und seine Folgen 32
   1. Die Teilnehmer des Konzils 32
   2. Die Vorrede zur Templerregel 34
   3. Der Aufbau und Kern der Templerregel 37

III. Die Begünstigung des Ordens in den Folgejahren . 44
   1. Die Unterstützung der Templer durch
      Bernhard von Clairvaux 47
   2. Die Unterstützung der Templer durch
      die Päpste 55

Teil 2: Die Struktur des Ordens 59

I. Die Organisation der Schenkungen 61

II. Die Organisation der Ordensmitglieder 69
    1. Die Mitglieder der Templerfamilie 69
    2. Die Aufnahme in die Templerfamilie 74
    3. Das mönchische Alltagsleben 79
    4. Der ritterliche Alltag 89
    5. Die Würdenträger des Ordens 92

Teil 3: Der Aufstieg und die Blüte 101

I. Die Templer in Europa 103

II. Das Wirken im Heiligen Land 113
    1. Die Anfangsjahre 113
    2. Die Jahre vor dem zweiten Kreuzzug 120
    3. Der zweite Kreuzzug (1147–1149) 127
    4. Der wachsende Einfluß des Ordens 141
    5. Der Höhepunkt – und die erste Krise 146
    6. Der dritte Kreuzzug (1189–1192) und
       die Folgejahre 153

Teil 4: Der Niedergang 169

I. Vergebliche Rettungsversuche 171
    1. Die letzten Militäraktionen 172
    2. Die sich verschlechternde Lage in Europa . . . 175
    3. Die Pläne zur Zusammenlegung mit
       konkurrierenden Orden 180

II. Der Prozeß gegen den Orden 186
   1. Die Gründe für den Prozeß 188
   2. Der Verlauf des Verfahrens 192
   3. Die Anklagepunkte und ihre Stichhaltigkeit . . 199
   4. Das Ende der Ordens 211

Teil 5: Das Ende? 215

I. Überlebte der Orden den Prozeß? 220
   1. Löste sich der Orden selbst auf? 222
   2. Flüchteten die Templer nach Schottland? . . . 225
   3. Gab es ein Weiterleben in Frankreich? 231

II. Der Schatz der Templer 237
   1. Die Grabungen auf Burg Gisors 238
   2. Das Geheimnis von Rennes-le-Château 244
   3. Andere Orte, andere Schätze 250

III. Das Fortwirken der Templer 254
   1. Waren die Templer die Baumeister der Gotik? . 254
   2. Wer entdeckte Nordamerika? 256
   3. Gab es Ordenskolonien in Südamerika? 261
   4. Waren die Templer Alchimisten
      und Propheten? 265
   5. Steckte der Orden hinter der Französischen
      Revolution? 269
   6. Behüteten die Templer den Heiligen Gral? . . . 271

Schlußwort 275

   Literaturverzeichnis   279
   Bildnachweis   281
   Danksagung   283
   Personenregister   285

I templari c'entrano sempre
Die Templer haben ihre Finger immer im Spiel
(Umberto Eco, Das Foucaultsche Pendel)

Einleitung

I templari c'entrano sempre, irgendwie haben die Templer immer ihre Finger im Spiel, das ist das Fazit, das
Umberto Eco in seinem *Foucaultschen Pendel* zieht. Und
tatsächlich scheint der Orden, der vor über 600 Jahren
ein tragisches Ende fand, auch heute noch in den Herzen
und Gedanken zahlreicher Menschen lebendig zu sein.
Viele sind sogar überzeugt, daß er bis heute weiterexistiert, trotz seiner Auflösung und der Verbrennung seiner
Anführer im Jahr 1314. Schon zu Zeiten des Ordens
rankten sich etliche Gerüchte um die stolzen, ganz in
Weiß gekleideten Ritter, die in der Schlacht Todesverachtung zeigten, sich aber im Alltag kaum in der Öffentlichkeit blicken ließen. Doch was spielte sich hinter den
Festungsmauern der Templer ab? Und woher stammte
ihr offenkundiger Reichtum?

In ihrem Stolz hielten es die Brüder nicht für notwendig, dem einfachen Volk Rechenschaft abzulegen, ganz
im Gegenteil: Sie schienen die Gerüchte zu genießen, die
um den Orden herum entstanden. Ein bedeutungs-
schwerer Fehler, der direkt zu ihrem Untergang führte:
1307 griff König Philipp von Frankreich einfach einige

dieser Gerüchte auf und machte sie zu Anklagepunkten in seinem Prozeß gegen den Orden. Die französische Öffentlichkeit glaubte die Anschuldigungen sofort – jeder hatte schließlich schon etwas in dieser Richtung munkeln hören –, und auch der Papst verteidigte die Brüder nur sehr halbherzig. Prozeßakten, Vernehmungsprotokolle, Durchsuchungen fast aller Besitzungen des Ordens: Alles lieferte nur unzureichende Anhaltspunkte für die Klärung zahlloser Fragen – manche von ihnen können wohl nie beantwortet werden.

Was bleibt von den Templern? Für manche Historiker stellen sie lediglich eine Fußnote zur Kreuzzugsgeschichte dar. Zugegeben, die praktischen Auswirkungen des Ordens auf unser heutiges Leben sind gleich Null. Zwei Ideen der Templer aber leben weiter:

* Wie kaum eine andere Organisation symbolisiert der Orden ein vereinigtes Europa. Die Tempelritter stammten aus allen Regionen Europas und fanden sich zur Erfüllung einer gemeinsamen Aufgabe zusammen. Die Kreuzzugsaufrufe von damals sind die Maastrichter Verträge von heute: der Versuch, Europa zu einigen.
* Doch nicht nur die Kreuzzugsidee, sondern sogar die Idee des Mönchsritters lebt heute noch, wenn auch in abgewandelter Form – in den Wehrpflichtigenheeren Europas. Dort lebt die Figur weiter, die Hugo von Payens im Jahr 1120 erfand: der Soldat, der nach strengen ethischen Grundsätzen handelt. Der Mönchsritter von damals ist der Bürger in Uniform von heute.

Teil 1:
Die Anfänge

I. Die Jahre bis zur offiziellen Anerkennung

1. Die Eroberung Jerusalems

Der erste Kreuzzug endete mit einem vollständigen Triumph. Am 13. Juli des Jahres 1099 fiel Jerusalem nach Jahrhunderten muslimischer Herrschaft wieder in die Hände der Christen. Unter den Kreuzfahrern herrschte unglaublicher Jubel: Sie hatten nach großen Strapazen die heiligste Pilgerfahrt beendet und dabei auch noch die Stadt des Herrn von den Ungläubigen befreit – auf eine ziemlich radikale Art übrigens: Die Chronisten berichten über Ströme von Blut, die an diesem Tag in den Straßen von Jerusalem geflossen seien.

Jahrhundertelang hatten die Christen und Moslems sich um die Herrschaft über die Stadt gestritten, die den Gläubigen dreier Weltreligionen (Judentum, Christentum, Islam) heilig ist. Dem mittelalterlichen Abendland galt Jerusalem als das mythische Zentrum der Welt, der heilige Augustinus bezeichnete es als die Stadt des endzeitlichen Friedens. Hierher, so der weitverbreitete Glaube, würde Christus vom Himmel herabsteigen, hier würde nach der Wiederkehr Christi und dem Triumph des Guten über die Mächte der Finsternis das Paradies auf Erden wiederhergestellt. Dieses neue, himmlische Jerusalem wurde in der Christenheit zum Symbol einer grenzenlosen Hoffnung auf Errettung. Und gerade die Tatsache, daß kaum ein Christ die Stadt vor 1099 gesehen hatte, regte die Phantasie der Bevölkerung enorm an; die Vorstellungen vom realen und vom himmlischen Jerusalem vermischten sich. Dies nützten die Priester und Könige in ihren Kreuzzugsaufrufen aus und versprachen denen, die sich auf die Reise machten, ein Land von unvorstellbarem Reichtum. Von dieser Propaganda beeinflußt, erwarteten viele Kreuzfahrer des Jahres 1099 tatsächlich, die goldenen Dächer des mythischen Jerusalem zu erblicken. Doch statt dessen mußten sie die »Stadt des endzeitlichen Friedens« erst einmal mit Gewalt erobern und fanden dann weder Gold noch Frieden. Denn die Lage des Kreuzfahrerstaats blieb auch nach der Eroberung Jerusalems äußerst kritisch, die Pilger mußten jederzeit auf einen Kampf gefaßt sein.

Bald zeigte sich, daß die Stadt zu erobern und sie zu halten zwei völlig verschiedene Dinge waren. Die meisten Kreuzritter wollten nach dem großen Erfolg umgehend nach Hause zurückkehren, nur eine kleine Minderheit des Heeres war mit der Absicht aufgebrochen, sich dauerhaft im Orient niederzulassen. Während der ersten Jahre glichen die Ströme neu ankommender Pilger den Verlust heimkehrender Christen gut aus, so daß die Gesamtstärke gehalten werden konnte. Von der Euphorie über die Erfolge in Palästina beflügelt, brachen jedes Jahr viele Freiwillige aus Europa zu einer bewaffneten Pilgerfahrt auf. Nachdem die Hafenstädte in christliche Hand gefallen waren, mußten die Kreuzfahrer nicht mehr den beschwerlichen Landweg nehmen, sondern konnten sich direkt ins Heilige Land einschiffen. Dennoch blieb eine solche Reise mit allerlei Gefahren verbunden, denn der große Pilgerstrom zog sehr bald auch Menschen mit weniger edlen Motiven an: Diebe und Räuber. Die Hauptroute führte vom Hafen Jaffa über Ramleh nach Jerusalem, und insbesondere der gebirgige Abschnitt zwischen Ramleh und Montjoie wurde bald in einem Ausmaß von Wegelagerern heimgesucht, daß sich kein Reisender mehr ohne bewaffnete Begleiter dorthin wagte.

Mehrere Chronisten berichten von einem muslimischen Überfall auf einen Pilgerzug zwischen Jerusalem und dem Jordan zu Ostern des Jahres 1119. Dieser stellte zwar beileibe keinen Einzelfall dar angesichts der rauhen Sitten im Heiligen Land; er gewann aber dadurch Bedeutung, als er möglicherweise die Gründung des Templerordens unmittelbar auslöste.

Die Tatsache, daß es keinen sicheren Reiseweg zwischen dem Orient und dem Okzident gibt, war Teil eines Teufelskreises: Ohne die Sicherheit der Wege blieben langfristig die Pilger aus, die man dringend brauchte, um die eroberten Gebiete auch zu besiedeln. Doch erst eine größere Gemeinde von Christen wäre aus eigener Kraft in der Lage gewesen, ein Aufgebot von bewaffneten Männern zu stellen, die wiederum die Pilger vor Angriffen hätten schützen können. Noch im Jahr 1115 beschwerte sich der König von Jerusalem, Balduin I., in Jerusalem würden so wenige Christen wohnen, daß man mit ihnen »gerade einmal eine der Hauptstraßen füllen könnte«. Hugo von Payens, ein Edelmann aus der Champagne, erkannte das Problem und beschloß im Jahr 1119, einen militärischen Verbund zu gründen, der in Zukunft die Pilgerwege schützen sollte.

2. Die Gründung des Ordens

Über die genauen Umstände der Gründung des Templerordens weiß man nur wenig. Zeitgenössische Berichte existieren nicht oder gingen verloren. Gewöhnlich wird der Chronist und Erzbischof Wilhelm von Tyrus zitiert, der allerdings erst um 1130 geboren wurde und deshalb nicht aus erster Hand berichten konnte. Seiner zwischen 1169 und 1184 verfaßten *Geschichte der Ereignisse in Übersee* (Originaltitel: *Historia rerum in partibus transmarinis gestarum*) zufolge legten einige edle Ritter im Jahr 1118 vor Garimond, dem Patriarchen von Jerusalem, das Gelübde ab, fürderhin nach den Regeln des heiligen Benedikt zu leben: in Armut, Keuschheit und Gehorsam. Außerdem schworen sie, alles zu tun, um die Straßen zu sichern und die Pilger gegen Raubüberfälle und Hinterhalte der Ungläubigen zu schützen.

Jakob von Vitry, Bischof von Akkon im 13. Jahrhundert, gibt uns einige weitere Details zur Gründung: Demnach »waren es neun Männer, die einen so heiligen Entschluß gefaßt hatten; sie dienten neun Jahre lang in weltlichen Gewändern, die die Gläubigen ihnen als Almosen gegeben hatten. Der König, seine Ritter und der Patriarch waren des Mitleids voll für diese edlen Männer, die für Christus alles aufgegeben hatten ...« Eine ergreifende Geschichte. Leider aber von vorne bis hinten erfunden. Jakob von Vitry übernahm in seiner *Historia orientalis* einige Daten von Wilhelm von Tyrus und schmückte die dürftigen Angaben mit ein paar bunten Details aus. Neue Quellen oder Dokumente lagen ihm ja nicht vor. Die Zahl der Ritter griff Jakob einfach aus der Luft. Wilhelm von

Tyrus sprach von neun Rittern, die sich 1128 die Ordensregel geben. Da wir mit Sicherheit wissen, daß während dieser neun Jahre zwischen 1119 und 1128 einige neue Ritter dem Orden beigetreten sind, widersprechen sich die zwei Chronisten hier. Es wäre aber müßig zu fragen, wer von den beiden recht hat, denn die »Neun« darf man nicht wörtlich nehmen. Die Drei symbolisierte in der mittelalterlichen Zahlenmystik Heiligkeit (vermutlich wegen der Dreifaltigkeit Gottes), und drei mal drei – also neun –, war die heiligste Zahl überhaupt und stand für »Vollkommenheit«. »Neun« bedeutet also hier nicht, daß es abgezählte neun Leute waren, sondern es heißt soviel wie »einige wenige«. Genaueres können wir über die Zahl der Gründungsmitglieder nicht sagen. Einige moderne Autoren nehmen die Angabe allerdings wörtlich und haben tatsächlich die Namen von neun Edelleuten gesammelt, die *dabeigewesen sein könnten*. Diese Spekulationen scheinen allerdings müßig, denn es gibt schlichtweg keine Dokumente aus der Gründungszeit der Templer, die solche Mutmaßungen entweder stützen oder widerlegen könnten. Kehren wir also zurück zu Jakob von Vitrys Schilderung, wohl wissend, daß sie erfunden ist, und lassen einfach das schöne Bild auf uns wirken: *Neun* Ritter lebten *neun* Jahre lang in abgenutzten weltlichen Gewändern, die sie als Almosen erhalten hatten.

Wichtig ist in diesem Zusammenhang, daß das Armutsgelübde nur für die einzelnen Ritter galt, nicht aber für den Orden selbst. Nicht zuletzt, weil neu eintretende Mitglieder ihre Güter den Templern überschrieben, verfügte der Orden nämlich schon nach wenigen Jahren über einen beachtlichen Reichtum. Darüber hinaus begannen schon im Jahr 1119 die Schenkungen zu fließen,

die zweite wichtige Quelle des Wohlstands der Bruderschaft. Balduin II. selbst, der König von Jerusalem, beeil-
te sich, dem neugegründeten Orden seinen eigenen Palast als Wohnstätte zur Verfügung zu stellen, er selbst
zog in eine neugebaute Residenz in der Nähe des Davids-
turms. Da der Sitz des Ordens möglicherweise genau auf
dem früheren Standort des Tempels Salomons erbaut
worden war, wurden die Ritter bald als *Brüder des Tempels, Ritter des Tempels* oder einfach als *Templer* bezeichnet; offiziell hießen sie die *Armen Soldaten Christi* (Paupe-
res commilitones Christi templique Salomonici Hierosale-
mitanis).

Von wem war die Initiative zur Gründung ausgegan-
gen? Wilhelm von Tyrus schildert die Dinge folgendermaßen: Die Ritter legten das Gelübde ab. Daraufhin wird
ihnen »ihre erste Mission zur Erlassung ihrer Sünden vom
Herrn Patriarchen und den übrigen Bischöfen anvertraut«,
nämlich der Schutz der Straßen. Diese Darstellung ist
allerdings kaum glaubwürdig. Denn hätten die Templer
tatsächlich nur Armut, Keuschheit und Gehorsam ge-
schworen, wäre das ein schlichtes Bekenntnis zu den
Regeln der Benediktiner und damit nicht weiter bemerkenswert gewesen. Man kann also sicher annehmen,
daß Hugo von Payens den Orden explizit für den Schutz
der Pilger gründete und Balduin von Hugos Angebot so
begeistert war, daß er den neugegründeten Orden spon-
tan in seinem eigenen Palast unterbrachte. Balduin unterstützte die Templer vermutlich nicht nur, weil sie versprachen, eine wichtige Aufgabe im Reich zu übernehmen,
sondern auch aus innenpolitischem Kalkül heraus. Der
Adel des Heiligen Landes strebte etwa seit 1117 gezielt
nach größerer Unabhängigkeit von der königlichen Vor-

herrschaft. Balduin hoffte wohl, sich nun die Templer durch ein bißchen Zuwendung gewogen zu machen, um sie später vielleicht als Gegengewicht zum Adel nutzen zu können.

Wilhelm von Tyrus verzerrt übrigens absichtlich die Wahrheit, wenn er betont, daß die Templer anfänglich dem König dienen mußten. Er kritisiert in seinem Werk den Reichtum und die Arroganz der Templer und erinnert sie mit einem mahnend erhobenen Finger daran, unter welch ärmlichen Umständen der Orden das Licht der Welt erblickte hatte: mittellos und unter fremdem Befehl. In gewissem Umfang unterstanden die Templer zu Beginn tatsächlich sowohl dem Patriarchen als auch ihrem Gönner, dem König. Dennoch lebten König und Templer nicht in einem Über-/Unterordnungsverhältnis, sondern eher in einer Art Symbiose: Beide Seiten erkannten, wie wichtig sie füreinander werden konnten, und versuchten, gut miteinander auszukommen. In einem frühen Brief klagte Hugo von Payens allerdings trotzdem über den Unwillen seiner Mitbrüder, anderen Herren zu gehorchen als ihren Ordensmeistern.

Louis Charpentier gibt uns eine völlig andere Version der Ereignisse. Seiner Ansicht nach wurde der Orden in Wirklichkeit zu einem völlig anderen Zweck als zum Pilgerschutz gegründet. So sei die eigentliche Aufgabe der Templer nicht im Heiligen Land, sondern in Frankreich gelegen. Benedikt von Nursia – dem später heiliggesprochenen Gründer des Benediktinerordens – seien im sechsten Jahrhundert geheime Dokumente in die Hände gefallen, uralte Überlieferungen, »deren Weisheiten seit alters her nur Eingeweihten zugänglich waren«. Daraufhin habe Benedikt den Stand der Laienbrüder erfunden: Diese Mönche waren ins normale weltliche Leben eingebunden und konnten daher diese Weisheiten unauffällig weiterverbreiten – standen aber trotzdem unter dem Schutz des Ordens, falls einer der Landesherren oder Bischöfe sie bedrängte. Denn die Fürsten hätten, so Charpentier, mit allen Mitteln zu verhindern versucht, daß das Geheimwissen an das einfache Volk weitergegeben würde. Laut Charpentier gründete man den Templerorden – nach einem jahrhundertealten Plan! – allein dafür, jene Prediger zu schützen, die dem Volk das geheime Wissen der Antike nahebrachten. Leider ist der gesamte Gedankengang Charpentiers reine Spekulation, die sich mit keinerlei Fakten stützen läßt.

Über das genaue Gründungsjahr des Ordens herrscht unter Historikern eine gewisse Unsicherheit. Dokumentarisch erwähnt wurden die Templer erstmals 1128 in den Aufzeichnungen des Konzils von Troyes, auf dem die Ordensregel aufgestellt und verabschiedet wurde. Dieses Konzil trat den Dokumenten zufolge an Sankt Hilarius (d. h. dem 13. Januar) des Jahres 1128 zusammen, »im neunten Jahr seit Gründung der besagten Ritterschaft«. Auf den ersten Blick scheint das Gründungsjahr also klar: 1119. Neuere Forschungen allerdings gehen vom Jahr 1120 aus, da der zu dieser Zeit in Nordfrankreich gültige Kalender die Jahre von Mariä Verkündigung an rechnete, also jeweils ab dem 25. März. Der »13. Januar 1128« liegt daher nach unserer Zeitrechnung schon im Jahr 1129, der Orden wäre demnach 1120 entstanden. Um die Sache zu verkomplizieren, nennt Wilhelm von Tyrus 1118 als Gründungsjahr. Es scheint heute unmöglich, das tatsächliche Datum mit Sicherheit festzustellen, zumal man – wie schon bei Jakob von Vitry – die Aussage »im neunten

Jahr« nicht allzu wörtlich nehmen sollte: Die Darstellung, daß neun Ritter sich zu einem neuen Orden zusammenschlossen und dann neun Jahre im Verborgenen wirkten, klingt verdächtig nach Zahlenmystik. Die Neun steht, wie schon erwähnt, für Vollkommenheit. Mit diesem Ruch von Vollkommenheit umgaben sich die Ritter des neuen Ordens gerne, dieser Gründungsmythos ersetzte schon bald die geschichtliche Realität – und zwar so gründlich, daß wir heute nicht mehr feststellen können, was historisch ist und was erfunden; Wahrheit und Fiktion haben sich unentwirrbar ineinander verwoben.

Andere Forscher glauben nicht an eine Gründung um das Jahr 1119 und versuchen zu belegen, daß der Orden schon seit 1114 beziehungsweise 1115 existiert hatte. Die Anhänger der 1114/1115-These führen als Beweis einen Brief des Bischofs Ivo von Chartres aus dem Jahr 1114 oder 1115 an Graf Hugo von der Champagne – ein späteres Mitglied des Ordens – an, in dem Ivo Hugos Pläne diskutierte, ein Keuschheitsgelübde abzulegen und sich einer »Miliz Christi« anzuschließen. Die Templer bezeichneten sich zwar – vor allem in den Anfangsjahren – häufig als »Miliz Christi«, sie haben diesen Ausdruck aber keineswegs erfunden. Schon Paulus hatte ihn verwendet, und auch Papst Urban II. hatte in seinen Predigten vor dem ersten Kreuzzug von einer Miliz Christi gesprochen. Möglicherweise bezog sich Graf Hugo aber tatsächlich schon 1114 auf den Templerorden; er war schließlich ein enger Vertrauter Hugos von Payens und kannte daher möglicherweise dessen Pläne, die aber zu diesem Zeitpunkt noch nicht in die Realität umgesetzt waren. Man kann also mit ziemlicher Sicherheit von einer Gründung des Ordens in den Jahren zwischen 1118 und 1120 ausgehen. Allerdings darf man sich schon ein wenig darüber wundern, daß es praktisch überhaupt keine Urkunden gibt, die die Anfänge der Templer festhalten. Warum erwähnte der damalige Chronist des Königs Balduin II., Fulko von Chartres, mit keinem Wort den Einzug der Templer in den Palast, in dem er noch kurz zuvor selbst gewohnt hatte?

Im Grunde ist aber die Frage, wann der Orden genau gegründet wurde, akademisch. Wie viele Jahre er im Verborgenen existiert hatte, bevor er nach außen in Erscheinung trat, ist völlig unwichtig. Denn echte Bedeutung erhielt der Orden erst mit dem Eintritt des Grafen Hugo von der Champagne, 1126. Erst danach nahmen die Schenkungen zu; vermutlich wuchs auch die Zahl der Ordensbrüder seit jenem Jahr stärker an: Die Außenwelt begann, die Tempelritter wahrzunehmen und ihre Mission zu akzeptieren.

Über den offiziellen Gründer und ersten Großmeister des Templerordens, Hugo von Payens, wissen wir nur sehr wenig. Er muß um das Jahr 1080 geboren sein, in – wie sein Name schon andeutet – Payens, einem Ort in der Champagne. Er wurde zum Ritter geschlagen, war Herr von Montigny-Lagesse und besaß Land im Gebiet von Tonnerre. Er war verheiratet und hatte einen Sohn, Theobald, der im Jahr 1139 Abt des Klosters Sainte-Colombe im zehn Kilometer entfernten Troyes wurde. Theobald scheint übrigens den Wunsch seines Vaters übernommen zu haben, gleichzeitig Mönch und Ritter zu sein: Offenkundig langweilte er sich als Abt von Sainte-Colombe. Also verpfändete er kurzerhand eine wertvolle Goldkrone seines Klosters, um sich die Teilnahme am zweiten Kreuzzug (1147–1149) zu finanzieren.

Folgt man einigen Historikern, so nahm Hugo von Payens bereits am ersten Kreuzzug (1096–1099) teil und kehrte im Jahr 1100 zurück. Sichere Belege gibt es allerdings erst für seine Pilgerreisen nach Jerusalem in den Jahren 1104 und 1114. Nach dieser letzten Reise ließ er sich in Jerusalem nieder. Erste Pläne für eine Miliz Christi scheinen zu diesem Zeitpunkt schon existiert zu haben (wie der oben bereits erwähnte Brief Hugos von der Champagne an Bischof Ivo von Chartres zeigt). Graf Hugo von der Champagne und Hugo von Payens waren höchstwahrscheinlich miteinander verwandt. Vermutlich gehörte Hugo von Payens zu einem der Seitenzweige des Grafenhauses, dem Hugo von der Champagne vorsteht. Louis Charpentier bestreitet die edle Abstammung Hugos von Payens – und das muß er auch, denn bei Charpentier waren die Templer ja eine sozialrevolutionäre Miliz, die dabei helfen sollte, das einfache Volk vom Joch des Adels zu befreien. Seine Version, daß Hugo von Payens ein kleiner Angestellter der Provinzverwaltung gewesen sei, scheint wenig plausibel, denn die zwei Hugos hielten engen Kontakt zueinander und unternahmen gemeinsam ihre Pilgerfahrten in den Jahren 1104 und 1114. Für die höhere Abstammung Hugo von Payens spricht auch seine Heirat mit einer Tochter des Hauses Montbard, das zum mittleren Adel gehört und dessen berühmtester Sproß Bernhard von Clairvaux ist – von ihm wird später noch die Rede sein, denn dieser Bernhard entwickelte sich bald zum einflußreichsten Fürsprecher der Templer. Tatkräftig unterstützte er die völlig neuartige Idee Hugos von Payens, Mönch und Ritter in einer Person zu vereinigen.

Mit der Gründung des Ordens setzte Hugo seine Vision von den Mönchsrittern in die Realität um. Und der rasante Aufstieg des Ordens, der 1126 begann, beweist, daß diese Idee hervorragend in das spirituelle Klima der Zeit paßte. Hugo beschloß, die günstige Stimmung in der Öffentlichkeit zu nutzen, und begab sich 1127 mit fünf Ordensbrüdern auf eine Werbereise ins Abendland. Dort wollte er zunächst eine Anerkennung des Ordens durch die kirchlichen Autoritäten erreichen, um dann mit offiziellem Segen neue Mitglieder anzuwerben und um Schenkungen zu bitten.

Wenn man die Chronisten wörtlich nimmt, wonach sich »neun arme Ritter« 1128 auf dem Konzil in Troyes eine Regel gaben, von denen angeblich fünf persönlich anwesend waren, konnten in Jerusalem nur maximal vier Ritter zurückgeblieben sein. Um die Pilgerwege zu schützen, scheint das ein wenig knapp. Was taten diese zurückgelassenen Ritter in der Zeit von 1127 bis 1129, während ihr Führer Hugo von Payens durch das Abendland reiste? Wir wissen es nicht. Und das ist nur eine von mehreren Fragen, die bis heute niemand überzeugend beantworten kann. Teilweise wurden sie schon kurz angesprochen, hier seien sie noch einmal zusammengefaßt:

* Warum gibt es keine Berichte zeitgenössischer Chronisten über die Gründung des Ordens?
* Wie sollten »neun arme Ritter« die Pilgerwege schützen können?
* Wieso traten die Templer auch in den Jahren von 1119 bis 1126 überhaupt nicht nach außen in Erscheinung, obwohl Hugo von Payens und sämtliche Ritter in Jerusalem anwesend waren? Was trieben sie in dieser Zeit? Schützten sie schon die Pilgerwege? Warum ist kein Bericht darüber erhalten?

* Wieso gab Graf Hugo von der Champagne sein Leben in Frankreich auf, um unter seinem Freund Hugo von Payens zu dienen, der ihm in bezug auf Reichtum und Abstammung deutlich unterlegen war?

Fragen über Fragen; einige von ihnen werden wohl nie zufriedenstellend geklärt werden. So darf man etwa auch in Zukunft getrost über die genauen Umstände der Ordensgründung spekulieren. Erst ab der Werbereise des Hugo von Payens 1127 in den Westen lichtet sich der Nebel der Geschichte ein wenig, und wir können genauer nachvollziehen, was die Templer getan haben. König Balduin II. finanzierte diese Reise und unterstützte sie auch ideell, indem er Hugo von Payens einen Empfehlungsbrief mitgab, in dem er das Vorhaben der Templer ausdrücklich lobte.

Auf seiner Werbetour besuchte Hugo 1128 die Normandie und setzte danach über den Ärmelkanal. Er durchquerte ganz England, reiste bis nach Schottland hinauf und rekrutierte für Jerusalem. Das Werben Hugos und seiner Brüder fand vor allem in der Champagne, in Burgund, in Belgien und Flandern großen Zuspruch. Auch die Könige der iberischen Halbinsel zeigten sich den Templern grundsätzlich gewogen, versuchten aber, ihre Energien für sich selbst zu nutzen: Auch Spanien und Portugal wären schließlich von den Mauren besetzt oder bedroht, auch hier müßten Christen geschützt werden.

3. Die Erfindung des Mönchsrittertums

Rückblickend verwundert es, daß Hugos Idee von Anfang an starken Anklang fand, anstatt auf massiven Widerstand zu stoßen. Denn seine Erfindung des Mönchsritters war schlichtweg revolutionär: Erstmals sollte die Beschaulichkeit und Weltabgewandtheit des mönchischen Lebens kombiniert werden mit dem rauhen und blutigen Geschäft des Kriegführens. Wie konnte man als Mönch die Menschen lieben und sie als Ritter umbringen? Bedeutete das Konzept des Mönchsritters nicht, zwei unvereinbare »Berufe« unter einen Hut zu bringen? Was würden wir heute von einer Anwaltskanzlei halten, deren Mitglieder nach dem Mittagessen auf Diebestour gehen, oder von einer Feuerwehrbrigade, die systematisch Brände legt?

Diese Vergleiche sind absichtlich so kraß gewählt, damit der scharfe Gegensatz besser zur Geltung kommt. Man darf nicht vergessen, daß uns der Kontrast zwischen Mönch und Ritter heutzutage weniger groß erscheint als einem Menschen des zwölften Jahrhunderts. Zu dieser Zeit genoß der religiöse Stand in der feudalen Gesellschaft das höchste Ansehen, Mönche wurden beinahe als Heilige betrachtet, die sich von der Welt abgewandt hatten, um näher bei Gott zu sein. Das Rittertum, ohnehin höchstens als notwendiges Übel angesehen, hatte sich im elften Jahrhundert zunehmend zu einer echten Plage entwickelt. Unsere heutige Vorstellung vom edlen Ritter wird durch die höfischen Romane wie Wolfram von Eschenbachs *Parzival* geprägt, die etwa ab dem Jahr

1170 ein idealisiertes Bild des christlichen Ritters und Troubadours zeichneten. Diese Bücher beschrieben, wie sich die kämpfende Klasse verhalten sollte, nicht wie sie sich tatsächlich benahm.

Das Aufkommen des Rittertums stellte eine neue Entwicklung dar, die gegen Ende des ersten Jahrtausends begonnen hatte. Diese Berufssoldaten zu Pferd, die in der Regel gepanzert in die Schlacht zogen, stammten bis zum Beginn des elften Jahrhunderts fast ausschließlich aus dem Adel. Erst später traten größere Mengen von Nichtadligen den Dienst als Ritter an: die Ministerialen. Ministerialen waren Dienstmänner des Königs, die meist aus niedrigen Verhältnissen kamen und sich durch Leistung nach oben arbeiteten. Seit dem elften Jahrhundert setzen die Könige gezielt Ministerialen in wichtige Positionen ein, um den Einfluß der großen Adelsfamilien zu begrenzen, die diese Stellungen bis dahin traditionell innehatten. Während mutige und intelligente Söhne aus Bauernfamilien diese Chance zu einer Karriere im Sold des Königs gerne nutzten, beobachteten die Adligen die Entwicklung mit großem Mißtrauen: Ungern sahen sie diese Aufsteiger auf einmal gleichberechtigt in der gleichen Einheit neben Fürstensöhnen dienen oder gar das Kommando führen. Diese zwei Gruppen von Rittern unterschieden sich nicht nur in ihrer Herkunft, sondern auch in ihrer Treue: Adlige kämpften in erster Linie für sich selbst, während die Ministerialen genau wußten, daß sie ihren Aufstieg allein ihrem Brotherren zu verdanken hatten, und dies meist mit unbedingter Loyalität lohnten.

Generell brachten die Berufssoldaten, obwohl eigentlich als Ordnungsmacht gedacht, ziemliche Unruhe, weil sie ihren Fürsten teilweise nur widerwillig oder gar nicht gehorchten und in den verwalteten Gebieten gerne auch raubten und plünderten, wenn sich eine gute Gelegenheit ergab. Unter den Kapetingern verfiel in Frankreich die königliche Macht zusehends, und die Übergriffe des Rittertums wurden bis zum Beginn des zwölften Jahrhunderts immer dreister. Da der König zu schwach war, um wenigstens die schlimmsten Exzesse zu unterbinden, versuchte es die Kirche als letzte gesellschaftliche Autorität. So beschimpfte Abt Suger von Saint-Denis, ein Berater der französischen Könige im zwölften Jahrhundert, die Ritter als Unruhestifter, Briganten, Mädchenräuber und Plünderer. Aber die Kirche verfügte naturgemäß nicht über die geeigneten Mittel, um den Rittern gewaltsam Einhalt zu gebieten. Die Bischöfe konnten nur den sogenannten Gottesfrieden ausrufen, der bestimmte Orte (Kirchen, Friedhöfe), Personen (Kleriker) oder Dinge (Kirchengüter, Arbeitsgeräte der Bauern) schützte. Jeder, der den Frieden brach, setzte sich der Gefahr aus, exkommuniziert zu werden.

Die bereits Ende des zehnten Jahrhunderts aufgekommene Gottesfrieden-Bewegung wurde von den Bischöfen im Laufe des elften Jahrhunderts ausgeweitet: Die Ritter sollten sich an Ostern, in der Fastenzeit und an Sonntagen doch bitte der Gewalt enthalten. Zwischen den Zeilen gestand die Kirche damit aber indirekt ein, daß die Ritter an allen anderen Tagen des Jahres relative Narrenfreiheit genossen. Allerdings muß hier wiederum betont werden, daß das Rittertum durchaus nicht so negativ zu bewerten ist, wie es nach den Schilderungen der Chronisten den Anschein hat. Denn die Berichte über die Untaten der Ritter stammen fast alle aus der Hand von Mönchen (im elften Jahrhundert konnten praktisch nur Kirchenmänner schreiben), die der weltlichen, rohen Soldateska von Haus aus weniger Sympathie entgegenbrachten. Zur Ehrenrettung des Ritterstandes muß man betonen, daß er eine wichtige Funktion in der Gesellschaft des Mittelalters erfüllte – nämlich den Schutz des Landes. Aber diese neue gesellschaftliche Kraft entwickelte sich in einem Machtvakuum, und so dienten die Ritter je nach Stärke des örtlichen Adels entweder als loyale Ordnungsmacht oder sie trieben, was ihnen paßte. Der Übergang zwischen Rittertum und Raubrittertum war dabei oft fließend.

Ungeachtet der Tatsache, daß die Rolle der Ritter in der Gesellschaft noch sehr unklar definiert war, etablierten sie sich im elften Jahrhundert als echte neue Kraft im Staat. Adalbert von Leon entwickelte sein berühmtes Schema von der Dreiteilung der mittelalterlichen Gesellschaft in Betende, Kämpfende und Arbeitende, das bald allgemein übernommen wurde. Dieses neue Schema spiegelte die veränderte Wirklichkeit des zwölften Jahrhunderts wider und teilte dem Ritterstand einen Platz in der Schöpfung Gottes zu. Er mußte seine kriegerischen Instinkte zügeln und seine Kraft ausschließlich zum Schutz der Schwachen einsetzen. Das dreigeteilte Gesellschaftsbild versuchte, die Ritter in die Gesellschaft einzubinden, indem es ihnen Anerkennung zollte, sie gleichzeitig aber auch an ihre moralische Verpflichtung erinnerte: Auch der erste Kreuzzug stellte unter anderem einen Versuch dar, die anarchischen Kräfte des Rittertums in sinnvolle Bahnen zu lenken. Papst Urban II. bot in seinen Kreuzzugspredigten den Rittern einen Ausweg aus ihrer gesellschaftlichen Ächtung: »Mögen jene fortan Ritter Christi sein, die bisher nichts als Räuber waren! Mögen diejenigen, die sich bisher nur mit ihren Brüdern und Verwandten schlugen, nun mit gutem Recht gegen die Barbaren streiten! Ewigen Lohn werden sie erhalten ...« Da Urban II. seine Pappenheimer aber kannte, versprach er ihnen am Zielort nicht nur geistlichen Lohn (das Heil), sondern auch irdischen Wohlstand: »Hier waren sie traurig und arm, dort werden sie fröhlich und reich.«

Hugo von Payens dagegen wollte mit seinen Templern nicht irgendwelchen Haudegen moralischen Halt geben oder sie in die Erfüllung einer gesellschaftlich sinnvollen Aufgabe einbinden. Seine Idee sah vielmehr vor, daß nur die moralische Elite des Rittertums in den Orden eintritt, also jene tugendhaften Vertreter ihres Standes, die sich ohnehin vorbildlich verhielten. Wenn der Ritter von den christlichen Idealen geleitet würde, dann verschwände der scheinbare Gegensatz zwischen Mönch und Ritter ohnehin: Mit diesem Argument versuchte Hugo auf dem Konzil von Troyes den kirchlichen Segen für seine Erfindung, die Kombination von Mönch und Ritter, zu erhalten.

Denn nach neun Jahren der Existenz im Verborgenen mußte der Orden aus mehreren Gründen an die Öffentlichkeit treten, seine Aufgabe legitimieren und sich eine verbindliche Regel geben.

* Erstens herrschte unter den Templern selbst Unsicherheit über ihren Status. Vollführten sie wirklich ein gottgefälliges Werk, wenn sie mit Waffengewalt die Pilgerwege schützen? Die Mitglieder der ersten Stunde – das darf man nicht vergessen – waren tiefreligiöse Männer, die sich ernsthaft um ihr Seelenheil sorgten, die aber auch durch Herkunft und Erziehung so stark für ein

aktives, ritterliches Leben geprägt worden waren, daß sie nicht einfach in ein Kloster eintreten konnten, um dort nur zu beten.

* Ebenso hielt diese Unsicherheit viele Interessierte davon ab, dem Orden beizutreten. Hugo von Payens wußte, daß die Templer erst dann im großen Stil neue Mitglieder anwerben konnten, wenn die Kirche das Leben als Mönchsritter zuvor für gottgefällig erklärt hatte, das heißt als einen legitimen Weg akzeptierte, das Heil zu erringen.

II. Das Konzil von Troyes und seine Folgen

1. Die Teilnehmer des Konzils

Am 13. Januar des Jahres 1129 versammelten sich die Teilnehmer des Konzils in Troyes, nur wenige Kilometer von Payens entfernt. Dieses Konzil sollte die Templerregel verabschieden, offizielle Statuten, die den Anforderungen der ganz speziellen Situation der Tempelritter Rechnung trugen und gleichzeitig sicherstellten, daß die Mitglieder ein mönchisches Leben nach den Vorgaben des Zisterzienserordens führten. Das Vorwort der Templerregel zählt auf, wer erschienen war: ein päpstlicher Legat, zwei Erzbischöfe, die Äbte mehrerer Klöster, einige Adlige der Region und ein paar Laien. Nicht erwähnt werden vier oder fünf Gründungsmitglieder der Templer, die ebenfalls zum Konzil gekommen waren.

Diese Teilnehmerliste liest sich beeindruckend: Die Anwesenheit des päpstlichen Legaten, Kardinal Matthias von Albano, beweist, daß auch der Papst Honorius II. regen Anteil an den Geschehnissen nahm. Möglicherweise hatte Hugo von Payens auf seiner Werbereise unmittelbar vor dem Konzil auch den Papst in Rom besucht. Dafür gibt es zwar keine Beweise, aber es scheint ziemlich plausibel, da Honorius II. nachweislich schon vor dem Konzil die Entwicklung des Ordens mit großem Interesse verfolgt hatte.

Überdies nahmen mit Stefan Harding (dem später heiliggesprochenen Abt von Cîteaux) und Hugo von Mâcon (dem Abt von Pontigny) die wichtigsten Würdenträger der Zisterzienser teil, was beweist, welch überaus starken Einfluß dieser Orden auf die Ideale der Templer ausübte. Und schließlich war da noch Bernhard, der Gründer und Abt des Klosters von Clairvaux. Er verkörpert wie kein anderer die Ideale der Zisterzienser, die das Machtstreben und den Reichtum der Kirche ablehnten und ein weltabgewandtes Leben als den Königsweg zur Erringung des Seelenheils betrachteten. Vom Kloster Clairvaux aus breitete sich die zisterziensische Reform über ganz Europa aus: Noch unter der Leitung Bernhards entstehen 68 Tochterklöster von Clairvaux, das insgesamt zum Ausgangspunkt für 168 weitere Klostergründungen wird. Der wegen seiner großartigen Redekunst und Überzeugungskraft »Doctor mellifluus« (Lehrer, dessen Wort wie Honig fließt) genannte Bernhard avancierte zum einflußreichen Berater der geistlichen und weltlichen Führer des zwölften Jahrhunderts, und er gilt als entscheidender Propagandist für den zweiten Kreuzzug (1147–1149). Zudem wurden im Jahr 1130 mit Innozenz II. und 1148 mit Eugen III. Päpste gewählt, die in allen wichtigen Fragen stark unter dem Einfluß Bernhards standen. Diese mittelalterliche Erfolgsgeschichte fand ihre Krönung im Jahr 1174 – bereits 21 Jahre nach seinem Tod wurde Bernhard heiliggesprochen.

Die ersten Äußerungen Bernhards über den neuen Orden ließen noch nicht ahnen, daß dieser Mann später zum bedeutendsten Fürsprecher und Förderer der Templer werden würde. So zeigte er sich 1126 wenig begeistert, als er von den Plänen seines Freundes Hugo von der Champagne hörte, dem Orden beizutreten. Bernhard hätte ihn lieber bei den Zisterziensern gesehen. Mit Hugos Eintritt jedoch entschied sich das Schicksal des Templerordens: Erst die Mitgliedschaft des reichen und mächtigen Grafen der Champagne hatte dem Orden das Ansehen verliehen, das er so dringend benötigte.

Noch 1129 in einem Brief an den Bischof von Lincoln setzte Bernhard klare Prioritäten: Die Weltentsagung des Mönchs wäre höher zu bewerten als selbst eine bewaffnete Wallfahrt ins Heilige Land.

Und dennoch half er bereits in demselben Jahr, die Templerregel zu verfassen. Bernhard als die zu jener Zeit bekannteste Persönlichkeit der Zisterzienserbewegung bekam von den Teilnehmern des Konzils die Aufgabe übertragen, die von Hugo von Payens verfaßte Templerregel zu »redigieren« und eine Vorrede zu ihr zu schreiben.

2. Die Vorrede zur Templerregel

In diesem einleitenden Text wendete sich Bernhard an das weltliche Rittertum und forderte es auf, »denen zu folgen, welche Gott aus der Masse der Verdammten auserwählt hat und durch seine Gnade (...) zur Verteidigung der heiligen Kirche berufen hat«. Den Epheserbrief 1,4 zitierend, sprach Bernhard davon, daß »viele berufen, aber nur wenige auserwählt« wären. Mit dieser Betonung des Auserwähltseins verwies Bernhard offenkundig auf die berühmte Tempelallegorie des heiligen Augustinus. Augustinus nannte die tief gläubigen, auserwählten Menschen die Steine, aus denen der neue Tempel Gottes gebaut werden würde. Der »neue Tempel« stand für eine reformierte Kirche, die sich auf alte christliche Ideale zurückbesinnt. So, wie die berufenen Menschen laut Augustinus die Amtskirche nach ihren Idealen reformieren sollten, so sollten laut Bernhard die Templer die Auserwählten sein, mit denen ein neuer Ritterstand erbaut werden würde, der nicht mehr mordet und plündert, sondern ein christliches Leben führt.

Dieses Vorwort Bernhards klingt insgesamt nicht gerade begeistert, vor allem, wenn wir es mit dem *Lob der neuen Miliz* vergleichen, das er noch im selben Jahr veröffentlichen wird. Anscheinend ist Bernhard zum Zeitpunkt des Konzils von der Idee des Mönchsritters noch nicht überzeugt.

Also hielt Bernhard seine Vorrede in einem eher nüchternen, gelehrten Ton. Mit der wiederholten Anspielung auf die Tempelallegorie des Augustinus verfolgte er ein ganz spezielles Ziel. Im Mittelalter gewann nicht derjenige einen Disput, der das beste Argument anführte, sondern der, der die höhere kirchliche Autorität zu seinen Gunsten zitieren konnte. Und wenn Bernhard die Templer und den so überaus verehrten Augustinus über die Tempelallegorie miteinander in Verbindung bringen konnte, so wirkte das auf die Zeitgenossen, als ob Augustinus selbst das Unternehmen der Templer gutgeheißen hätte. Der Orden, der gerade erst offiziell das Licht der Welt erblickt hatte, hatte also drei illustre Paten: den Papst (Honorius II., vertreten durch einen Legaten), den heiligsten Menschen der Epoche, Bernhard von Clairvaux, und

– indirekt – den einflußreichsten Kirchenvater, Augustinus.

Auch wenn es immer wieder behauptet wird, so stammt der Text der Templerregel selbst doch keinesfalls aus der Feder Bernhards von Clairvaux. Während des Prozesses gegen die Templer im 14. Jahrhundert sagten zwar mehrere Ritter aus, die Ordensregel stamme von Bernhard von Clairvaux, aber woher sollte ein Templer des 14. Jahrhunderts über das Konzil von Troyes Bescheid wissen? Nein, diese Aussagen zeigen nur, daß auch die Mitglieder des Ordens nicht mehr unterscheiden konnten zwischen den historischen Tatsachen und dem geschönten Selbstbild, das sich der Orden über die Jahrhunderte zurechtgelegt hatte. Vielleicht beriefen sich die Templer auch bewußt auf Bernhard von Clairvaux, damit der Glanz seines Ansehens auf den Orden abfärbte – obwohl sie genau wußten, daß die Regel nicht von ihm verfaßt worden war. Der einleitende Text zur Templerregel besagt jedenfalls eindeutig, von wem sie stammt: »Den Aufbau und die Gliederung des Ritterordens hörten wir gemeinsam aus dem Mund des oben erwähnten Meisters Bruder Hugo von Payens, und wissend um unseren geringen Verstand lobten wir, was uns gut und vorteilhaft schien, und lehnten ab, was uns unvernünftig schien.«

Denn wer sollte die Regel auch verfassen, wenn nicht der Ordensgründer und Großmeister selbst? Schließlich hatte Hugo von Payens neun Jahre Zeit gehabt, sich Statuten auszudenken, die Bernhard dann vielleicht noch in einigen Details veränderte. Die gemeinsame Arbeit an der Templerregel kann aber nicht darüber hinwegtäuschen, daß zwischen Hugo und Bernhard Welten liegen:

Bernhard war und blieb ein Mönch, der dem Leben eines Soldaten nichts abgewinnen konnte. Er half lediglich den Templern, sich einen angemessenen Rahmen zu geben, den auch die Kirche akzeptieren konnte.

3. Der Aufbau und Kern der Templerregel

Es existieren zwei Versionen der Templerregel, die offizielle lateinische, die auf dem Konzil beschlossen wurde, und eine französische. Im Prinzip stimmt die französische mit der lateinischen überein, ergänzt und erweitert sie aber in vielen Punkten.

Die lateinische Regel legt in insgesamt 72 Artikeln das Zusammenleben im Orden fest und orientiert sich in allem, was das klösterliche Leben betrifft, an den strengen Richtlinien der Zisterzienser. Die Novizen müssen ein Gelübde ablegen, das sie zu Armut, Gehorsam und Keuschheit verpflichtet. Das Motto »ora et labora« (Bete und arbeite) bestimmt den Alltag der Templer: Sie sollen beten und die Gottesdienste besuchen, wenn sie nicht gerade in militärische Obliegenheiten eingebunden sind, die wiederum genau festgelegt werden. Auch Kleidung und Haartracht schreibt die Regel verbindlich vor: Äußerlich sollen die Ritter des Ordens an ihrem weißen Habit erkennbar sein, über dem sie den weißen Mantel tragen, der bald zu ihrem unverwechselbaren Kennzeichen wird. Das Weiß – übrigens auch die Farbe des Zisterzienserhabits – soll die Reinheit der Seele symbolisieren: »Allen

Professen geben wir (...) weiße Gewänder, auf daß jene, die ein Leben in Dunkelheit hinter sich gelassen haben, erkennen, daß ihre Pflicht darin besteht, dem Schöpfer ihre Seelen durch ein reines und weißes Leben zu empfehlen.« Ferner sollen die Templer, wie die Zisterzienser, ihre Haare kurz scheren; sie dürfen im Gegensatz zu den Mönchen aber einen Bart tragen. Das markante rote Tatzenkreuz, das die Templer auf ihrer Schulter tragen, wurde erst im Jahr 1147 unter dem Pontifikat Eugens III. hinzugefügt.

Die Templerregel, das zentrale Gründungsdokument des Ordens, besteht aus zwei Teilen, die an sich eher unspektakulär und alltäglich sind: Das mönchische Zusammenleben funktioniert ähnlich wie bei den Zisterziensern, die Regelung des Waffendienstes beruht auf praktischen Überlegungen und einem typisch ritterlichen Ehrenkodex. Das Revolutionäre der Templerregel liegt in der Kombination dieser zwei Elemente. Es ist ähnlich wie mit der Erfindung des Schwarzpulvers: Die Bestandteile, Salpeter, Schwefel und Holzkohle, waren im Mittelalter schon allgemein bekannt – aber durch die richtige Mischung entstand etwas (für die Europäer) völlig Neues. Dieser Vergleich paßt vor allem deswegen, weil beide Erfindungen, Templerorden und Schießpulver, bald eine enorme Sprengkraft entwickeln sollten.

Wie schon erwähnt, besteht die Regel aus 72 Paragraphen, und das ist alles andere als ein Zufall, sondern wieder ein Spiel mit der Zahlenmystik. 72 ist das Produkt von acht mal neun, wobei die Acht für Erneuerung und Wiedergeburt steht und die Neun Vollkommenheit symbolisiert. In der Zahl 72 vereinigen sich Erneuerung und Vollkommenheit auf ideale Weise – allein schon die Anzahl der Paragraphen demonstriert damit den außerordentlich hohen Anspruch der Templer an sich selbst. Innerhalb der Artikel spielt wieder die heilige Zahl Drei eine ganz entscheidende Rolle, und zwar sowohl bei der Regelung geistlicher als auch militärischer Angelegenheiten. So müssen die Templer die Schlacht gegen die Ungläubigen annehmen, selbst wenn diese zahlenmäßig dreifach überlegen sind. Gegen Christen dürfen sie erst kämpfen, wenn sie dreimal provoziert wurden. Auch im Alltag gelten viele Dreierregeln: Wer seine Aufgaben vernachlässigt, wird dreimal gegeißelt. Dreimal die Woche dürfen die Templer Fleisch essen, dreimal wöchentlich sollen sie Almosen geben. Entsprechend darf man diese Zahl nicht allzu wörtlich nehmen. Daß die Templer den Kampf auch gegen eine dreifache Übermacht aufnehmen mußten, bedeutete nur eine Aufforderung, mutig den Konflikt zu suchen, anstatt ihm auszuweichen. Leider nahmen die Templer diesen Paragraphen später einige Male zu wörtlich und stürzten sich in militärische Abenteuer, die ans Selbstmörderische grenzten. Die Regel, daß man sich erst nach dreimaliger Provokation in ein Gefecht mit anderen Christen stürzen darf, sollte die Ritter lediglich an ihre Mission erinnern, die Christen gegen die Sarazenen zu beschützen und sich nicht in irgendwelchen Händeln mit anderen Rittern aufzureiben.

Einer der bemerkenswertesten Abschnitte der Regel besagt, daß jeder freie Mann, der sich unterordnet, dem Orden beitreten darf. Interessierte können sich also in der Gewißheit bewerben, daß keine unbequemen Fragen gestellt werden: Insofern stellten die Templer die Fremdenlegion des Mittelalters dar. Es ist kaum vorstellbar, daß Bernhard von Clairvaux diesen Passus wirklich guthieß.

Daß sie so lax ausfiel, hat aber einen einleuchtenden praktischen Grund: Damit die Templer ihre Aufgabe auch erfüllen konnten, mußten sie schnell viele neue Mitglieder gewinnen – und da durfte man es mit der charakterlichen Eignung nicht so genau nehmen. Diese Zerrissenheit zwischen praktischen Erwägungen und dem hohen theoretischen Anspruch an die Integrität der Ordensbrüder muß den Gründern des Ordens ziemlich im Magen gelegen haben. Man stelle sich vor: Bis zum Konzil waren die Templer eine kleine, elitäre Bruderschaft, die aus tief religiösen Männern bestand, und auf einmal lud die Regel alle Rabauken des Abendlandes in ihre Gemeinschaft ein. Dieses Dilemma zeigt sich auch in einem verräterischen Unterschied zwischen der lateinischen und der französischen Version der Regel. Die französische Fassung erlaubt explizit die aktive Anwerbung von neuen Rekruten in den Versammlungen exkommunizierter Ritter, während der in Troyes offiziell beschlossene Text dies ausdrücklich verbietet.

Allein die Tatsache, daß die lateinische Version der Regel diese Art der Rekrutierung eigens untersagt, ist ein deutlicher Hinweis darauf, daß vor dem Konzil genau auf diese Weise neue Ritter gewonnen worden waren – man erinnere sich, daß Hugo von Payens seine Werbekampagne schon 1127 begann. Der hehre Anspruch und die ernüchternde Wirklichkeit des Templerordens konnten offensichtlich hier nicht unter einen Hut gebracht werden. Daher die elegante Lösung: In der lateinischen Version verzichtet man offiziell auf diese Art der Anwerbung, nur um sie in der französischen Version für den Alltag durch einen winzigen Übersetzungsfehler wieder zu erlauben. An diesem Beispiel kann man sehr schön erkennen, daß die offizielle Templerregel nicht eigentlich für den internen Gebrauch bestimmt war; sie sollte vielmehr Wirkung nach außen entfalten. Sie diente als Gründungsdokument und als Programm, anhand dessen sich mögliche Bewerber oder Spender über die Templer informieren konnten. Die Genehmigung der Regel durch ein so hochkarätig besetztes Konzil signalisierte die Legitimität des Ordens und seiner Ziele und erfüllte darüber hinaus eine wichtige juristische Funktion: Erst mit der Anerkennung durch die kirchlichen Autoritäten wurde die Bruderschaft offiziell zu einem echten Orden nach kanonischem Recht.

Erwähnenswert ist eine sehr merkwürdige Lücke in den Regeln: Nirgends findet sich ein Hinweis auf die ursprüngliche Aufgabe des Ordens, den Schutz der Pilgerwege. Erscheint das nicht höchst merkwürdig? Wir würden doch erwarten, daß die Templerregel etwa so beginnt: »Ziel unseres Ordens ist ...« Sollten so intelligente Leute wie Hugo von Payens und Bernhard von Clairvaux vergessen haben, den Zweck der Gründung in den Regeln festzuhalten? Dies scheint reichlich unglaubwürdig. Folglich müssen sie die Lücke absichtlich gelassen haben. Aber warum? Weil die Männer um Hugo in Wirklichkeit ein ganz anderes, geheimes Ziel anstrebten? Weil der gesamte Orden in Wirklichkeit nur eine Fassade war, in deren Schutz die Ritter heimlich ihre wahren Absichten verfolgen wollten – die Suche nach dem Heiligen Gral etwa?

Doch offensichtlich halten die Urheber dieser These nicht besonders viel von der Intelligenz der Ordensbrüder. Denn wäre es nicht ziemlich dumm von den Gründern einer Tarnorganisation, eine so offensichtliche Lücke in den Statuten zu lassen, anstatt dem Orden ein so harmloses und unauffälliges Ziel wie den Pilgerschutz zu geben?

Die Frage, wie die Lücke in der Templerregel zu erklären ist, bleibt also offen. Möglicherweise sahen die Gründungsmitglieder den Pilgerschutz als nur einen der vielfältigen Wege, für die höhere Ehre Gottes zu streiten, und wollten sich nicht ausschließlich darauf festlegen. Eine andere Hypothese versucht die Lücke in den Statuten damit zu erklären, daß die Gründerväter schon weiter in die Zukunft planten. Eine solche Überlegung wäre durchaus sinnvoll gewesen, wie die Geschichte zeigt: 1291, nach dem endgültigen Verlust des Heiligen Landes, mußte die Regel nicht umgeschrieben werden, obwohl die Aufgabe des Pilgerschutzes zu diesem Zeitpunkt natürlich obsolet geworden war.

Louis Charpentier vermutet übrigens, daß es zusätzlich zu den offiziellen Templerstatuten noch geheime Zusatzartikel gibt. Zwar kann dafür niemand auch nur den geringsten Beweis liefern, aber, so Charpentier, »es wäre gegen alle Erfahrung, wenn ein Orden, der seine vielfältigen militärischen, sozialen und religiösen Aufgaben so konsequent ausführte, ohne zusätzliche ›starke Gebote‹ neben den einfachen Regeln ausgekommen wäre« (Charpentier, S. 60). Dieses Argument kann allerdings nicht recht überzeugen, denn hätte der Orden zusätzliche Paragraphen zur Erfüllung der vielfältigen Aufgaben benötigt, hätte er sie sich einfach geben können. Da der Orden alle oben genannten Aufgaben auch ganz offiziell verfolgt, besteht nicht die geringste Veranlassung, Regeln geheimzuhalten, die sich mit ihrer Erledigung beschäftigen.

Aus der historischen Rückschau kann man heute gefahrlos behaupten, daß der Pilgerschutz nicht als Hauptziel in den Statuten verankert wurde, weil er tatsächlich auch kein primäres Anliegen der Ritter darstellte; am gesamten Verhalten des Ordens über die zwei Jahrhunderte seiner Existenz zeigte sich, daß die Templer hauptsächlich in militärischen Großaktionen für die Verteidigung des Heiligen Landes kämpften und für die tägliche Kleinarbeit des Pilgerschutzes nur wenig übrig hatten.

III. Die Begünstigung des Ordens in den Folgejahren

Obwohl das Konzil von Troyes nur eines von mehreren in dieser Zeit war – allein in Frankreich fanden 1125 fünf solche Versammlungen statt –, hatte es enorme geistesgeschichtliche Bedeutung für ganz Europa. Denn erstens beschloß es die formale Anerkennung einer Kombination von Mönch und Ritter, die tatsächlich noch kurz zuvor undenkbar gewesen wäre und die das mittelalterliche Weltbild der Dreiteilung der Gesellschaft in Klerus, Adel und Bauern umwarf. Und zweitens setzte das Konzil bei Bernhard von Clairvaux einen Denkprozeß in Gang, der dazu führte, daß er, eine der wichtigsten geistigen Führungsfiguren des Mittelalters, seine Ansichten zum Heiligen Krieg um 180 Grad wendete und zum wichtigsten Fürsprecher des zweiten Kreuzzugs wurde, der ohne seine rastlose Propaganda wahrscheinlich nicht stattgefunden hätte.

Zwei Jahre ließ Hugo von Payens seine Mitbrüder in Palästina führungslos zurück, von 1127 bis 1129. In dieser Zeit mußten sie vielleicht öfter kämpfen, als ihnen lieb war. (Dokumente dazu existieren leider nicht, Anm. d. Autors.) Und da das Handwerk des Raubes und der Wegelagerei nicht nur von den Sarazenen ausgeübt worden ist, töteten sie bei ihren Einsätzen sicher oft auch Christen. Im Jahr 1129 kämpften die Templer dann bei der Belagerung von Damaskus erstmals als echte Soldaten; sie wurden geschlagen und mußten große Verluste hinnehmen. Diese Niederlage kratzte an ihrem Selbstbewußtsein: Könnte es sein, daß Gottes Segen nicht auf ihrem jungen Orden ruhte? Auch in der Amtskirche herrschte trotz der glanzvollen Bestätigung, die die Templer in Troyes erhielten, keineswegs Einigkeit über die Frage, ob die Mönchsritter einen gottgefälligen Beruf ausübten. Die Zweifel der Templer an ihrer Mission versuchte ein Brief auszuräumen, den ein gewisser Hugo Peccator an die in Jerusalem zurückgebliebenen Ritter schrieb. Hugo Peccator (»Hugo, der Sünder«) ist sicherlich ein Pseudonym; man weiß bis heute nicht, wer sich dahinter verbarg. Die erste Vermutung wäre natürlich, Hugo von Payens für den Verfasser zu halten, aber warum sollte er unter einem Pseudonym an seinen Orden schreiben, an den er sich doch besser mit der ganzen Autorität seines Amts als Großmeister gewendet hätte? Der Brief – von wem auch immer verfaßt – vermittelte jedenfalls ein klares Bild von den Zweifeln, die sich innerhalb des Ordens hartnäckig hielten, und die auch von Vertretern der Amtskirche wiederholt geäußert wurden. Er verteidigt die Templer gegen die Vorwürfe, daß ein kämpfendes Leben verwerflich sei, weil der Krieg vom Gebet ablenke. Diese Vorwürfe seien unberechtigt, ein gemeiner Winkelzug des Bösen. Die Templer müßten diese Zweifel an ihrer Mission unterdrücken, denn sie seien Zeichen der Hoffart. Voller Demut, Ernsthaftigkeit und Wachsamkeit sollten die Ritter den Aufgaben nachgehen, die ihnen Gott mittels des Großmeisters übertragen habe.

Mit anderen Worten: Der Brief empfiehlt den Templern, den Mund zu halten und zu gehorchen.

Weil Hugo von Payens ahnte, daß dieser Brief allein den Ordensrittern nicht als Rechtfertigung ihres Berufs genügen konnte, wandte er sich an den geehrtesten Mann der damaligen Christenheit, Bernhard von Clairvaux, mit der Bitte um Unterstützung. Und tatsächlich: Im Jahr nach der Verabschiedung der Templerregel veröffentlichte Bernhard ein Traktat über die Mönchsritter, das *Lob der neuen Miliz*, in dem er den bewaffneten Kampf für die Kirche als Weg beschrieb, der ebenso sicher zum Heil führte wie das mönchische Leben.

Die Bedeutung des *Lobs* für die gesamte Existenz des Ordens läßt sich kaum überschätzen: Es war der Anfang einer unverbrüchlichen Allianz zwischen den Templern, Bernhard von Clairvaux und dem Papsttum. Bernhard pries die Ziele des Ordens und warf seinen gesamten Einfluß in die Waagschale, um den Papst (und den Rest der Welt) von der Sache der Templer zu überzeugen. Dank der Fürsprache Bernhards entstand eine symbiotische Beziehung zwischen dem Papsttum und dem Orden: Fortan dienten die Ritter dem Heiligen Stuhl quasi als Privatarmee und erhielten dafür einzigartige Privilegien von den verschiedenen Päpsten.

1. Die Unterstützung der Templer durch Bernhard von Clairvaux

Dreimal hatte Hugo von Payens sich an Bernhard von Clairvaux gewandt mit der Bitte um ein paar nette Worte für seinen neugegründeten Orden. Das 1130 oder 1131 erschienene *Lob der neuen Miliz* war die Antwort des gelehrten Abtes; und Hugo mußte begeistert sein von dem, was er da las. Im *Lob* preist Bernhard die Templer uneingeschränkt und auf mitreißende Weise; sein Stil ist geschliffen, voller Wortspiele und gelehrter Anspielungen. Zunächst verdammt Bernhard die weltliche Ritterschaft seiner Zeit, die keine *militia* sei, sondern eine *malitia:* nicht eine Polizei, sondern eine Pest. Er charakterisiert sie als verweichlicht, leichtsinnig, frivol und süchtig nach schnellem Ruhm: »Ihr packt eure Pferde in Seidenstoffe, umhüllt eure Rüstungen mit bunten Schärpen, das Zaumzeug eurer Rösser schmückt ihr mit Gold und Edelsteinen, und in solchem Pomp sucht ihr in dreister Narrheit oder bestürzendem Leichtsinn den Tod.« Ganz anders die Templer, die »sowohl bei der Kleidung als auch der Speise jeden Überfluß vermeiden. (...) Sie sind niemals gekämmt, selten gebadet, (...) Rüstung und Haut von Staub und Sonne gegerbt.« Derart ungepflegt werden sie aber nicht zum Alptraum ihrer Mütter, sondern ihrer Feinde, denn »wenn Krieg droht, rüsten sie sich innerlich mit ihrem Glauben, äußerlich aber mit Eisen und nicht mit Gold«. Bernhard verurteilt also nicht den Beruf des Soldaten, sondern nur das Verhalten derjenigen Ritter, die Gott vergessen haben. In seinem Text übernahm er die Idee des gerechten Kriegs, in dem auch ein Christ unter ganz bestimmten Bedingungen das Schwert erheben dürfte: Wenn ein Soldat einen Schurken umbringe, so sei er »kein Übeltäter, sondern ein Übel-Töter«. Wer im Kampf einen Andersgläubigen verletze, räche so »Christus an denen, die ihm Böses antun (...). Der Tod, den er zufügt, kommt Christus zugute«. Hier liegt der entscheidende Unterschied zwischen dem Konzept des gerechten und des Heiligen Kriegs: Gerechte Kriege werden – meist mit einer guten Begründung – gegen Christen geführt, etwa zur Verteidigung des Landes. Im gerechten Krieg bleibt das Töten eine Sünde, die später gebeichtet und vergeben wird. Im Heiligen Krieg bedeutet das Töten keine Sünde mehr, sondern Dienst an Gott.

Grundsätzlich warnt Bernhard allerdings davor, Meinungsverschiedenheiten mit Gewalt auszutragen, auch im Umgang mit Ungläubigen. Die Wahrheit – so seine Überzeugung – setze sich nicht mit Gewalt durch; der Christ solle den Gegner durch Argumente bekehren. Dennoch erlaubt er den Heiligen Krieg. Man dürfe Heiden töten, wenn man nur dadurch eine allzu große Gefährdung und Unterdrückung der Gläubigen zu verhindern vermöge. Doch läßt sich kein Heiliger Krieg führen mit einem weltlichen Rittertum, das selbst keinen Gott und keine Moral kennt. Nein, im Konflikt mit den Heiden müßten sich die Streiter Gottes selbst vorbildlich verhalten und mit ihrem gesamten Verhalten einen tiefen Glauben demonstrieren. So befänden sich die Soldaten Christi in einem zweifachen Kampf: gegen den Feind selbst und gleichzeitig gegen die bösen Geister der Versuchung. Aber der gläubige Ritter stehe in dieser doppelten Schlacht nicht allein, sondern habe »gelernt, nicht auf die eigenen Kräfte zu vertrauen, sondern den Sieg aus der Kraft des Herrn der Heerscharen zu erhoffen«. Doch Bernhard geht sogar noch einen Schritt weiter: nicht nur, daß er das Töten von Heiden rechtfertigt, er verherrlicht es sogar. Weil im Kampf jederzeit der Tod drohe, richte er auf die Begegnung mit Gott aus. Der Krieg, diese rohe und brutale Angelegenheit, gewinnt also eine fast mystische Qualität: So wie Mönche sich im Gebet Gott nähern, ist der Kampf der Gottesdienst des Ritters. Der tötende Ritter tut ein gutes Werk, der getötete Ritter fährt direkt zu Gott auf – das ist der zentrale Gedanke des Heiligen Kriegs. Bernhard drückt es so aus: »Wenn er [der Ritter] selbst stirbt, geht er nicht zugrunde, er gelangt an sein Ziel. Der Tod, den er zufügt, kommt Christus zugute; der ihm zugefügte ihm selbst.« Die weltliche Ritterschaft indes kann nicht auf das Heil hoffen, denn bei ihnen »kommt kein Streit zustande, der nicht von dummem Haß, eitler Gewinnsucht oder Besitzgier angestachelt wäre. Verfolgt man solche Ziele, ist man weder beim Töten noch beim Sterben in Sicherheit«.

Der zweite Teil des *Lobs* versucht, dem Leser klarzumachen, daß die Entscheidung der Templer nicht nur gerechtfertigt ist, sondern daß sie ein einzigartiges Amt ausüben, das sonst keiner erfüllen kann. Denn zum Schutz der heiligsten Orte der Christenheit, zum Schutz der gläubigen Pilger auf ihrem Weg nach Jerusalem könne man doch unmöglich die weltlichen Ritter einsetzen, die selbst keinen Glauben, keine Ideale und kein Gewissen besäßen. Dann zählt Bernhard die Pilgerstätten auf, die von den Templern beschützt werden; dieser Abschnitt liest sich fast wie ein Reiseprospekt: Die Templer halten Wacht über Stätten wie Bethlehem, wo »das lebendige Brot vom Himmel herabgestiegen ist«, Nazareth, den Jordan und den Kalvarienberg, wo »Christus uns von unseren Sünden reingewaschen hat«. Die Templer behüten also weniger das irdische Jerusalem, sondern sind vielmehr die Schutzgarde des himmlischen Jerusalem, sie bewachen nicht das tatsächliche Land, sondern die Erinnerungen an die Taten des Heilands in diesem Land. Bernhard schließt mit einem direkten Appell an die Templer, diese heiligen Orte gut zu verteidigen und sich dabei nicht auf die eigene Stärke, sondern auf den Beistand des Herrn zu verlassen. Weil das Töten von Heiden gottgefällig ist, hilft Gott den Seinen dabei; »der Sieg im Kampf liegt nicht an der Größe des Heeres, sondern an der Kraft, die vom Himmel kommt«. Der Sieg ist also, mit Gottes Hilfe, gewiß. Bernhard versteht es mit seinen Worten zu begeistern, erreicht aber damit das Gegenteil des Geplanten: In blindem Gottvertrauen stürzten sich die Templer oftmals in selbstmörderische Aktionen. So verheizten sie oft ihre Kräfte sinnlos und schwächten die Position der Christen in Palästina entscheidend.

Am Ende des *Lobs* geht Bernhard auf ein offenkundiges Problem ein, das sich aus der Templerregel ergibt: Wie soll der Orden seine Ritter, die er wahllos auch in üblen Kaschemmen rekrutiert, zu gläubigen Lämmern machen? In dieser schwach geratenen Textpassage behauptet Bernhard einfach, daß die Läuterung der bösen Buben während der Überfahrt ins Heilige Land geschehe: Sie führen als Verbrecher, Schamlose, Diebe und Kirchenräuber aus Europa ab und kämen als die treuesten Verteidiger des Heiligen Landes in Jerusalem an.

Inhalt und Form des *Lobs* müssen bei den Templern alle Erwartungen übertroffen haben, und sie machten das *Lob* zu dem Aushängeschild ihres Ordens. Die Identifizierung mit der Schrift des später Heiliggesprochenen ging so weit, daß bald viele Templer der Meinung waren, Bernhard selbst hätte den Orden gegründet.

Noch im Jahr zuvor hatte Bernhard das altchristliche Ideal der Gewaltlosigkeit verfochten: die Idee, daß durch das Schwert umkomme, wer das Schwert ergreife. Doch bereits im *Lob* stellt er Gebet und Kampf gegen die Heiden gleichberechtigt nebeneinander als zwei geeignete Wege, das Heil zu erringen. Woher dieser Sinneswandel? Auch seriöse Autoren (z. B. Demurger) sprechen im Zusammenhang mit dieser Kehrtwendung Bernhards hilflos von einer »Weiterentwicklung seiner Position«.

Was könnte der Grund für Bernhards Umdenken gewesen sein? Zwei bedeutende Ereignisse fielen in diesen Zeitraum: 1129 lernte Bernhard auf dem Konzil von Troyes die Templer kennen, und 1130 kam es zu einem Schisma in der katholischen Kirche – sowohl Innozenz II. als auch Anaklet II. beanspruchten die Papstwürde für sich.

Je nach persönlichem Geschmack kann man unter verschiedenen Erklärungsansätzen auswählen, warum Bernhard die Templer so stark unterstützte. Dabei muß aber jede Suche nach dem wahren Grund zwangsläufig spekulativ bleiben, denn es gibt keine Äußerung Bernhards dazu. Mit der Souveränität moderner Politiker ging er über seinen Sinneswandel hinweg.

Hypothese eins: Bernhard schrieb das *Lob* aus Dankbarkeit und familiärer Verbundenheit. Bernhard war nicht nur der Neffe von Andreas von Montbard, eines der Gründungsmitglieder der Templer, sondern er schuldete auch seinem Freund Hugo von der Champagne einen großen Gefallen: Dieser hatte im Jahr 1115 den Zisterziensern das Land überlassen, auf dem das Kloster Clairvaux errichtet wurde.

Hypothese zwei: Bernhard traf auf dem Konzil von Troyes einige Templer und war von der Stärke ihres Glaubens und ihrer Hingabe so beeindruckt, daß ihn die Kombination von Ritter und Mönch überzeugte.

Hypothese drei: Bernhard erkannte, wie mächtig die Templer werden könnten, und beschloß, diese Macht für seine Interessen zu nutzen. Denn gerade während des Schismas gegen Anaklet II. brauchte er weitere Unterstützung im Kampf für seinen Favoriten Papst Innozenz II.

Letztendlich werden alle drei genannten Gründe in seine Überlegungen eingeflossen sein. Bernhard bewies durch seine späteren Predigten zum zweiten Kreuzzug, daß er tatsächlich den Heiligen Krieg befürwortete, das *Lob* also nicht aus reiner Dankbarkeit verfaßt hatte. Was die zweite Hypothese betrifft: Die auf dem Konzil erschienenen Templer, alles Mitglieder der ersten Stunde, waren zweifellos tiefgläubige Männer und ein beeindruckendes Aushängeschild für den gesamten Orden. Und die realpolitischen Überlegungen, die Bernhard laut der dritten Hypothese angestellt hat, dürften für den gewieften Machtmenschen aus Clairvaux sicherlich eine wichtige Rolle gespielt haben.

Templer und Zisterzienser – eine verschworene Gemeinschaft?

Wie kann man die enge Verbundenheit von Zisterziensern und Templern erklären? War es wirklich reiner Zufall, daß sowohl die Zisterzienser als auch die Mönchsritter im zwölften Jahrhundert einen geradezu kometenhaften Aufstieg aus dem Nichts erlebten? Diese Fragen haben etliche Menschen lange beschäftigt, und sowohl für Charpentier als auch für das Autorentrio Lincoln/Baigent/Leigh, das sich an Charpentier anlehnt, liegt die Lösung auf der Hand: Templer und Zisterzienser waren gemeinsam eingebunden in die Verwaltung eines großen Geheimnisses, das in Jerusalem entdeckt wurde. Zusammen verfolgten sie einen Plan, dessen Ziel für Außenstehende zwar nicht zu erkennen war, der aber auf jeden Fall mit einem großen Aufwand an Organisation verbunden war.

Louis Charpentier erzählt folgende Geschichte: Graf Hugo von der Champagne sei im Jahr 1104 aus dem Heiligen Land zurückgekehrt und habe sofort Kontakt zu Stefan Harding aufgenommen, dem Abt von Cîteaux. Von diesem Augenblick an habe sich das Leben in dem Gründungskloster der Zisterzienserbewegung schlagartig geändert: Die Mönche der früher so beschaulichen Abtei hätten sich plötzlich mit Feuereifer auf das Studium der hebräischen heiligen Texte gestürzt. Im Jahr 1114 sei Graf Hugo nochmals nach Jerusalem aufgebrochen, nur um im nächsten Jahr schon wieder nach Hause zu kommen. Warum unternahm er diese beschwerliche Reise, wenn er dann nur ganz kurze Zeit in Jerusalem verbrachte? Holte er dort vielleicht etwas ab? Etwas, das so wichtig war, daß man es niemand anderem anvertrauen durfte? Überbrachte Graf Hugo einen hebräischen Geheimtext? Auf jeden Fall sei er 1115 zurückgekehrt, habe sofort wieder mit Abt Harding Verbindung aufgenommen und den Zisterziensern ein Stück Land für den Bau eines Klosters geschenkt. Der gerade 25jährige Bernhard sei zum Abt dieses neuen Klosters ernannt worden, in dem der Geheimtext entschlüsselt und behütet werden sollte. Zehn Jahre später habe Graf Hugo seine Familie und seine Güter zurückgelassen, um endgültig ins Heilige Land auszuwandern. Was wollte er bei den Templern? Er habe, so Charpentier, zusammen mit acht anderen edlen Rittern und durch den Geheimtext geleitet das Allerheiligste der Christenheit suchen wollen: den Heiligen Gral, das mythische Gefäß, mit dem das Blut des ans Kreuz genagelten Heilands aufgefangen worden wäre.

Den Schutz der Pilger, dem sich die Ritter verschrieben hätten, deutet Charpentier als reinen Vorwand: Wie hätten denn auch lächerliche neun Ritter die Straßen im Heiligen Land sichern können?

Man darf diese Spekulationen nicht ohne weiteres als abstrusen Unfug abtun; die geschichtlichen Daten und Ereignisse werden von Charpentier und Lincoln/Baigent/Leigh grundsätzlich richtig wiedergegeben, nur eben eigenwillig gedeutet. Natürlich gibt es keine Beweise für ihre Thesen, aber – und das macht das Geheimnis eines gutgestrickten Mythos aus – sie können auch nicht stichhaltig widerlegt werden, weil einfach zu wenige Dokumente aus jener Zeit erhalten sind. Und die Autoren gehen sicher zu Recht von einer sehr engen Verbindung zwischen den drei zentralen Figuren der Ordensgründung aus: Hugo von Payens, Graf Hugo von der Champagne und Bernhard von Clairvaux. Nicht nur, daß sie über Blutsbande und gegenseitige Abhängigkeiten miteinander verbunden waren, ein Blick auf die Landkarte Frankreichs zeigt zudem ihre räumliche Nähe. Payens ist nur zehn Kilometer von Troyes entfernt, dem Konzilsort und traditionellen Sitz der Grafen der Champagne. Clairvaux liegt lediglich um die 40 Kilometer Luftlinie von Troyes weg. Rechnet man noch hinzu, daß – soweit hier überhaupt sicheres Wissen existiert – auch alle übrigen Gründungsmitglieder des Ordens aus dem nordöstlichen Frankreich kamen (wenn auch aus verschiedenen Grafschaften), erscheint der Templerorden anfänglich als ein provinzielles, ja fast als ein Familienunternehmen. Ein verschworener Zirkel schloß sich da zusammen, eine ideale Gemeinschaft, wenn es darum ging, etwaige Geheimnisse zu bewahren.

2. Die Unterstützung der Templer durch die Päpste

Dieser familiäre Charakter der Organisation ging nach dem Konzil von Troyes sehr schnell verloren: Rekruten aus aller Herren Länder stießen zu den Templern, der Orden entwickelte sich vom »Familienbetrieb« zu einem internationalen Großkonzern.

Mit der Bulle *Omne datum optimum* ging im Jahr 1139 erstmals ein Papst auf die Templer und ihre Mission ein, die er ausdrücklich guthieß. Offenkundig unter dem geistigen Einfluß Bernhards von Clairvaux pries Innozenz II. die Tugendhaftigkeit der Ritter mit Worten, die direkt aus dem *Lob* stammen könnten: »Ihr habt den leichten Weg, der zum Tode führt, aufgegeben, und in Demut den harten Weg gewählt, der zum Leben führt (...). Gott selbst hat euch zu Verteidigern der Kirche und zu Gegnern der Feinde Christi gemacht.«

55

Doch Innozenz lobte die Ritter nicht nur, sondern gewährte ihnen in Anerkennung ihrer Verdienste auch weitgehende Rechte, vor allem garantierte er die Unabhängigkeit des Ordens von allen kirchlichen Autoritäten mit Außnahme des Papstes – nur ihm schuldeten die Templer Rechenschaft. Auch keiner weltlichen Macht waren die Templer mehr unterworfen: Niemand, so die Bulle, durfte den Lehnseid von den Brüdern verlangen. Damit sicherte Innozenz die völlige Autonomie des Ordens, der nunmehr weder der kirchlichen noch der weltlichen Gerichtsbarkeit unterstellt war.

Speziell die Unabhängigkeit von der Amtskirche garantierte der Papst durch einige gesondert aufgeführte Punkte:

* Der Orden bekommt seine eigenen Kirchen und Friedhöfe.
* Er kann seine Seelsorger frei auswählen, ohne daß die Bischöfe irgendeinen Einfluß darauf nehmen dürfen. Diese Kapläne sind dann auch nicht mehr ihrem Bischof unterstellt, sondern nur noch dem Großmeister.
* Niemand darf von den Templern den Kirchenzehnten verlangen, ganz im Gegenteil: Mit Zustimmung des ansässigen Bischofs ist dem Orden sogar gestattet, den Zehnten von der Bevölkerung zu erheben.

Neben diesen Rechten, die sämtlich die Sonderstellung des Ordens innerhalb der Kirche festschrieben und ihn im einem gewissen Sinne zur Privatstreitmacht des Heiligen Stuhls machten, garantierte der Papst den Templern auch wichtige Privilegien gegenüber den weltlichen Herrschern:

* So bürgt der Papst persönlich für die Sicherheit der Mitglieder und Güter des Ordens. Alle Reichtümer, die die Ritter im Kampf erbeuten, gehören automatisch ihnen, sie müssen sie mit niemandem teilen.
* Nur das Generalkapitel der Armen Brüder Christi selbst darf die Statuten ändern. Auch hier genießen die Templer also von 1139 an eine deutlich größere Unabhängigkeit als zuvor: Beispielsweise hat der Patriarch von Jerusalem nach der Rückkehr Hugo von Payens aus Troyes eigenmächtig einige Bestimmungen der Templerregel geändert – sehr zum Verdruß der Brüder natürlich.
* Als Hauptsitz der Templer bestimmt Innozenz die Stadt Jerusalem. Das sollte verhindern, daß sich die in Spanien und Portugal kämpfenden Ordensmitglieder selbständig machten (dazu später mehr).

Verständlicherweise liefen Fürsten und Bischöfe gegen diese Bulle Sturm: Die Privilegien, die den Templern dort zugestanden wurden, gingen in der Mehrzahl auf ihre Kosten. In der Folgezeit versuchten viele Mächtige, diese Vorrechte zu umgehen, und die Päpste sahen sich reihenweise gezwungen, sie nochmals zu bestätigen. Eugen III. (1145–1153) wiederholte 1145 ausdrücklich das Recht der Templer, eigene Kirchen zu bauen. Hadrian IV. (1154–1159) gemahnte seine Bischöfe erneut, daß sie vom Orden nicht den Zehnten einfordern dürften.

Seinem Nachfolger, Alexander III., ging es nicht besser: Auch er mußte zugunsten der Templer eingreifen und ihre Lehnsfreiheit gegenüber weltlichen Herrschern bekräftigen. Überdies gewährte er den Templern das Recht, eigene Geistliche durch einen Bischof ihrer Wahl weihen zu lassen. Innozenz III. (1198–1216) ging sogar noch weiter und verbot den Bischöfen, einzelne Templer zu exkommunizieren.

Wie man leicht erkennen kann, bestand zwischen den Päpsten und den Armen Rittern Christi ein äußerst enges Band – der Heilige Stuhl gewährte dem Orden außergewöhnliche Privilegien und völlige Unabhängigkeit. Im Gegenzug erwiesen die Templer dem Papsttum unverbrüchliche Loyalität. Doch im 14. Jahrhundert machte König Philipp IV. von Frankreich dem Orden unter anderem gerade deswegen den Prozeß, weil er damit den Papst treffen wollte. Bis dahin sollte allerdings noch viel Zeit vergehen.

Teil 2: Die Struktur des Ordens

I. Die Organisation der Schenkungen

Während die in Jerusalem zurückgelassenen Templer also noch an der Rechtmäßigkeit ihrer Mission zweifelten und durch die offizielle Anerkennung auf dem Konzil von Troyes, den Brief Hugo Peccators und schließlich durch das enthusiastische *Lob der neuen Miliz* beruhigt werden mußten, begrüßte der Rest des Abendlandes die Initiative der Templer geradezu begeistert. Schon vor dem Konzil hatte der Orden Geschenke entgegennehmen und Mitgliederzuwachs verzeichnen können. Auch auf seiner anschließenden Werbetour bekam Hugo von Payens Land- und Geldgeschenke, und immer mehr Ritter schlossen sich ihm an: Franzosen, Engländer und Flamen. Sie alle wollten mit Hugo von Payens in den Orient ziehen, doch nur ein Teil von ihnen beabsichtigte, dem Orden beizutreten. Andere Gesandte der Templer bereisten kleinere Gebiete als Hugo von Payens, doch mit ähnlich großem Erfolg. Wo immer es möglich war, schickte Hugo seine Ritter zur Rekrutierung in ihre Heimatregionen, weil sie den dortigen Dialekt sprachen, die Mentalität kannten und nicht zuletzt meist über gute Verbindungen verfügten.

Etwa zur Zeit des Konzils präsentierte sich der Orden als ein bunt zusammengewürfelter Haufen von Kriegern aus verschiedensten Ländern, der verstreuten Kleingrundbesitz in halb Europa hatte: hier ein gespendeter Bauernhof, dort ein Flecken Land – ein organisatorischer Alptraum. Hugo von Payens versuchte in der Zeit zwischen dem Konzil von Troyes und dem Herbst 1129, die Verwaltung der abendländischen Besitztümer wenigstens einigermaßen zu regeln: Schließlich zog er mit seinen Getreuen das Rhônetal hinunter, um sich von der französischen Mittelmeerküste wieder ins Heilige Land einzuschiffen. Mit ihm reiste seine bunte Streitmacht: Europa einigte sich über alle politischen Zwistigkeiten hinweg zur Erfüllung der großen Aufgabe, der Verteidigung des Heiligen Landes. Der Templerorden ist vielleicht eines der besten Symbole für diese (vorübergehende) Einigkeit: Während seiner gesamten Geschichte verstand sich der Tempel als übernationale Organisation, die nur den christlichen Idealen verantwortlich ist, nicht aber irgendwelchen nationalen Königen oder Fürsten. Die Tatsache, daß der allergrößte Anteil der Ritter aus Frankreich stammte, änderte nichts an der grundsätzlich übernationalen Ausrichtung des Ordens.

Schnellstmöglich versuchte Hugo nach dem Konzil nach Palästina heimzukehren, denn dort wartete schon Arbeit auf ihn. Noch gegen Ende des gleichen Jahres (1129) führte er ein Kontingent seiner Ritter in einen Angriff auf Damaskus. Als Verwalter der inzwischen recht ansehnlichen Besitzungen im Abendland blieben drei Verantwortliche zurück. Pagan von Montdidier verwaltete als *Meister von Frankreich und England* die Ordensbesitzungen in Großbritannien und Nordfrankreich. Hugo Ribaud und Raimund Bernard kümmerten sich gemeinsam um die Güter in den Mittelmeerprovinzen, also im Languedoc und auf der iberischen Halbinsel.

Doch wie sollten drei Männer die weit verstreut liegenden Besitzungen des Ordens alleine verwalten? Louis Charpentier behauptet, daß die drei in Wirklichkeit nur die Spitze der Organisation waren. Seiner Meinung nach existierte schon längst ein weitgestreutes, geheimes Netz von Templern, die im verborgenen arbeiteten. Hugo von Payens hätte demnach keine neue Organisationsstruktur geschaffen, sondern nur das verborgene Netz des Ordens »erweckt«, das schon vorher ganz Frankreich umspannte. Als Beweis für seine These führt Charpentier die Schenkungen an, die die Templer bereits in den Jahren vor der offiziellen Gründung erhalten hatten. Offensichtlich hatten da einige Eingeweihte von der Existenz einer Gruppe gewußt, die es offiziell noch gar nicht gab.

Alle Schenkungen, die vor der Werbereise Hugos von Payens an den Orden gingen, beweisen in Charpentiers Augen, daß es in Europa schon ein Netz von Templern gab und die meisten weltlichen Herrscher auch davon wußten.

Obwohl dieses Argument ganz einleuchtend klingt, erweist es sich als nicht stichhaltig. Denn erstens entstand die Organisation der Ordensprovinzen nicht wie durch Zauberhand über Nacht, sondern wuchs nachweislich nur langsam und schrittweise heran. Und zweitens gab es die Templer spätestens seit 1120, nur hatten sie eben noch keinen offiziellen Status. Bis 1127 hatte zwar der allergrößte Teil des Abendlandes tatsächlich noch nichts von der Existenz des Ordens gehört, doch war dies nicht das Ergebnis einer strikten Geheimhaltung, sondern nur die Konsequenz aus der Tatsache, daß Nachrichten sich im Mittelalter nur langsam verbreiteten.

Das Paradebeispiel für eine »unerklärliche« Schenkung vor 1127 hält einer genaueren Überprüfung nicht stand: Angeblich soll die Gräfin Theresa dem Orden schon im Jahr 1126 eine Burg (Soure) in Portugal überlassen haben. Woher wußte sie überhaupt von der Existenz des Ordens, fragt Charpentier. Des Rätsels Lösung liegt in der falschen Datierung dieser Schenkung, die in Wirklichkeit erst 1128 stattfand, und zu dieser Zeit bereiste Raimund Bernard werbend die iberische Halbinsel.

Erst gegen Ende des Jahres 1127 erhielten die Templer ihre ersten belegbaren Spenden aus Europa, und die stammten von Herrschern, die sicher von der Gründung des Ordens gewußt hatten: Dazu gehört zum Beispiel Graf Theobald von der Champagne, ein Neffe des Grafen Hugo von der Champagne, der 1126 den Templern beigetreten war.

Bis zum Konzil gingen nur wenige Schenkungen ein, doch danach überschlug sich das Abendland geradezu vor Freigebigkeit. Dennoch besaß der Orden im Jahr 1130 noch keine »Ländereien von unvorstellbarem Ausmaß« (Lincoln/Baigent/Leigh, S. 58), sondern lediglich eine Vielzahl versprengter kleiner Güter, die nur wenig Ertrag abwarfen. Die wichtigste administrative Aufgabe für die Führer des Ordens lag daher zunächst in der Konzentration des Besitzes. Da Bauernhöfe um so wirtschaftlicher arbeiten, je größer die zusammenhängenden Landstücke sind, mußten die Verwalter der Templer versuchen, durch Landtausch große landwirtschaftliche Betriebe, *Komtureien*, zu schaffen. Schon im Jahr 1128 tauschten die Templer mit einer Zisterzienserabtei Äcker in Cérilly gegen andere in Coulours, die ihnen »angemessener waren« (Charpentier, S. 66). Dieser betriebswirtschaftlich sinnvolle, ja fast unerläßliche Vorgang erregte den Verdacht mancher Autoren. Louis Charpentier nimmt ihn als Beweis für seine These, daß die Organisation der Templer in Frankreich nach einem jahrhundertealten Plan vor sich ging: Wie sonst sollten die Vertreter des Ordens schon 1128 wissen, welche Gebiete ihm »angemessener« seien?

Wie man an diesem Landtausch schon sieht, bereiteten die Geschenke den Templern nicht nur Freude, sondern auch einige Arbeit, manchmal sogar Ärger. Manche Ländereien, die dem Orden überlassen wurden, waren reine Höflichkeitsgeschenke wie zum Beispiel wenig fruchtbares Brachland. Aber es kam noch schlimmer: Manche der milden Gaben stellten sich als echte Danaergeschenke heraus, die dem Spender mehr nützten als dem Empfänger. So überließ die Gräfin Theresa in Portugal dem Orden 1128 die Burg Soure offensichtlich in der Hoffnung, die Templer würden sich auf diese Weise in die Verteidigung der iberischen Halbinsel gegen die Moslems einspannen lassen. Gleichzeitig mit der Burg schenkte die Gräfin den Templern den Wald von Cera, der nur einen winzigen Makel hatte: Er war von den Sarazenen besetzt. Die Templer nahmen das Geschenk an, eroberten den Wald auch tatsächlich zurück und fanden sich plötzlich in einer direkten Konfrontation mit den Moslems im Abendland, die sie eigentlich hatten vermeiden wollen. Von ähnlichen Überlegungen geleitet wie die Gräfin Theresa, übertrugen etliche andere hohe Herren in Spanien und Portugal dem Orden Besitztümer; man zählt allein von 1128 bis 1136 insgesamt 36 Schenkungen in

Spanien und sechs in Portugal. Die Templer erhielten beispielsweise 1130 die Grenzburg Grañana »zur Verteidigung der Christenheit, dem Ziel entsprechend, für das der Orden gegründet wurde«. Ebenso nahm Hugo Ribaud von dem Fürsten von Urgel die Burg von Barbara entgegen und bekam von König Alfons I. von Aragon die Festung Calatrava, die gerade erst den Mauren entrissen worden war. Die Templer nahmen alle diese Gaben an, obwohl sie das politische Kalkül der edlen Spender durchschauten. Nur einen Köder schluckten sie nicht, obwohl er fetter war als alle anderen: das Erbe des Königreichs Aragon.

Aragon – eine verpaßte Chance?

Im Jahr 1131 legte König Alfons I. von Aragon und Navarra seinen letzten Willen fest, in dem er die drei internationalen Orden im Heiligen Land als seine Universalerben einsetzte: die Johanniter, den Orden vom Heiligen Grab und die Templer. Sein Herrschaftsgebiet in Nordostspanien umfaßte insgesamt fast 58000 Quadratkilometer und war damit eineinhalbmal so groß wie die Schweiz. In seinem Todesjahr 1134 bestätigte Alfons sein Testament. Zwar hatte Alfons keine eigenen Kinder, trotzdem können Historiker diese Schenkung kaum erklären. Beweist dieses Testament, wie einige Geschichtswissenschaftler behaupten, die ungeheure Popularität, die die kämpfenden geistlichen Orden im Abendland genossen? Oder wollte Alfons – der den Beinamen »der Schlachtenkämpfer« trägt – die Verteidigung wichtiger christlicher Gebiete Spaniens in die Hände von kompromißlosen Streitern für die gute Sache legen? Wie auch immer: Die drei Orden schlugen das großherzige Geschenk aus, obwohl sie damit ein großes eigenes Staatsgebiet zur freien Verfügung erhalten hätten. Noch heute bedauern manche Menschen, daß die Templer diese Gelegenheit nicht ergriffen, ein eigenes Utopia zu schaffen, einen eigenen Staat, der mit der milden Hand der Mönche verwaltet und von der festen Hand der Ritter verteidigt wird. Warum nahmen die Orden gerade das größte Präsent nicht an, das ihnen je gemacht wurde? Vermutlich gefiel ihnen die Gabe bei näherem Hinsehen nicht: Denn der Aufwand für die Verwaltung und Verteidigung eines großen von den Mauren bedrohten Reichs überstieg die Kräfte der noch jungen Orden bei weitem. Zudem hätten sie sich wahrscheinlich die Durchsetzung des Testaments erst schwer erkämpfen müssen. Einige hohe Herren zeigten sich nämlich gar nicht begeistert von der hochherzigen Geste Alfons'. Sein Bruder Ramiro beispielsweise hielt sich persönlich für viel besser geeignet zur Führung des Reichs. Und der Papst, der als Lehnsherr des Königreichs Aragon noch ein wichtiges Wort mitzureden hatte, hätte gerne Alfons VII., den König von Kastilien und Leon, auf dem Thron Aragons gesehen, um die Leitung der *Reconquista*, des christlichen Versuchs, Spanien zurückzuerobern, in einer Hand zu konzentrieren.

Das Testament anzunehmen hätte für die Templer also bedeutet, ihre Energien voll auf die iberische Halbinsel und die Reconquista zu richten – und das auf unabsehbare Zeit. Zwar sahen sie natürlich ihre Aufgabe im Kampf gegen die Moslems, aber eben im Heiligen Land. Die beiden anderen Ritterorden dachten in dieser Frage ähnlich und planten daher nicht ernsthaft, das Erbe tatsächlich anzutreten. Dennoch gaben sie ihre Ansprüche auf Aragon nicht so einfach auf, sondern feilschten fast zehn Jahre lang mit dem spanischen Adel um den Preis ihres Verzichts. Das Ergebnis dieser Verhandlungen, die Charta von 1143, überrascht zunächst: Der Vertrag sieht ausdrücklich vor, daß Johanniter und Templer sich an der Reconquista beteiligen. Für ihr Engagement würden sie ein Fünftel des mit ihrer Hilfe zurückeroberten Gebiets erhalten. Warum gaben die Bruderschaften am Ende ihre Ansprüche auf Vollstreckung des Testaments auf und ließen sich auch noch freiwillig in die Reconquista einbinden? Die Antwort liegt in der Entwicklung des Templerordens in den neun Jahren seit dem Tod Alfons': Im Jahr 1134 hatte der Orden nicht einmal die Mittel gehabt, um sich im Orient nachdrücklich Respekt zu verschaffen; 1143 besaßen die Templer eine schlagkräftige Ritterschaft und bedeutende Besitztümer im Abendland. Genug, um für Gebietsgewinne auch an zwei Fronten zu kämpfen.

II. Die Organisation der Ordensmitglieder

Im folgenden soll die genaue Struktur des Ordens dargestellt werden, wie sie in der Blütezeit der Armen Brüder aussah. In aufsteigender Reihenfolge werden alle Bestandteile der Gesamtorganisation vorgestellt: die einzelnen Mitglieder der Templerfamilie, die Hierarchie innerhalb der Organisation und schließlich die Großstruktur des Ordens mit seinen Komtureien in Europa, den Burgen auf der iberischen Halbinsel und schließlich natürlich der Niederlassung im Heiligen Land.

1. Die Mitglieder der Templerfamilie

Es wäre völlig falsch, aus der Besitzlosigkeit der Brüder zu schließen, daß es sich bei dem Orden um eine Art sozialistisches Kollektiv von gleichberechtigten Individuen handelte. Ganz im Gegenteil war das Templervolk streng in verschiedene Ränge aufgeteilt, zwischen denen es weder Auf- noch Abstieg gab – ein typisches Merkmal der mittelalterlichen Sozialordnung, in der jedem Menschen eine genau bestimmte Funktion zugewiesen war, die er sein Leben lang zu erfüllen hat. Auch die typische gesellschaftliche Dreiteilung der Stände fand man bei den Templern: die Kämpfenden, die Betenden und die Arbeitenden. Dies entbehrt nicht einer gewissen Ironie, wenn man sich daran erinnert, daß gerade die Erfindung des Mönchsritters diese Dreiteilung gewaltig durcheinandergebracht hatte, indem sie den kämpfenden und den betenden Stand in einer Person zusammengefaßt hatte. Es gilt jedoch zu betonen: Der kämpfende Stand innerhalb des Ordens setzte sich aus Rittern zusammen, die gleichzeitig auch Mönche waren. Dieser Stand war allerdings wiederum in zwei Klassen geteilt: die Ritter und die dienenden Brüder – wobei man die Bezeichnung dienende Brüder nicht falsch verstehen darf. Ebenso wie die Ritter zogen auch sie normalerweise zu Pferd in die Schlacht. Bei ihnen handelte es sich jedoch um eine Art Ritter zweiter Klasse, sie waren weniger stark gepanzert, leichter bewaffnet und in der Regel auch weniger geübt im Waffenhandwerk. Daher standen sie in der Schlachtordnung auch nicht in vorderster Reihe, sondern eher im zweiten Glied. Einzig der Besitz und die Herkunft eines neuen Rekruten entschieden darüber, ob er als Ritter aufgenommen wurde und den weißen Umhang tragen durfte, oder ob er sich mit dem braunen oder schwarzen Mantel des dienenden Bruders begnügen mußte. Normalerweise hatten nur Angehörige des Adels in ihrer Jugend Unterricht im Waffenhandwerk erhalten, und nur sie konnten in der Regel bei ihrem Eintritt in den Orden eine genügend große Mitgift einbringen, um als Ritter aufgenommen zu werden – immerhin gehörten zur vollständigen Ausrüstung eines berittenen Kämpfers mindestens drei Pferde! Obwohl die Brüder im Orden nach den Statuten keinerlei Privateigentum hatten, entschied also doch der persönliche Reichtum über die Stellung in der Hierarchie: Wer keine drei eigenen Pferde mitbrachte, konnte niemals zum vollgültigen Ritter werden, und wäre er ein noch so hervorragender Kämpfer. Nur die wenigsten Rekruten konnten die erforderliche Mitgift auftreiben; daher kamen auf einen voll ausgerüsteten Ritter ungefähr zehn dienende Brüder. Insgesamt waren durchschnittlich ungefähr 300 Tempelritter im Heiligen Land stationiert, nur selten mehr als 500 – die Zahl der Ritter und dienenden Brüder zusammen überstieg also wohl kaum je 6000. Die wenigen hundert Ritter unter ihnen fühlten sich – zu Recht – als Elite und entwickelten sehr bald einen ausgeprägten Standesdünkel. Den Rest der Welt behandelten sie mit Herablassung. Und so mischte sich in der Öffentlichkeit schon früh die Bewunderung für die Heldentaten und die prächtige Ausrüstung der Tempelritter mit einem gewaltigen Ärger über ihren Stolz und ihren Hochmut.

Ein berühmtes Siegel des Ordens zeigt zwei Templer, die sich ein Pferd teilen. Diese Abbildung ist rein allegorisch und soll die Armut und die Brüderlichkeit zwischen den Rittern symbolisieren. Keinesfalls darf man glauben, daß die Templer tatsächlich so in die Schlacht gezogen wären; schon unter dem Gewicht eines gepanzerten Mannes ermüdete ein Pferd so schnell, daß man immer Ersatz dabeihaben mußte.

Viele abenteuerlustige Männer fühlten sich zwar von dem großartigen Erscheinungsbild der Templer magisch angezogen, schreckten aber davor zurück, das Mönchsgelübde abzulegen und den Rest ihres Lebens in Armut, Keuschheit und Demut zu verbringen. Für sie gab es nach den Statuten die Möglichkeit, sich als *Brüder auf Zeit* zu verpflichten. Dadurch unterwarfen sie sich für eine vertraglich festgelegte Dauer allen religiösen und militärischen Pflichten, die die Vollmitglieder zu erfüllen hatten. Im Gegensatz dazu waren die *Turkopolen* reine Kämpfer, die vom Orden zur Ergänzung seiner Kräfte »angestellt« wurden und Sold erhielten. Sie unterstanden der militärischen Disziplin des Ordens, nahmen aber nicht an seinem religiösen Leben teil. Sie trugen ihren Namen, weil sie nach Türkenart kämpften, also mit Pfeil und Bogen bewaffnet waren und nur leicht gepanzert ritten, was ihnen ermöglichte, sehr rasch und auf größere Distanz zuzuschlagen.

Zum betenden Stand zählten die Templer in ihrer Organisation nur die Kapläne – also die wenigen Mitglieder, die ausschließlich beteten und nie selbst die Waffe ergriffen. Die Kapläne waren die Priester des Ordens, sie hielten die Gottesdienste und nahmen die Beichte ab. Die bereits erwähnte Bulle Innozenz' II. von 1139 garantierte, daß die Templer diese Kapläne frei bestimmen konnten und diese dann einzig dem Papst unterstellt waren.

Während die beiden Stände der Betenden und der Kämpfenden im Orden höchstes Ansehen genossen, blieb der großen Masse der Arbeiter nur ein für das Mittelalter typisches Leben voll Plackerei. Lohnarbeiter, Leibeigene und fronpflichtige Bauern verrichteten die vielfältigen Arbeiten, die zur Bewirtschaftung der Komtureien notwendig waren. Die rechtliche Stellung der Arbeiter hing dabei von den Gebräuchen der jeweiligen Provinz ab; in den Komtureien der Normandie beispielsweise waren diese Menschen frei, während sie im Languedoc, wo die Leibeigenschaft noch eine starke Rolle spielte, unfrei waren. Die Lohnarbeiter – Bauern, Handwerker, Notare, Knechte – standen für die Dauer ihrer Beschäftigung im Sold des Ordens und legten kein Gelübde ab, ebensowenig wie die Leibeigenen. Wenn größere Aufgaben anstanden, wie zum Beispiel der Bau eines neuen Gebäudes oder das Einfahren der Ernte, zog die Komturei meist zusätzlich die fronpflichtigen Bauern der Umgegend heran, die aufgrund ihrer Lehnsverpflichtungen eine bestimmte Anzahl von Tagen im Jahr für die Komturei arbeiten mußten. Die Templer hielten sogar Sklaven: Im Heiligen Land verrichteten gefangene Sarazenen einen wichtigen Teil des Arbeitspensums. Dies führte im Jahr 1237 zu einem unschönen Streit zwischen dem Papst und dem Großmeister. Der Orden weigerte sich nämlich, die Sklaven zu taufen, die darum baten – aus einem einfachen Grund: Christen durften nicht als Sklaven gehalten werden, die Templer müßten die getauften Moslems also freilassen. Moralisch ist dieses Vorgehen natürlich höchst fragwürdig: Mönche verwehrten Ungläubigen aus Profitgier den Beitritt zum Christentum. Dennoch setzte sich der Orden gegen den Papst durch.

Für diejenigen, die sich freiwillig dem Orden anschließen wollten, ohne aber tatsächlich einzutreten, gab es zwei ziemlich kuriose Möglichkeiten: So verschenkten die *Donats* sich selbst (meist samt einem Geldbetrag) an den Orden. Allerdings wurden sie damit nicht automatisch Mitglieder, sondern sicherten sich nur das Recht, das Gelübde abzulegen, sobald sie wollten. Und schließlich konnte man sogar als Frau *Confrater* (Mitbruder) werden. Die Confratres wollten allerdings – in Widerspruch zu ihrem Namen – überhaupt nicht in den Orden eintreten, sondern waren vielmehr Mitglieder eines Freundeskreises, der die Templer unterstützte und sich dafür ein wenig in ihrem Glanz sonnen durfte.

2. Die Aufnahme in die Templerfamilie

Die nächsten Seiten widmen sich der Frage, wer unter welchen Bedingungen als Vollmitglied in den Orden eintreten konnte. Das grundsätzliche Dilemma des Ordens wurde ja schon angesprochen: Einerseits wollte man natürlich Rekruten, die dem außerordentlich hohen moralischen Anspruch der Bruderschaft genügten, andererseits konnte man bei der Auswahl der Neuzugänge nicht zu wählerisch sein, da man jeden verfügbaren Mann benötigte. Die Templer meisterten diese Schwierigkeit, indem sie zwar den vorläufigen Eintritt relativ leicht machten, aber vom Rekruten tadelloses Verhalten während einer Probezeit forderten. Nach der endgültigen Aufnahme sorgte die strenge Disziplin des Ordens dafür, daß keiner aus der Reihe tanzte. Für grobe Verstöße gegen die Regel konnte ein Ritter sogar aus dem Orden geworfen werden.

Wie die Aufnahme in die Gemeinschaft ablief, belegt ein Vielzahl von Dokumenten des Ordens, von der ersten Version der Templerregel bis zu einem Text, der aus dem 14. Jahrhundert stammt und also nur wenige Jahre vor dem Prozeß gegen die Templer entstanden ist. In eben diesem Prozeß würde eine ganz zentrale Frage sein, wie das Aufnahmeritual in den Orden genau aussah.

Wie schon erläutert, richtet sich die Regel an alle Ritter von freier Geburt, die ihr sündiges Leben aufgeben und denen folgen wollen, die Gott auserwählt hat. Dabei rekrutierte der Orden zumindest in der Anfangszeit gerne unter exkommunizierten Rittern, die aber vor ihrem Beitritt erst von einem Bischof die Absolution erhalten mußten. Etwa mit Beginn des 13. Jahrhunderts verschärften die Templer die Aufnahmekriterien, und ein Bewerber mußte nicht nur selbst Ritter, sondern auch ein legitimer Sohn eines Ritters sein.

Als Rekruten kamen im Heiligen Land hauptsächlich Kreuzfahrer in Frage, die nach der Erfüllung ihres Kreuzzugsgelübdes immer noch das Bedürfnis verspürten, Gott zu dienen und ihr gesamtes Leben der Verteidigung des Heiligen Grabes zu widmen. Zunächst mußte der Bewerber zeigen, daß er wußte, worauf er sich einließ. »Bevor er sich dauerhaft in die Gesellschaft der anderen Brüder begibt, soll ihm die Regel vorgelesen werden. Wenn er dieser eifrig gehorchen will und es dem Meister und den Mitbrüdern gefällt, ihn willkommen zu heißen, dann bringe er seinen Wunsch den im Kapitel versammelten Brüdern vor.« Ausdrücklich verbietet die Regel aber, Kinder aufzunehmen, egal ob sie von ihren Eltern als »Spenden« angeboten werden oder ob sie von selbst an die Türen des Templerhauses klopfen. Nur Männer über 18 Jahren können in den Orden eintreten, auch wenn in den meisten Gebieten Frankreichs Jugendliche schon mit 14 Jahren als volljährig gelten. Jeder neue Rekrut ist nach seinem Beitritt zunächst nur ein Bruder auf Probe. Die Länge des Noviziats hängt laut der lateinischen Version der Regel ausschließlich davon ab, »wie ehrenhaft die Lebensweise des Neuankömmlings vor seinem Eintritt war«. In der deutlich ausführlicheren französischen Regel taucht dieser Satz nicht auf – wohl, um Ritter mit unrühmlicher Vergangenheit in dieser Anfangszeit nicht abzuschrecken.

Über den Aufnahmeantrag eines Rekruten muß immer das Kapitel entscheiden, mit einer Ausnahme: Wenn der Meister auf Reisen einen Sterbenden trifft, dessen letzter Wunsch darin besteht, in den Orden aufgenommen zu werden, so darf der Meister diesem Wunsch entsprechen. Sollte dieser neue Bruder wider alle Erwartung aber genesen, muß er so bald wie möglich vor dem Kapitel sein Gelübde erneuern.

Die Aufnahmezeremonie selbst wird von zahlreichen Erweiterungen der Templerregel genauestens festgelegt. Selten nur haben einzelne Templer als Personen eine Spur in der Geschichte hinterlassen, aber die Akten zu dem Prozeß gegen den Orden im 14. Jahrhundert geben uns genauen Aufschluß über die persönlichen Erfahrungen einiger Ritter bei ihrem Eintritt in den Orden. Gerhard von Caux sagte bei seinem Verhör im Jahre 1311 aus, wie die Aufnahmeprozedur aussah, der er sich 1298 unterwerfen mußte:

Nach der Morgenmesse im Ordenshaus führte der Provinzialmeister ihn mit zwei anderen Kandidaten in eine kleine Kammer neben der Kapelle. Dort traten zwei Ordensbrüder auf sie zu und fragten: »Begehrt ihr die Gemeinschaft des Templerordens und wollt ihr an seinen geistlichen und weltlichen Werken teilhaben?« Gerhard bejahte, und einer der Brüder fuhr fort: »Ihr strebt nach

Großem. Von unserem Orden seht ihr nur den äußeren Glanz, ihr seht unsere schönen Pferde, schönen Rüstungen, ihr seht, wie gut wir essen und trinken; ihr seht unsere schönen Gewänder und glaubt, ihr hättet ein gemütliches Leben bei uns. Denn die strengen Regeln, die für den Orden gelten, kennt ihr nicht. Es ist ein großer Schritt, den ihr da plant: Ihr, die ihr euer eigener Herr seid, macht euch zum Diener eines anderen, denn ihr werdet nur selten das tun dürfen, was ihr begehrt. Wollt ihr im Abendland weilen, schickt man euch ins Heilige Land, wollt ihr nach Akkon, schickt man euch nach Tripolis. (...) Wollt ihr schlafen, werden wir euch befehlen zu wachen, und manchmal, wenn ihr wachen wollt, werden wir euch in euer Bett schicken, daß ihr ruhen könnt.« All dies müßten die Brüder erdulden »zu ihrer Ehre, Rettung und ihrem Seelenheil«. Die Kandidaten bestätigten, daß sie all das ertragen wollten. Dann prüfte der Bruder, ob sie auch die formalen Bedingungen für die Aufnahme erfüllten: Nur wenn der Kandidat nicht verlobt, verheiratet, verschuldet, exkommuniziert oder Mitglied eines anderen Ordens war, konnte er den Templern beitreten. Darüber hinaus mußte jeder Rekrut körperliche Tüchtigkeit beweisen und geloben, daß er mit der katholischen Kirche übereinstimmt und keinem ketzerischen Glauben anhängt.

Dann bekamen die Bewerber eine kurze Bedenkzeit, an deren Ende sie vor den Meister geführt wurden. Vor ihm knieten sie nieder und sprachen die Formel: »Herr, wir sind vor Euch und vor die Brüder getreten, die mit Euch sind, um unsere Aufnahme in die Gemeinschaft des Ordens zu erbitten.« Darauf forderte der Meister die drei auf, die zuvor gegebenen Antworten noch einmal zu bestätigen und den Eid auf ein »gewisses Buch« zu schwören: »Ihr müßt bei Gott und der Jungfrau Maria geloben, daß ihr dem Meister des Tempels stets gehorchen werdet, daß ihr die Keuschheit, die guten Sitten und die Gebräuche des Ordens einhalten werdet, daß ihr besitzlos leben werdet und nur das behaltet, was euch euer Oberer gibt, daß ihr alles euch Mögliche tun werdet, das zu bewahren, was im Königreich Jerusalem erworben wurde, daß ihr euch niemals dort aufhaltet, wo man Christen unrechtmäßig tötet, ausraubt und um ihr Erbe bringt. Wenn euch Güter des Tempels anvertraut werden, so schwört, gut über sie zu wachen. Und gelobt, niemals und unter keinen Umständen den Orden ohne den Segen eurer Vorgesetzten zu verlassen.«

Mit der Vollendung des Schwurs war die Aufnahme in den Orden vollzogen, und der Meister verkündete: »Wir nehmen euch auf, eure Väter und Mütter und zwei oder drei Freunde, deren Teilnahme am geistlichen Werk des Ordens ihr wünscht, bis zum Ende eurer Tage.« Daraufhin richtete der Meister die drei neuen Brüder auf und küßte sie auf den Mund. Auch der Kaplan und die anwesenden Zeugen gaben ihnen diesen Kuß, der die Aufnahme in die Gemeinschaft symbolisierte.

Dann nahm der Meister die drei zur Seite, schärfte ihnen die wichtigsten Alltagsregeln ein und informierte sie, welche Vergehen den Ausschluß aus dem Orden nach sich zogen. Schließlich entließ er die Ritter mit den folgenden Worten: »Gehet hin, Gott wird euch besser machen.«

Bis auf die merkwürdige Formulierung mit dem Schwur »auf ein gewisses Buch« wirkt diese Zeremonie in keiner Weise geheimnisvoll, und es stellt sich die Frage, wie so viele Spekulationen um das Aufnahmeritual in den Orden entstehen konnten (mehr dazu in Teil 4, II.). Aus heutiger Sicht scheint der Kuß des Meisters auf den Mund des neuen Rekruten ein wenig befremdlich, doch ist er – wie etliche andere Elemente der Aufnahmezeremonie – dem Ritual des Lehnseides entnommen, bei dem er ein wichtiges Symbol des Friedens ist.

Merkwürdig an der Aussage des Gerhard von Caux erscheint etwas ganz anderes: Wie schon erwähnt, legen die Statuten ausdrücklich fest, daß der Meister ohne das Kapitel keine neuen Brüder ernennen darf. Gerhard aber legte seinen Schwur nur vor dem Meister und einigen Zeugen ab und nicht vor dem versammelten Kapitel – ein klarer Verstoß gegen die Statuten

3. Das mönchische Alltagsleben

Ebenso wie das Aufnahmezeremoniell kann man heute den Ablauf des täglichen Lebens in den Templerhäusern recht gut rekonstruieren, weil uns das gesamte aus vier Büchern bestehende Regelwerk des Ordens erhalten ist. Zunächst gibt es die lateinische Version der Templerregel, dann die deutlich weiter ausgearbeitete französische Fassung, die wiederum im Lauf der Zeit (etwa von 1160 bis 1170) durch etliche Zusatzartikel, sogenannte *Retrais*, ergänzt wurde. Das *Livre d'Egards* schließlich diente als eine Art Kommentar zu den Gesetzestexten, in dem Präzedenzfälle aus der Vergangenheit und die dazugehörigen Urteile der Meister gesammelt wurden. Aus diesen vier Büchern erfahren wir also, welche Regeln es gab, gegen welche die Brüder häufig verstießen, und wie eine solche Übertretung geahndet werden sollte. Insgesamt zeichnen sie ein sehr präzises und buntes Bild vom Alltagsleben der Ordensbrüder. Alle Zitate der nächsten Abschnitte stammen aus einem dieser vier Texte, sofern sie nicht ausdrücklich gekennzeichnet sind.

Der Alltag der Templer war durch die kanonischen Stunden gegliedert, er begann mit der Morgenmesse (Matutin) und endete am Abend nach Vesper und Non mit dem Complet. Auch zwischen den Gottesdiensten des Tages lief jeder Tag in genau festgelegten Gleisen. So sollten die Ritter im Anschluß an die Matutin sofort in den Stallungen nach dem Rechten sehen und den Knappen Anweisungen erteilen, und zwar »nicht in einem barschen Befehlston, sondern höflich«. Danach durften sie sich wieder ins Bett legen und nach einem Vaterunser weiterschlafen. Wenn zur Prim geläutet wurde, standen die Brüder auf, zogen sich eilig an und wanderten abermals zur Kapelle, zum zweiten Gottesdienst des Tages.

Welche überragende Rolle Gebete und Messen im Alltag der Ordensbrüder spielten, demonstriert schon der allererste Satz der lateinischen Templerregel: »(. . .) achtet jederzeit darauf, die Matutin und alle anderen Gottesdienste zu hören, ganz wie die kanonischen Regeln und die Gewohnheit des Meisters in der Heiligen Stadt von Jerusalem es vorschreiben.« Dieses Gebot dient nicht nur dazu, die Gedanken der Ritter zu Gott zu wenden, sondern hat auch einen wichtigen praktischen Grund: »Nach dem Ende des Gottesdienstes muß sich keiner mehr davor fürchten, in die Schlacht zu ziehen, denn dann ist er bereit, die Krone des Märtyrers zu empfangen.«

Gebetsmühlenartig wiederholt die Regel, daß die Religion absoluten Vorrang im Leben der Templer haben solle. »Seinen ganzen Fleiß«, heißt es, »richte der Bruder darauf, Gott zu dienen.« Zu diesem gottesfürchtigen Leben gehören natürlich Gebete und Messen, die die Templer alle verfolgen sollen, denn »wenn wir Gott lieben, müssen wir voller Freude die heiligen Worte hören und verstehen«.

Angesichts der besonderen Umstände, unter denen die Mönchsritter im Orient leben, läßt die Regel aber auch Ausnahmen zu. Kann ein Bruder aus einem wichtigen Grund die Messen nicht vollständig hören, »was sicherlich oft der Fall sein wird«, so muß er 13 Vaterunser sprechen, wenn er die Matutin verpaßt, sieben Vaterunser für jeden anderen versäumten Gottesdienst und neun für die Vesper. Wenn möglich, sollen die Brüder diese Ersatzgebete zusammen sprechen – wohl aus zwei Gründen, die aber nicht genannt werden: Zum einen soll so ein gewisses Gemeinschaftserlebnis erhalten bleiben, auch wenn die Ritter sich nicht in einem Templerhaus oder einem anderen Kloster befinden. Und zum zweiten soll durch den Gruppenzwang verhindert werden, daß einzelne Ritter sich um diese Gebete drücken.

Die Regel ermahnt die Brüder, durch ihr gesamtes Verhalten Gott zu ehren, die Kapelle zu pflegen, zu schmücken und sich in ihr würdig zu benehmen. So sollen sie zu den Gottesdiensten weder schlampig noch hastig angezogen erscheinen, sondern in ihrem Mantel, den sie ordentlich am Hals mit einer Spange geschlossen haben. Besonders bei den Morgengottesdiensten ist diese Kleiderordnung nicht ganz einfach einzuhalten, denn im Sommer läutet die Glocke, die zur Matutin ruft, um zwei Uhr nachts, im Winter um vier Uhr. Unter dem hochgeschlossenen Mantel darf der Bruder übrigens sein Nachtgewand anbehalten, nur Schuhe und Strümpfe muß er tragen – was angesichts der Kälte, die um diese Zeit herrscht, wohl kaum ein Opfer darstellt. Jede der kanonischen Stunden schreibt 13 beziehungsweise 18 Vaterunser vor, von denen ein Teil der Jungfrau Maria gewidmet und im Stehen gebetet wird, während die Gebete, die dem Schutzpatron des Tages gewidmet sind, sitzend gesprochen werden. Auf jeden Fall beginnt und beendet jeder Bruder den Tag mit Gebeten zur Jungfrau, »denn sie war der Anfang unserer Religion, und in ihr wird unser aller Leben schließen, so Gott es will«.

Obwohl Gebete und Gottesdienste im Alltag der Brüder eine zentrale Rolle spielen, warnt die Regel ausdrücklich davon, den religiösen Eifer zu übertreiben. Denn ein Übermaß an Entbehrung könnte die Kampfkraft schwächen. Akribisch wird festgelegt, wann die Brüder im Gottesdienst stehen müssen: Nur während des Eröffnungspsalms, des *Gloria* und des *Te Deum*. Ansonsten dürfen sie sitzen.

Mahlzeiten

Von größerer praktischer Bedeutung ist die Warnung vor zu großer Askese sicherlich bei der Ernährung. Hier rät die Regel den Rittern, bei Tisch so viel zu verlangen, wie ihnen vernünftig erscheint, um die Kampfkraft zu erhalten. In der Praxis scheint die Gefahr übermäßiger Askese nicht besonders groß zu sein: Bei den Franzosen ist die Trinkfestigkeit der Brüder sprichwörtlich geworden – *sau-*

fen wie ein Templer heißt, ganz gewaltig über die Stränge zu schlagen. Sicherlich hängt dieses negative Bild auch mit den Schauermärchen zusammen, die im 14. Jahrhundert in Frankreich über den Orden verbreitet wurden, aber ein Detail in der Ordensregel belegt, wie wichtig der Wein den Mönchsrittern ist: Die Brüder essen zu zweit aus einem Napf, aber jeder hat sein eigenes Trinkhorn mit einer genau abgemessenen Menge – beim Wein hört das Teilen auf. Das gemeinsame Essen aus einer Schüssel soll die Zusammengehörigkeit und Demut der Armen Soldaten Christi symbolisieren, in Wirklichkeit aber hat jeder Templer schon sehr bald seinen eigenen Teller, einfach weil es viel bequemer ist. Zum Eßgeschirr eines Ritters gehören laut der Regel ein Napf aus Horn, ein Löffel (die Gabel ist noch nicht erfunden) und zwei Humpen, davon einer zum täglichen Gebrauch, der andere, ein verziertes Trinkgefäß, für festliche Anlässe.

Alle Mahlzeiten sollen – nach einem Dankgebet und einem Vaterunser – gemeinsam eingenommen werden. Doch zeigt sich hier, daß der Orden ein typisches Kind seiner Zeit ist – die Regel meint damit nur, daß die drei Klassen des Ordens (Ritter, dienende Brüder und normale Arbeiter) jeweils zusammen zu Tisch gehen sollen. Die Templer essen daher mindestens in zwei Schichten, in größeren Niederlassungen in drei Schichten. Sobald die Essensglocke läutet, begeben sich alle Brüder, die zu dieser Essensschicht gehören, in den Speisesaal, außer sie erledigen gerade eine unaufschiebbare Arbeit wie zum Beispiel Schmieden oder Backen. Eine Mahlzeit der Ritter sieht folgendermaßen aus: Das Refektorium steht voller langer Bänke und Tische, am vordersten Ende des Raums thront der Kommandeur der Niederlassung auf seinem oftmals erhöhten Ehrenplatz. Die ältesten Brüder stellen sich mit dem Rücken zur Wand auf, die jüngeren ihnen gegenüber. Nachdem der Kaplan einen Segen gesprochen hat, beten die Brüder ein Vaterunser, erst dann dürfen sie sich an den Tisch setzen. Während des Essens herrscht Schweigen, nur ein Bruder liest aus der Heiligen Schrift vor. Zwischen den Reihen weißgekleideter Ritter gehen Diener entlang, die Speisen oder Getränke servieren. In großen Schüsseln bringen sie Fleisch und Gemüse. Zu trinken gibt es Wasser und – je nach der Vorgabe des Kommandanten – mehr oder weniger mit Wasser gestreckten Wein. Dreimal die Woche gibt es Fleisch, am Sonntag sogar zwei Portionen – aber nur für die Ritter. Bis der Kommandant offiziell das Mahl beendet, indem er sich von seinem Platz erhebt, darf kein anderer Bruder aufstehen. Ausnahmen werden nur in zwei Fällen geduldet: Erstens, wenn etwas geschieht, das eine sofortige Reaktion verlangt, wie zum Beispiel ein gegnerischer Angriff. Der zweite Entschuldigungsgrund für ein vorzeitiges Aufstehen von der Tafel ist – Nasenbluten. Es wirkt etwas verwunderlich, daß hartgesottene Männer wie die Templer anscheinend so oft von Nasenbluten heimgesucht wurden, daß die Regel für diesen Fall ausdrücklich vorsorgt.

Ob das ungewohnte Klima, falsche Ernährung oder etwas ganz anderes daran schuld war, können wir heute allerdings nicht mehr rekonstruieren.

Die Hauptmahlzeit des Tages nehmen die Ritter mittags zu sich, das Abendessen hat einen geringeren Stellenwert; ob und wieviel es am Abend zu essen gibt, liegt ganz im Ermessen des Meisters. Völlerei verurteilt die Regel, und raffinierte Küche wird bei den Templern gewiß nicht geboten. Ganz im Sinne der zisterziensischen Ideale sollen die Brüder des Ordens ihre Mahlzeiten nicht als Vergnügen betrachten, sondern als eine Notwendigkeit zur Erhaltung des Körpers und der Kampfkraft. So weit die Theorie.

In der Praxis ernährten sich die Templer wohl ziemlich kräftig, meist gab es zwei, wenn nicht sogar drei verschiedene Gerichte zur Auswahl, und die aufgetischten Mengen müssen ziemlich üppig gewesen sein – und nicht nur, damit für die Bettler genug übrigblieb, die die Reste jeder Mahlzeit bekamen.

Nach den Mahlzeiten sagen die Ritter Dank; im Anschluß an das Nachtmahl sprechen sie das Complet, danach herrscht im Kloster Schweigen bis zum nächsten Tag.

Kleiderordnung

Die Kleiderordnung ist militärisch strikt, was sicherstellen soll, daß die Templer alle gleich angezogen sind und nach außen wie nach innen als Einheit auftreten – wohlgemerkt immer innerhalb der Ränge. Die Ritter tragen weiße, die dienenden Brüder braune oder schwarze Mäntel. Allen Brüdern gemeinsam ist das weiße Gewand darunter. Die weiße Farbe des Habits soll die Keuschheit, den festen Mut und die körperliche Gesundheit der Templer symbolisieren. Vor allem darf die Kleidung laut Regel keinen Luxus oder Hochmut demonstrieren. Pelze sind zwar gestattet, aber nur Schafspelze – die Brüder dürfen sich also vor der Kälte schützen, sollen aber nicht mit edlen Fellen protzen. Man mag sich wundern, wozu denn ein Ritter im Heiligen Land einen Pelz gebraucht haben könnte, aber man darf nicht vergessen, daß die Templerregel selbstverständlich auch für die Niederlassungen im Abendland galt. Bei der Gewandung gestattet die Regel nur das Nötigste: Jeder Bruder darf zwei Hemden, zwei Hosen und zwei Paar Schuhe besitzen, außerdem zwei Mäntel, nämlich einen leichten Überwurf für den Sommer und einen gefütterten für den Winter. Überall steht die Zweckmäßigkeit und die Einheitlichkeit der Kleidung im Vordergrund. Jeder Templer soll auf Anhieb als solcher erkennbar sein und den Orden würdig vertreten; jeder Luxus, jeder modische Schnickschnack wie spitze Schuhe, Tücher oder Zierbänder ist streng verboten.

Das gleiche gilt natürlich für die militärische Ausrüstung, akribisch wird die Kampfmontur vorgeschrieben: Wenn die Ritter des Templerordens in die Schlacht ziehen, tragen sie einen Waffenrock, ein Kettenhemd und einen Ledergürtel. Auch die restliche Ausstattung der Ritter listet die Regel Stück für Stück auf, von der Bewaffnung, der Panzerung und der Pferdedecke über die Hängematte bis zum Kessel, in dem der Ritter auf Reisen seine Mahlzeiten zubereiten kann.

Die Regel schreibt sogar das Aussehen des Bettes vor: Es besteht aus Strohsack, Leintuch, Decke und einer Überdecke, bei deren Farbe der Bruder immerhin die Auswahl zwischen Schwarz, Weiß und Gestreift hat. Wie beim Essen und Beten sollen die Brüder auch beim Schlafen die Askese nicht übertreiben: Artikel 20 der Templerregel garantiert ihnen den Anspruch auf ein weiches Bettzeug. Sobald sich der Bruder aber von seinem Lager erhebt, ist Schluß mit der Gemütlichkeit.

Klosteralltag

Selbst der normale Klosteralltag ist von militärischer Strenge geprägt. Ohne Erlaubnis darf niemand »sich waschen, sich pflegen, Medizin einnehmen, in die Stadt gehen oder ausreiten«, verboten bleibt also alles, was nicht ausdrücklich erlaubt wird. Nicht jeder erwachsene Mann fügt sich leicht in ein so strenges Regiment. Die Verfasser der Regel haben natürlich vorausgesehen, daß die Brüder manchmal über die strikte Disziplin murren würden. Deshalb betonen sie an mehreren Stellen, wie wichtig eine strikte Disziplin des Willens ist: »Nichts liebt Jesus mehr als unbedingten Gehorsam«, und den sollen ihm die Ordensmitglieder entgegenbringen, denn schließlich haben sie bei ihrem Eintritt ihren »eigenen Willen aufgegeben«.

Disziplin

Die Disziplin erhält der Orden auf zweierlei Weise aufrecht. In den Niederlassungen ahndet das Kapitel (also die Versammlung aller Brüder) etwaige Verfehlungen. Wenn die Templer in Erfüllung ihrer Aufgaben durch die Lande ziehen, können sie jedoch nicht von der Gemeinschaft kontrolliert werden. Dann sollen sie sich trotzdem bemühen, bestmöglich nach der Regel zu leben und »so ein Beispiel an guten Taten und Weisheit abzugeben«. Vertrauen ist gut, Kontrolle ist besser: Die Regel schreibt vor, daß die Ritter »zur gegenseitigen Stärkung« immer mindestens zu zweit reisen. In den Ordenshäusern findet jede Woche das Kapitel statt. In dieser Versammlung treffen die Brüder die für die Gemeinschaft wichtigen Entscheidungen. Hier dürfen sie die Handlungen des Ordens mitbestimmen. Da das Kapitel ein machtvolles basisdemokratisches Organ darstellt, spielt es im Leben der Templer eine große Rolle; ein großer Teil der Retrais (Zusatzartikel) ist ihm gewidmet. Um die Würde der Versammlung, die normalerweise im großen Saal des Ordenshauses oder sogar in der Kapelle stattfindet, zu betonen, erscheinen die Brüder alle in ihrem Mantel. Nach einem gemeinsamen Vaterunser eröffnet der ranghöchste Templer die Sitzung mit einer ermahnenden Ansprache. Danach müssen die Brüder, die sich während der letzten Woche einer Verfehlung schuldig gemacht haben, vortreten, sich auf die Knie werfen und öffentlich ihre Vergehen bekennen. Die Mitglieder des Kapitels diskutieren dann – in Abwesenheit des Schuldigen, der während der Beratung den Saal verlassen muß –, welche Bestrafung wohl die angemessenste sei. Sobald die Brüder sich geeinigt haben, holt der Leiter der Sitzung den Übeltäter in den Raum zurück und teilt ihm seine Strafe mit. Wer aber welche Sühne vorgeschlagen hat, erfährt der Betroffene nicht, und das aus gutem Grund: zu leicht könnte es zu Streitereien oder sogar langanhaltenden Fehden unter den einzelnen Templern kommen – man darf nie vergessen, daß es sich bei ihnen nicht um friedliebende Mönche handelt, sondern um stolze und kampflustige Mönchsritter. Daher nehmen die Templer diese Geheimhaltung innerhalb des Kapitels außerordentlich ernst. Auch das Livre d'Egards schildert nur Urteile von Kapitelversammlungen gegen Brüder, die inzwischen gestorben sind. Obwohl diese Diskretion stark an das Beichtgeheimnis erinnert, darf man keinesfalls glauben, die Templer hätten laut der Regel öffentlich die Beichte abgelegt. Alle im Kapitel behandelten Verfehlungen beziehen sich theoretisch nur auf Verletzungen der Templerregel, nicht der Zehn Gebote. Das Kapitel richtet also nur über Vergehen gegen die Gemeinschaft, nicht gegen Gott. Die Strafen, die das Kapitel verhängen kann, reichen von der leichten Rüge bis zum Ausschluß aus dem Orden. Doch bevor es zum äußersten kommt, sorgt in den Komtureien des Abendlandes allein die Drohung, einen besonders aufsässigen Bruder ins Heilige Land zu verbannen, meist für sofortigen Gehorsam. Und umgekehrt kann man die schlimmsten Heißsporne in Palästina dadurch in Angst und Schrecken versetzen, daß man ihnen eine Versetzung in eine langweilige, befriedete Provinz andeutet.

4. Der ritterliche Alltag

Der Ritter auf seinem Pferd war die high-tech-Waffe des Mittelalters, und sie funktionierte nur dann perfekt, wenn der Mann sein schwieriges Handwerk ständig übte und sich die Ausrüstung stets in tadellosem Zustand befand. Wie schon oben erwähnt, war es die allererste Aufgabe des Ritters in der Frühe, nach seinen Pferden zu sehen. Von ihrer Kraft und Schnelligkeit hing im Kampf sein Leben ab. Ähnliches galt für das restliche Material; der Zustand von Rüstung, Waffen und Sattel entschied über Sieg und Niederlage. Es sind Fälle bekannt, in denen Ritter, die sich einer Verfehlung schuldig machten, dazu verdonnert wurden, ihre Ausrüstung einige Tage nicht zu pflegen: eine schlimme Strafe.

Doch der Ritter mußte nicht nur sein Material in Schuß halten, sondern vor allem üben, üben, üben. Der Angriff mit eingelegter Lanze, eine Technik, die zwischen 1080 und 1110 in Europa allgemeine Verbreitung fand, konnte eine unglaubliche Wucht haben – wenn der Reiter sein Handwerk beherrschte. »Ein Franke zu Pferd kann ein Loch in die Mauern von Babylon rennen«, staunte ein Augenzeuge des ersten Kreuzzugs (Keen, S. 42). Mensch, Pferd und Lanze mußten beim Aufprall auf den Feind eine kompakte Einheit bilden, dann wird der Gegner mühelos aus dem Sattel gestoßen (»hinter das Pferd gesetzt«). In seiner schweren Rüstung konnte sich ein Ritter auf dem Boden praktisch nicht bewegen und wurde deshalb zur leichten Beute für die Fußsoldaten, die jeden Reiterangriff begleiteten. Die Handhabung der langen und schweren Lanze erforderte große Kraft und vor allem Übung. Turniere boten den Rittern eine wichtige Möglichkeit, ihre Fähigkeiten unter realistischen Bedingungen auszuprobieren und Kampferfahrung zu sammeln, und es ist kein Zufall, daß die Turniere genau zu der Zeit so populär wurden, als die Technik mit der eingelegten Lanze sich allgemein verbreitete. Auch die Jagd erfreute sich beim Adel großer Beliebtheit, weil man dort seine Geschicklichkeit verbessern und demonstrieren konnte. Doch leider verbot die Templerregel genau diese beiden Vergnügungen, so daß die Ritter des Ordens kaum Möglichkeit hatten, »trocken« zu üben. Im Heiligen Land hielten sie sich dadurch gefechtsbereit, daß sie einen großen Teil der Zeit von einer Niederlassung des Ordens zur nächsten zogen. Auf diesen Patrouillen konnten sie jederzeit auf Räuber oder Löwen stoßen und an ihnen ihre Geschicklichkeit üben. Quasi als Nebeneffekt gewährleisteten die Ritter so die Sicherheit der Wege.

Ein geschickt geführter Reiterangriff konnte eine Schlacht entscheiden und den Gegner praktisch zermalmen. Leider schlug der berechtigte Stolz auf eine solche Durchschlagskraft oftmals in einen schlimmen Dünkel um – auch bei den Templern. In ihrem Hochmut wollten die Ritter nicht nur effektiv sein, sondern ihre Aufgaben mit Stil erfüllen. Immer wieder schreibt die Templerregel vor, diese ritterlichen Tätigkeiten *au plus beau* – so elegant wie möglich – zu verrichten. Zwar hatten die Ritter unter anderem auch Demut gelobt, in der Praxis war es aber nicht weit her damit. Doch gilt auch im Kampf das Gehorsamkeitsgebot der Regel: Der vom Kommandanten festgelegte Platz in der Schlachtordnung darf unter keinen Umständen verlassen werden. Das gleiche gilt für die leichte Reiterei und vor allem für die Fußknechte, die die Berittenen vor den Pfeilen schützen, während sie – manchmal stundenlang – an ihrem Platz verharren und auf den geeigneten Moment zum Angriff warten. Disziplin ist alles; auch die Truppenbewegungen vollziehen die Brüder in strengen Kolonnen, um jederzeit gegen einen Überfall gefeit zu sein.

Das zentrale Verdienst des Templerordens auf militärischem Gebiet lag vielleicht darin, den Dünkel der Ritter zumindest so weit gebändigt zu haben, daß sie auf dem Schlachtfeld zusammen mit den Bogenschützen und dem Fußvolk tatsächlich als Einheit agierten. Im Gegensatz zu fast allen anderen christlichen Heeren (von den Johannitern einmal abgesehen) nutzten die Templer das volle Potential des Reiterangriffs; dies erklärt erst, warum Templer und Johanniter einen so wichtigen Beitrag zur Verteidigung Palästinas leisten konnten, obwohl sie zahlenmäßig nicht so sehr ins Gewicht fielen.

5. Die Würdenträger des Ordens

Die Dreiheit von Templerregel, Retrais und Egards stellt den Bauplan für eine Gemeinschaft dar, der ganz typisch für die Feudalgesellschaft ist. Überall kann man eine strenge Hierarchie der verschiedenen Ränge erkennen, und dennoch übt niemand eine totale Macht aus. An der Spitze des Gesamtordens steht natürlich der *Meister*, den man heute überall *Großmeister* nennt, obwohl dieser Ausdruck in den offiziellen Dokumenten des Ordens kaum je verwendet wurde. Erst später im 14. Jahrhundert tauchte diese Bezeichnung häufiger auf. Weil *Großmeister* sich als Titel weitgehend eingebürgert hat, werden hier beide Bezeichnungen synonym verwendet. Der Titel *Meister* war übrigens eine Schöpfung der Ordensgründer; später übernahmen sowohl die anderen Ritterorden als auch die Bettelorden diesen Titel. Der Meister wird auf Lebenszeit gewählt und kann nicht wieder abgesetzt werden. Einmal an der Spitze führt der Meister den Orden auf Gedeih und Verderb. Daher ermahnt ihn die Regel, mit dieser Macht sehr vorsichtig umzugehen, er soll sie »aus Liebe zur Gerechtigkeit« ausüben, um die Brüder anzuspornen und zu unterstützen, anstatt sie zu strafen. Der Großmeister soll die Zügel gerade so straff wie nötig halten, daß keine Nachlässigkeit aufkommt. Widersprüchlich äußert sich die Regel darüber, welche Machtfülle der Meister tatsächlich besitzt. Einerseits sieht es so aus, als ob er in seiner Macht nicht einmal durch die Templerregel selbst eingeschränkt würde: Die französische Version der Regel sieht – im Gegensatz zu der ursprünglichen lateinischen Fassung – ausdrücklich vor, daß »alle hier niedergeschriebenen Befehle durch den Meister frei ausgelegt werden dürfen«, die Brüder« schulden ihm »unbedingten und sofortigen Gehorsam«. Nach heutigem Verständnis scheint die französische Version der Statuten dem Meister eine unbegrenzte diktatorische Macht zu geben. Eine solche absolutistische Herrschaft des Meisters hat es im Orden jedoch sicherlich nicht gegeben, allein schon deswegen, weil die Idee des Absolutismus nicht vor dem 15. Jahrhundert aufkam. Wie schon erwähnt, ist der Orden ein typisches Kind der Feudalgesellschaft. Schon das Aufnahmeritual beweist dies, denn es übernimmt etliche Elemente, die auch beim Ablegen des Lehnseides auftauchen. Der Lehnseid aber verpflichtet beide Seiten; der Lehnsnehmer schwört seinem Herrn Gehorsam, aber im Gegenzug verspricht der Herr, ihn an wichtigen Entscheidungen zu beteiligen.

Genau dies geschah auch bei den Templern, die Retrais legen für eine Vielzahl von Fällen die Mitbestimmungsrechte der Brüder genau fest. So kann der Meister die einfachen Angelegenheiten des Alltags völlig selbständig entscheiden, bei wichtigeren Fragen muß er das Einverständnis eines Rats von *Prudhommes* (weisen Männern) einholen, und an Entscheidungen, die die gesamte Bruderschaft betreffen, darf die gesamte Kapitelversammlung mitwirken. Dies ist zum Beispiel der Fall, wenn der

Meister plant, Land zu verschenken oder zu verkaufen, eine Burg zu belagern, einen Krieg zu beginnen oder einen Waffenstillstand zu schließen. Außerdem darf er die Würdenträger der wichtigsten Provinzen nur nach Absprache mit dem Kapitel ernennen, die Posten in den untergeordneten Gebieten besetzt er eigenmächtig. Will der Meister Geld verleihen, kann er das nur nach Absprache mit den Prudhommes – bis zu einer Summe von 1000 Byzantinern, bei höheren Beträgen benötigt er die Zustimmung einer größeren Anzahl von Brüdern.

Ungeklärt bleibt allerdings, ob die Teilnehmer der Kapitelversammlung lediglich beraten oder auch entscheiden dürfen. Die Regel äußert sich hier nur sehr vage: »Es ist zweckmäßiges Vorgehen, in solchen Fällen alle Brüder im Kapitel zu versammeln« und der Meister soll den Vorschlag, der ihm »am sinnvollsten und besten erscheint«, umsetzen. Ebenso unklar bleibt, wer denn die Prudhommes ernennt, die den Meister beraten. Schließlich wäre es mit der Demokratie nicht mehr so weit her, wenn der Meister selbst die Leute bestimmen dürfte, die ihm »weisen und nützlichen Rat« geben sollen.

Insgesamt bleibt das Regelwerk der Templer widersprüchlich, was die genaue Stellung des Meisters betrifft. Einerseits weist es dem Meister totale Macht zu, andererseits schreibt es in wichtigen Angelegenheiten Mitbestimmung der Brüder vor. Ein Satz der Retrais formuliert genau diese Zweideutigkeit wunderschön: »Alle Brüder des Tempels schulden dem Meister Gehorsam, genau wie der Meister allen Ordensmitgliedern Gehorsam schuldet.« Dieses Paradoxon stammt vermutlich aus dem Aufeinandertreffen zweier unvereinbarer Prinzipien, nämlich der strikten Hierarchie des Militärs und der demokratischen Elemente innerhalb des Feudalsystems. In der Praxis hing die tatsächliche Machtverteilung im Orden wohl sehr stark von der jeweiligen Persönlichkeit des Meisters ab. Dieser konnte im Grunde seine Position selbst gestalten und sich so viele Kompetenzen nehmen, wie er wollte.

In einem wichtigen Feld aber gewähren die Retrais dem Meister keine Freiheit: beim Geld. Zwar müssen ihm alle Spenden, die aus dem Abendland eingehen, vorgelegt werden, aber sie fließen sofort weiter an den Komtur des Königreichs Jerusalem, der zugleich als der Schatzmeister des Ordens im Orient fungiert. Der Meister bekommt keinen Schlüssel zu den Tresoren. Er kann zwar Auszahlungen anordnen, doch wenn der Schatzmeister sich sperrt, verläßt keine Münze den Tresor. Eine interessante Fußnote: Der Meister darf in den Schatzkammern des Ordens ein eigenes Schließfach unterhalten. Wofür eigentlich? Wie alle anderen Brüder dürfte der Meister laut der Statuten keinen Privatbesitz haben. Aus diesem Detail können wir schließen, daß zumindest die Meister ihren Armutsschwur nicht hundertprozentig ernst nahmen. Ob auch andere Ritter bei ihrem Eintritt in den Orden einen kleinen Notgroschen auf die Seite brachten, läßt sich vom heutigen Stand der Forschung aus nicht mehr klären. Mit dem Inhalt seines Schließfachs kann der Meister natürlich machen, was er will, doch über den Reichtum des Ordens darf er nur mit Zustimmung seiner Berater verfügen. Allerdings ist es ihm gestattet, kleinere Ausgaben selbst zu tätigen und Geschenke zu verteilen, die aber maximal so wertvoll sein dürfen wie ein Pferd, die »Währungseinheit« der Ritter. Vier Pferde hat der Meister jederzeit zur Verfügung, darüber hinaus besteht seine beachtliche Entourage aus zwei Rittern, einem Turkopolen, einem Kaplan, einem Fußsoldaten und einem berittenen Pagen, der sein Schwert und seine Lanze trägt. Außerdem warten zwei Diener, ein Hufschmied, ein »sarazenischer Schreiber« – also ein des Arabischen mächtiger Sekretär – und ein Koch auf seine Befehle. Eine Leibwache von zwei Rittern begleitet ihn überallhin. Auf Reisen übernehmen sie zusätzlich die Funktion der Prudhommes, indem sie den Meister beraten und kontrollieren.

Zu seiner Entlastung ernennt der Meister mit Zustimmung des Kapitels die Würdenträger des Ordens. Diese erfüllen dann genau umrissene Aufgaben in eigener Regie, schulden letztendlich aber immer dem Meister Rechenschaft und können jederzeit von ihm überstimmt werden.

Hier sei noch eine Anmerkung zu den Kapiteln eingefügt. Im Orden gibt es nicht nur ein Kapitel, sondern genau genommen eine ganze Hierarchie davon. Auf der untersten Ebene, der der örtlichen Komturei, tritt das Kapitel wöchentlich zusammen und regelt die Angelegenheiten des Ordenshauses. Das Provinzkapitel versammelt sich nur einmal jährlich, um die wichtigeren Dinge zu beraten, die alle Komtureien einer Region betreffen. Und schließlich gibt es die Möglichkeit eines Generalkapitels, zu dem alle Würdenträger des Ordens in Orient und Okzident zusammengerufen werden, etwa, um einen neuen Meister zu bestimmen. Zwar sieht die Regel für die Ernennung eines neuen Meisters ein solches Generalkapitel vor, doch in der Praxis entscheiden allein die Templer im Heiligen Land. Denn erstens würde es viel zu lange dauern, bis alle Würdenträger von Europa

Das Weltbild des mittelalterlichen Europa: Christus herrscht über den Erdkreis, in dessen Zentrum sich Jerusalem befindet.

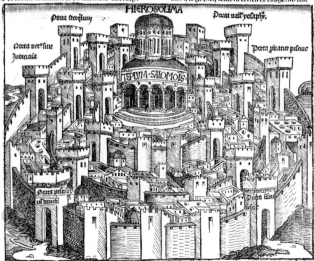

Der (stark übertrieben) gezeichnete Tempel Salomos als symbolisches Zentrum Jerusalems. Das Hauptquartier des Ordens befand sich am früheren Standort dieses Tempels, also genau am Nabel der Welt.

Der Tempelbezirk Jerusalems in einer Luftaufnahme. Gut erkennbar ist die goldene Kuppel des Felsendoms. Im Vordergrund: die El Aqsa-Moschee, der erste Sitz des Templerordens und ehemaliger Standort des Tempels Salomos.

Der Tempelbezirk Jerusalems von vorne: Links die graue Kuppel der El Aqsa-Moschee, rechts der Felsendom.

Der Krak de Chevaliers, die schönste erhaltene Burg der Kreuzfahrerstaaten. Sie gehörte allerdings dem Johanniterorden; die beiden größten Burgen des Templerordens – die Pilgerburg und Safed – waren ähnlich imposant, sind aber heute nicht mehr erhalten.

Das Selbstverständnis der Kreuzfahrt: Christus selbst führt ihr Unternehmen an.

nach Palästina gereist sind, und zweitens bliebe in diesem Falle ja der gesamte Templerbesitz des Abendlandes führerlos zurück – ein Unding. Also bestimmen die Templer des Heiligen Landes allein über den neuen Meister. Der ernennt dann seinen Stellvertreter, den *Seneschall*, der für den Fall seiner Abwesenheit die Amtsgeschäfte übernimmt. Dabei beraten den Seneschall natürlich dieselben Prudhommes, die sonst für den Meister arbeiten, und er unterliegt den gleichen Einschränkungen bezüglich seiner Entscheidungsbefugnisse.

Im normalen Alltag bekleidet der *Marschall* aber ein weit wichtigeres Amt als der Seneschall und rangiert daher in der internen Hierarchie auch vor ihm. Dem Marschall sind alle militärischen Aufgaben übertragen, ihm »unterstehen alle Waffen und Rüstungen des Hauses«. Sowohl die Pflege der vorhandenen als auch der Einkauf zusätzlicher Waffen unterliegt seiner Verantwortung. Seine größte Wichtigkeit erlangt er natürlich zu Kriegszeiten, denn im Feld befiehlt er über »alle dienenden Brüder und Kriegsleute«. Wenn der Meister stirbt, übernimmt der Marschall dessen Aufgaben und organisiert die Begräbnisfeierlichkeiten. Sofort benachrichtigt er alle Würdenträger des Ordens, damit sie sich in den Orient begeben, um zunächst einen *Großkomtur* zu bestimmen, der die Amtsgeschäfte des Meisters vorübergehend übernimmt und einen *Wahlkomtur* einsetzt. Diese beiden ernennen zehn weitere Wahlmänner nach einem gewissen Proporz: Acht Ritter und vier dienende Brüder sollen es sein, »aus verschiedenen Nationen und Ländern, daß der Friede des Hauses gewahrt bleibt«.

Diese zwölf bestimmen einen Bruder Kaplan, der »an der Stelle von Jesus Christus die Mitglieder des Wahlgremiums in Frieden, Liebe und gegenseitigem Einverständnis halten soll«. Zusammen wählen diese 13 dann den neuen Meister. In ihrer Wahl sind sie völlig frei, dies garantiert die bereits erwähnte Bulle des Papstes Innozenz II. aus dem Jahr 1139, die jeden von außen kommenden Versuch der Beeinflussung für illegal erklärt. Im allgemeinen verfügten die frisch gekürten Meister über große Erfahrung im Orient – schließlich reisten ja normalerweise überhaupt nur die Würdenträger Palästinas zur Wahl des Großmeisters an, und die wählten natürlich am liebsten einen der ihren.

Der *Komtur des Königreichs Jerusalem* verwaltet – wie schon kurz erwähnt – die Tresore des Ordens, er allein ist verantwortlich für die Verwendung der Gelder. Er erhält alle eingehenden Spenden und Erträge aus den Komtureien, ebenso wie sämtliche Kriegsbeute, bis auf erbeutete Pferde und Waffen, über deren Verwendung der Marschall bestimmt. In der Verantwortung des Komturs liegt es auch, die lebenswichtige Verbindung der Templer mit ihren überseeischen Besitzungen (also mit dem Abendland) aufrechtzuerhalten. Als ob das alles noch nicht genug wäre, untersteht ihm zusätzlich die Disposition der Truppen: Er verteilt die Marschbefehle der Soldaten und entscheidet, welcher Bruder in welcher Festung am vorteilhaftesten eingesetzt werden kann. Mit dieser Funktion gewinnt der Komtur natürlich eine große militärische Bedeutung, zumal er auch der Vorgesetzte des *Drapiers* ist, des Haushofmeisters, der den Nachschub von Kleidung und Material für die Truppen im Feld organisiert.

Nicht verwechseln darf man den Komtur des Königreichs Jerusalem mit dem *Komtur der Stadt Jerusalem*, der für den Schutz der Pilger verantwortlich ist und der in der internen

Hierarchie einen deutlich niedrigeren Rang bekleidet. Daran läßt sich übrigens schön ablesen, welch relativ geringes Gewicht die Erfüllung dieser Aufgabe bei den Templern besaß.

Was die anderen Ränge in der Templerhierarchie betrifft, herrscht oft großes Durcheinander bei den Bezeichnungen, von dem sich der Leser nicht verwirren lassen sollte – beispielsweise beim Titel Meister: Schon der Chef einer Komturei nennt sich Meister (beziehungsweise Komtur oder Kommandeur). Das gleiche gilt für die nächsthöheren Ränge der Hierarchie: Egal, ob ein Mann eine Präzeptorie leitet, eine Ordensprovinz oder gar den gesamten Orden, immer lautet sein Titel *Meister* – beziehungsweise Komtur, Kommandeur, Präzeptor, Ministerial oder Prokurator. Alle diese Begriffe tauchen in den Dokumenten immer wieder auf, und obwohl sie nicht ganz bedeutungsgleich sind, werden sie doch in der Regel als Synonyme verwendet. Ein »Präzeptor« kann der Meister einer Präzeptorie sein, geradesogut aber auch der Meister einer ganzen Ordensprovinz. Um also den Rang eines Meisters abzuschätzen, muß man sich immer fragen, über welches Gebiet er herrscht: Der Meister einer Komturei genießt eine Machtfülle, die der des Abtes eines Benediktinerklosters ziemlich genau entspricht. Er leitet die Niederlassung selbständig, untersteht aber seinem Vorgesetzten, dem Meister der Präzeptorie, der wiederum Befehle vom Leiter der Ordensprovinz erhält. Die Ordensprovinz Frankreich beispielsweise setzte sich aus fünf Präzeptorien zusammen: der Normandie, Île de France, Picardie, Lothringen-Champagne und Burgund. Der Meister von Frankreich erteilte also den Meistern dieser fünf Gebiete Weisungen und erhielt seine Befehle vom Generalvisitator (dem Stellvertreter des Großmeisters im Abendland) oder dem Großmeister selbst. Ursprünglich war das Gebiet des Ordens in sechs Provinzen aufgeteilt – Tripolis und Antiochia, Frankreich und England, Apulien und Ungarn, Poitou, Aragon, Portugal –, doch später, als die Schenkungen reichlich flossen, unterteilten die Großmeister diese Gebiete nochmals. Wenn möglich, versuchten sie, Provinzen mit einer einheitlichen Sprache zu schaffen, da dies die Verwaltung ungemein erleichterte. Die Gelehrten des Mittelalters konnten sich mit der lateinischen Sprache über alle Sprachgrenzen hinweg verständigen. Diese Möglichkeit stand aber den Mächtigen des Templerordens nicht offen, da sie in der Regel nicht über die nötige Bildung verfügten. Doch allen sprachlichen Barrieren und räumlichen Distanzen zum Trotz gelang es dem Orden, eine effiziente Verwaltung für das gesamte Gebiet von Portugal bis Palästina zu errichten: eine organisatorische Glanzleistung.

Teil 3:
Der Aufstieg und die Blüte

I. Die Templer in Europa

Die drei sowohl geographisch als auch von der Aufgabe her getrennten »Abteilungen« des Templerordens waren: die kämpfenden Einheiten auf der iberischen Halbinsel, die Komtureien im restlichen Abendland und schließlich die Truppen in Palästina. Im folgenden werden kurz die Templeraktivitäten in Europa dargestellt. Das ganze nächste Kapitel widmet sich dann den Vorgängen im Heiligen Land.

Der iberische Ableger des Ordens entstand im Grunde eher zufällig als Nebenprodukt der Reconquista, dem Kampf zur Vertreibung der Moslems. Dennoch fand bis zum Anfangsjahr des zweiten Kreuzzugs, 1147, der Großteil der Aktivitäten der Templer nicht im Orient, sondern in Spanien und Portugal statt. Diese Front wurde jedoch als zweitrangig betrachtet, weswegen auch der Großteil des Geldes, der Pferde und der Waffen, die die Komtureien Europas erwirtschafteten, nach Palästina floß. Die iberischen Provinzen blieben sich selbst überlassen, sie mußten sich vollständig selbst finanzieren. Sogar ihre Soldaten mußten sie eigenständig rekrutieren, weshalb die Tempelritter der Reconquista hauptsächlich aus den spanischen beziehungsweise portugiesischen Gebieten stammten. Schon von daher unterschied sich diese Ordensprovinz von allen anderen: Während der Templerorden als Ganzes übernational und gesamtchristlich dachte, hatte der iberische Teil einen sehr nationalen Charakter: Einheimische Soldaten stritten, durch eigene Mittel finanziert, für ihr eigenes Land. Die Templer Portugals fühlten sich vom Orden im Stich gelassen und kehrten ihm den Rükken: Im Jahr 1169 versprach der portugiesische König den Templern ein Drittel des zu erobernden Landes südlich des Tejo – unter der Bedingung, daß der Orden gelobte, künftig alle Kräfte ausschließlich in Portugal einzusetzen. Der Meister der Provinz nahm das Angebot dankend an; damit löste sich der Tempel Portugals aus dem Orden heraus und wurde selbständig.

Die Tatsache, daß die Templer der Reconquista zum Großteil Einheimische waren, schlug sich deutlich in ihrem Verhalten nieder: Sie gingen viel weniger ideologisch und dafür pragmatischer vor als ihre Brüder im Heiligen Land. Auf der iberischen Halbinsel lebten die verschiedensten Religionen schon seit Jahrhunderten einigermaßen friedlich miteinander. Es ging in den kriegerischen Auseinandersetzungen um Selbstbestimmung, nicht um Ideologien, und daher agierten die Parteien weniger verbissen. Auch für die Templer waren die dortigen Moslems nicht die Todfeinde, die man ausrotten mußte; sie bekämpften die Mohammedaner nur, weil diese über ein Land herrschten, das die Christen gerne selbst besessen hätten. Freilich wurden die Schlachten selbst von allen Seiten mit unbedingtem Einsatz geführt. Sämtliche eroberten Gebiete waren dann auch völlig verwüstet und mußten erst neu besiedelt werden. Die Templer als die neuen Lehnsherren versuchten, Bauern anzulocken, die diese Gebiete wieder

104

fruchtbar machen sollten – und wenn sie keine Christen fanden, die dazu bereit waren, dann verpachteten sie das Land (das sie gerade erst den Moslems abgerungen hatten!) eben an sarazenische Bauern. Wenn das die Brüder in Jerusalem gewußt hätten! Insgesamt war der Einsatz der Templer im Westen also von ganz anderer Natur als der im Orient; wegen der recht knappen eigenen Ressourcen konnten die Armen Brüder in Spanien und Portugal niemals auch nur annähernd eine so wichtige Stellung im Staat und im Kampf gegen den Islam einnehmen. Sie unterstützten lediglich die – an sich sehr erfolgreichen – Bemühungen der örtlichen Herrscher, und auch das mit sinkendem Interesse, wie es scheint. Eine päpstliche Bulle des Jahres 1250 forderte – wohl auf die Bitte der spanischen Herrscher hin – sowohl die Templer als auch die Hospitaliter dazu auf, den Kampf gegen die Mauren in Spanien nicht vollständig zu vernachlässigen. Besonders zwischen dem König von Aragon und den Armen Brüdern gärte es, als letztere sich 1292 standhaft weigerten, ihn in seinem Angriffskrieg gegen das christliche Navarra zu unterstützen. Ultimativ forderte er sie auf, dem allgemeinen Heerbann zu folgen, sonst würde er gegen sie »so vorgehen, wie es recht ist vorzugehen gegen diejenigen, die sich unmenschlicherweise weigern, für ihr Land zu kämpfen« (Demurger, S. 207). Der aragonesische König verdeutlichte damit, daß er einen Staat im Staate nicht dulden würde. Damit stand er in Europa nicht allein: Etwa seit dem 13. Jahrhundert gewann die Idee des Nationalstaats immer größere Kraft, die Macht verlagerte sich langsam von den vielen kleinen Fürstentümern hin zum Monarchen eines Landes, der zunehmend das Gewaltmonopol für sich beanspruchte. Tatsächlich sollten die Templer später an diesem Konflikt zugrunde gehen, in ganz Europa – außer in Portugal, wo sie 1169 ihre Unabhängigkeit aufgaben und sich freiwillig dem König unterordneten.

Welche Ironie der Geschichte: Nicht an die erfolgreichen Einsätze der Templer auf der iberischen Halbinsel erinnern wir uns heute, sondern an den letztlich gescheiterten Versuch der Ritter, Jerusalem zu verteidigen. Unter einem Templer stellen wir uns heute einen ganz in Weiß gekleideten Ritter vor, der durch das Heilige Land reitet – und vergessen dabei leicht, daß die eigentlichen Tempelritter nur den allerkleinsten Teil des Templervolks ausmachten. An all die Fußsoldaten, Knappen und Bediensteten des Ordens erinnert sich keiner. Vor allem die Rolle der abendländischen Templerhäuser bleibt stets ungewürdigt. Dabei schuftete die große Masse der Ordensmitglieder in Europa und versuchte in den Komtureien das Gold zu erwirtschaften, das die kämpfenden Truppen in Palästina zu ihrem Unterhalt benötigten. Die Komtureien waren die Milchkühe des Ordens: Wie eine Kolonie wurden sie ausgebeutet, um den ständigen Hunger der Ritter im Heiligen Land nach Waffen, Pferden und Nahrungsmitteln zu befriedigen. Bei einer Komturei zählte nur die Höhe des Gewinns – so übrigens definierte der Orden auch den Begriff: Komturei durfte sich ein Bauernhof nur nennen, wenn er einen Überschuß erwirtschaftete. Wie viele solcher Betriebe der Orden besaß, ist bis heute unter Historikern heiß umstritten. In ganz Europa waren es wohl einige tausend – Genaueres läßt sich beim heutigen Forschungsstand nicht sagen. Diese Komtureien bewirtschafteten die Brüder mit Methoden, die man als effizient, wenn auch nicht als besonders innovativ bezeichnen kann. Der Kommandeur eines Hauses durfte selbständig entscheiden, welche Früchte er anbauen oder welches Vieh er halten wollte. Dadurch konnte er sehr flexibel auf veränderte Umweltbedingungen reagieren und je nach Klima, Bodenbeschaffenheit und Preisen genau die Dinge produzieren, die der Komturei den größten Profit brachten. Diesen führte er dann an seine Provinzverwaltung ab. Es war eine kluge Idee des Ordens, gar nicht erst zu versuchen, die Güter selbst herzustellen, die die Brüder in Palästina benötigten. Dadurch sparte man sich einen riesigen Planungsaufwand – die Provinzialverwaltung hätte ja jedem einzelnen Betrieb genau vorschreiben müssen, was er in welcher Menge anzubauen hatte. So konnten die Komtureien selbständig wirtschaften und Güter produzieren, für deren Herstellung sie besonders geeignet waren. Nicht zuletzt sparte der Orden durch sein System Transportkosten: Angenommen, eine Komturei in Nordostfrankreich baute Weizen an, der in Palästina dringend benötigt wurde. Die Ernte wurde eingefahren, dann aber nicht mit großem Aufwand durch halb Frankreich bis zu einem Hafen gekarrt, sondern sofort auf dem lokalen Markt verkauft. Die Erlöse schickte der Meister an die Provinzialverwaltung. Dort prüfte man, wie sich der Bedarf des Heiligen Landes am günstigsten decken ließ. Je nach den örtlichen Preisen wurde der Weizen dann in Nord- oder Südfrankreich oder gleich in Palästina gekauft.

Befestigt waren die Komtureien in aller Regel nur in den umkämpften Gebieten der iberischen Halbinsel, ansonsten brauchten sie keine Mauern und Wälle zu ihrem Schutz. Schließlich dienten sie zivilen Zwecken: als Bauernhöfe, als Zentrum des örtlichen Ordenslebens, als Altersheim für die ausgemusterten Ritter des Heiligen

Landes und als Rekrutierungsstelle für neue Mitglieder. Darüber hinaus nahmen sie Reisende als Gäste auf – viele Komtureien lagen in der Nähe der Pilgerstraßen und übernahmen so die ursprüngliche Aufgabe des Ordens, den Pilgerschutz. Doch die Templerhäuser boten nicht nur den Menschen Schutz, sondern auch ihrem Gold – wie alle Klöster genossen die Komtureien die Unverletzlichkeit der heiligen Stätten. Die wichtigsten Häuser verteidigten die Templer aber vorsichtshalber mit dicken Mauern und einem Trupp Ritter. Was sich in den schwerbewachten Tresoren des Ordens in Paris, London, La Rochelle oder Tomar (Portugal) befand, ruhte dort so sicher wie in Abrahams Schoß. Die absolute Integrität der Armen Brüder in Gelddingen sprach sich schnell herum, und bald schon baten einfache Menschen und sogar Monarchen sie, ihre Wertsachen zu verwahren. Die Templer gewährten ihnen diese Bitte, obwohl sie ihnen anfänglich nichts einbrachte: Sie hatten den Verwaltungsaufwand, konnten aber mit dem bei ihnen hinterlegten Geld nichts anfangen. Eher unfreiwillig und zufällig stiegen die Mönchsritter auf diese Weise ins Bankgeschäft ein, erkannten aber bald die Gewinnchancen, die sich ihnen boten – was unternehmerisches Denken angeht, machte den Brüdern so schnell keiner etwas vor! Und tatsächlich brachte der Orden alle Voraussetzungen mit, um Geldgeschäfte im großen Stil zu betreiben. Er umfaßte ein riesiges Netz von »Filialen«, nämlich unzählige Niederlassungen von Edinburgh bis Jerusalem und den Ruf absoluter Integrität. Jeder Sparer wußte mit hundertprozentiger Sicherheit, daß er sein Geld wiederbekäme, wenn er es zurückverlangte. Diesen tadellosen Ruf pflegten die Templer mit solcher Inbrunst wie die Banken von heute.

Und tatsächlich wurde während der gesamten Geschichte des Ordens nie die Klage laut, sie hätten auch nur einen ihrer Anleger betrogen. Es entbehrt nicht einer gewissen Ironie: Während des Prozesses, der auch zur Auflösung des Ordens führte, erhob man die absurdesten Vorwürfe gegen die Templer. Sie wurden der Teufelsanbetung und der Ketzerei bezichtigt, aber niemals hätte jemand ernsthaft behauptet, sie wären in Gelddingen unehrlich gewesen. Auch die Könige Europas vertrauten den Brüdern: Schon ab der Mitte des zwölften Jahrhunderts lag der französische Staatsschatz im Pariser Tempel, und auch die englische Krone ließ im 13. Jahrhundert die Hälfte ihres Goldes im Londoner Tempel bewachen. Gewinn machten die Armen Brüder dadurch, daß sie das Geld nicht nur aufbewahrten, sondern es auch arbeiten ließen: Sie verliehen es gegen Zins. Mit ihren Kreditbriefen revolutionierten sie den internationalen Geldtransfer: Jedermann konnte in einer beliebigen Ordensniederlassung einen Kreditbrief erwerben und ihn in einer anderen Filiale wieder einlösen. Für Reisende hatte das den unschätzbaren Vorteil, daß sie ihr Geld nicht mitschleppen mußten in der ständigen Gefahr, beraubt zu werden. Da sich die Zahlungsströme oft ausglichen – ein Reisender zahlt in A ein und hebt in B ab, ein anderer zahlt in B ein und hebt in A ab –, mußte der Orden nur die Nettosalden transportieren. Diese geringen Goldmengen fielen angesichts der ständigen Güterströme zwischen den Templerhäusern überhaupt nicht ins Gewicht. Manchmal jedoch schickte der Orden tatsächlich wertvolle Schätze auf die Reise: Während des zweiten Kreuzzugs beispielsweise brachte ein Templerschiff eine ganze Reihe von »Schließfächern« ins Heilige Land, in denen die adligen Kreuzfahrer Frankreichs ihre Wertgegenstände deponiert hatten – also Bargeld, Schmuck und wertvolle Reliquien, die sie sicher nach Palästina transportieren lassen wollten.

Nun stellt sich vielleicht die Frage, warum die Templer diese Bankgeschäfte überhaupt tätigten. Lenkte sie das nicht von ihrem ursprünglichen Ziel ab? Ganz im Gegenteil: Sie verdienten damit gerade Geld für den Kampf gegen die Sarazenen. Eigentlich fiel jede Art von Bankgeschäft unter das kirchliche Wucherverbot: Für Geldgeschäfte durften weder Zinsen noch Gebühren erhoben werden. Doch erstens nahm die Kirche zwischen dem 12. und dem 14. Jahrhundert dieses Gebot nicht besonders ernst, und zweitens verschleierte der Orden seine Zinsen und Gebühren oft in Wechseloperationen von einer Währung in die andere. Der Widerspruch zwischen ihrem moralischen Anspruch und ihrem tatsächlichen Handeln scheint die Armen Brüder dabei nicht gestört zu haben. So schreckten sie nicht vor skrupellosen Praktiken zurück, die von der Kirche mißbilligt oder gar verboten wurden. Freilich steckten sie den daraus entstandenen Gewinn postwendend in die Finanzierung des Heiligen Kriegs. Offenkundig vertraten die Brüder die Ansicht, daß der Zweck die Mittel heiligte. Natürlich sahen ihre Schuldner die Sache anders und warfen ihnen lautstark Habgier vor – ein Vorwurf, der den Orden über die gesamte Zeit seiner Existenz verfolgte, und das wohl zu Recht. Der Verdacht scheint nicht abwegig, daß die Armen Brüder bei einer Vielzahl von Tauschakten, Käufen, Schenkungen und Erbschaften zumindest sanften Druck auf die Beteiligten ausübten – immer natürlich mit der Rechtfertigung, all dies geschehe nur zur höheren Ehre Gottes. Mit welchen legitimen oder fragwürdigen Methoden auch immer der Reichtum des Ordens zustande kam, die Auflistung der Güter in Europa liest sich schon zu Beginn des 13. Jahrhunderts beeindruckend. Die Niederlassungen konzentrierten sich vor allem entlang der Pilgerstraßen und in Hafenstädten. Es spannte sich aber kein gleichmäßig dichtes Netz von Templerhäusern über Europa, aus dem einfachen Grund, daß der Orden sich in den einzelnen Ländern völlig unterschiedlicher Beliebtheit erfreute. In England und Nordfrankreich fanden die Templer viele Freunde, was zu einer Vielzahl von Schenkungen führte. Auch im Süden von Frankreich legte die Bevölkerung großen Glaubenseifer an den Tag, das Gebiet hätte also eigentlich typisches Templer-Stammland sein müssen. Dennoch hatten sie dort keinen besonderen Erfolg, weil ihnen der Johanniterorden harte Konkurrenz machte. Die Armen Brüder kamen in den Herzen der Bevölkerung erst an zweiter Stelle – aber auch so fielen noch genug Spenden für sie ab. Schwieriger stellte sich die Situation in Italien dar. Hier fühlte sich die Bevölkerung ebenfalls dem Johanniterorden stärker verbunden, außerdem war die Begeisterung für die Kreuzzugsidee generell deutlich geringer. Anfänglich tröpfelten die Schenkungen nur sehr spärlich; erst im Herbst 1134 konnte der Orden seine ersten Niederlassungen auf dem Stiefel gründen, in Ivrea und Mailand. Nach der Gründung des Konvents von Piacenza im Jahr 1160 gewann die Bewegung in Italien allmählich an Schwung. Bald entstanden etliche Templerhäuser in der Poebene, an der Küste und an den Hauptreiserouten von den Alpenpässen nach Genua und Venedig. Weniger gut liefen die Geschäfte im Deutschen Reich. Dort konnten die Tempelritter nie richtig Fuß fassen; selbst in der Zeit vor der Gründung des Deutschen Ordens 1199 erhielten sie nur wenige Spenden, danach versiegten sie fast vollständig.

Ungarn hatte für die Armen Brüder relativ große Bedeutung, weil es auf dem Landweg nach Jerusalem lag. Deshalb unterhielten sie dort einige Niederlassungen, um den Pilgern Schutz zu gewähren, die diese beschwerliche Route ins Heilige Land gewählt hatten.

II. Das Wirken
im Heiligen Land

1. Die Anfangsjahre

Vor allem in den Anfangsjahren darf man die Bedeutung der Templer in Palästina nicht überbewerten, zu gering war ihre Stärke. Noch bis zur Mitte des zwölften Jahrhunderts verloren sich die wenigen Templer in den Massen von Pilgern und Kreuzfahrern, die in das Heilige Land strömten. Historikerberichte, die schon die Rückreise Hugos von Payens nach Jerusalem im Jahr 1129 als Triumphmarsch durch Frankreich darstellen, sind maßlos übertrieben. Auf seinem Heimweg nach Jerusalem führte Hugo keineswegs »unermeßliche Reichtümer« oder gar »300 Ritter« mit sich (Lincoln/Baigent/Leigh, S. 58).

Erste militärischen Einsätze

Die früheste militärische Aktion, an der die Armen Brüder nachweislich teilnahmen, war die Belagerung von Damaskus im Jahr 1129. Hugo von Payens, gerade erst von seiner Europareise zurückgekehrt, kommandierte eine Schwadron, die aber zum größten Teil gar nicht aus Templern bestand, sondern aus gewöhnlichen Soldaten –

113

noch verfügte der Orden über viel zuwenig Männer, um eigene Truppenteile stellen zu können. Doch unter der Führung Hugos zeigte der zusammengewürfelte Haufen jenen bedingungslosen Einsatz, der später sämtliche militärischen Aktionen der Templer auszeichnen würde. Die Christen bezahlten allerdings einen hohen Preis für ihre Entschlossenheit, sie gerieten in einen Hinterhalt und erlitten schlimme Verluste. Am 5. Dezember entbrannte eine mörderische Schlacht mit den Verteidigern der Stadt, an deren Ende die meisten Templer tot waren – aber nicht alle, wie manche Historiker behaupten.

Seine erste wichtige Festung im Heiligen Land, die Burg Baghras, erhielt der Orden zwischen den Jahren 1131 und 1138 geschenkt. Aber diese Schenkung zeigt nur wie sehr die Templer anfangs von den christlichen Fürsten manipuliert wurden. Die Burg lag nämlich an der Grenze zu Armenien, das zum Einflußgebiet von Byzanz gehörte und daher eigentlich christlicher Bündnisgenosse im Kampf gegen die Moslems war. Durch das Geschenk geködert, bewachten die Templer nun plötzlich die Grenze zu einem christlichen Nachbarn, anstatt ihre Kräfte im Einsatz gegen die Moslems zu konzentrieren. Vor allem in den nördlichen Fürstentümern Antiochia und Tripolis verschenkten die christlichen Herren um die Mitte des zwölften Jahrhunderts ihre Burgen bevorzugt an die Templer. Die gutmeinende Interpretation der Vorgänge würde folgendermaßen lauten: Die Fürsten erkannten, daß nur die Armen Brüder die nötige Stärke und Entschlossenheit aufbrachten, um diese Festungen zu halten. Weniger schmeichelhaft ist die Deutung, daß die ursprünglichen Besitzer der Burgen in den Schenkungen einen einfachen Weg erkannten, sich von der mühseligen

und kostspieligen Verpflichtung zu befreien, die Grenzen zu verteidigen.

Im Jahr 1138 – so vermeldet Wilhelm von Tyrus – zogen die Armen Brüder gegen türkische Räuber, die von Askalon aus operierten und zeitweise die Wege von Jaffa und Hebron nach Jerusalem praktisch unpassierbar machten. Als die Sarazenen sich der Stadt Tekua am Toten Meer bemächtigten und die christliche Bevölkerung von dort vertrieben, war das Maß voll: Der Großmeister Robert von Craon, Nachfolger des 1136 verstorbenen Hugo von Payens, führte seine Ritter gegen die Stadt und eroberte sie zurück.

Doch das Glück währte nicht lange: Robert versäumte es, die fliehenden Türken zu verfolgen, die sich bald wieder sammelten und zum Gegenangriff übergingen. In einer wütenden Attacke holten sie sich Tekua zurück und richteten unter der Bevölkerung ein wahres Blutbad an. Wenn man Wilhelm von Tyrus glaubt (was man nicht sollte – wie immer übertreibt er, um die Templer schlecht aussehen zu lassen, da er als Bischof neidisch auf ihre Privilegien ist), verstreuten die Türken die Leichen der Christen über die gesamte Strecke von Hebron bis Tekua. Wieder hatten die Templer viele Ritter in einer letztlich fehlgeschlagenen Aktion geopfert, diesmal jedoch nicht wegen eines zu waghalsigen Einsatzes, sondern durch einen taktischen Fehler.

Bis zum Beginn des zweiten Kreuzzugs (1147) widmeten sich die Templer im Heiligen Land hauptsächlich dem Pilgerschutz. Da es jedoch nur sehr wenige Chronistenberichte gibt, ist nicht letztgültig geklärt, wie effektiv sie dabei arbeiteten. Sie mußten bei ihrem Versuch, Straßen sicherer zu machen, nicht nur gegen Räuber, sondern auch gegen Raubtiere vorgehen. Die Jagd, das ritterliche Vergnügen schlechthin, ist in der Templerregel strikt untersagt – mit einer Ausnahme: Artikel 56 erlaubt ausdrücklich die Löwenjagd, denn Raubkatzen stellten für Reisende in Syrien und Palästina eine ebenso große Gefahr dar wie Wegelagerer. Gewiß genossen die Brüder den Nervenkitzel, gegen diese Raubtiere zu kämpfen, die sich in Gebüschen und Höhlen versteckten und in Rudeln angriffen. Selbst bewaffneten und gepanzerten Reisenden konnten sie gefährlich werden, wie der Tod eines fränkischen Ritters belegt, der auf der Strecke zwischen Apamea und Antiochia von einem Löwen verschlungen wurde.

Aus der Dürftigkeit der zeitgenössischen Aussagen läßt sich schließen, daß das Wirken der Templer eher unauffällig war. Trotzdem kamen sie ihrem Auftrag wohl ganz zufriedenstellend nach. Das belegt eine Urkunde aus dem Jahr 1132: »Wir glauben, daß alle Gläubigen den Trost und die Hilfe würdigen, die die Templer den Einheimischen, den Pilgern, den Armen und allen anderen zukommen lassen, die das Grab des Herrn besuchen wollen« (Pernoud, S. 49 f.).

Was trieben die Templer über die geschilderten Aktionen hinaus in der Zeit bis 1147? Sie beherbergten Pilger, gewährten ihnen in den Ordensniederlassungen sowohl im Abendland als auch im ganzen Orient Unterkunft und Schutz.

Besonders ernst nahm der Orden diese Aufgabe in Jerusalem, wo ein hoher Würdenträger, der Komtur der Stadt Jerusalem, persönlich für die gute Unterbringung der Pilger verantwortlich war. Ihm unterstand ein eigener Trupp von zehn Rittern mit den dazugehörenden dienenden Brüdern, insgesamt standen also etwa 100 Bewaffnete jederzeit bereit, um Christen zu Hilfe zu eilen oder sie zu eskortieren.

Hauptsächlich aber nutzte der Orden diese ersten Jahre, um sich in Jerusalem (und allgemein im Heiligen Land) zu etablieren. Die Ritter paßten ihre Residenz, die frühere El-Aqsa-Moschee, ihren Bedürfnissen an: Den ehemaligen Gebetssaal unterteilten sie in Zellen, außerdem errichteten sie mehrere neue Bauten, in denen sie Refektorium, Scheuer und Keller unterbrachten. Unter der Moschee befanden sich riesige Gewölbe, die sogenannten Stallungen Salomos, so gewaltig, daß der Orden dort seine gesamte Reiterei unterbringen konnte. Überliefert ist uns das Staunen eines Pilgers Mitte des zwölften Jahrhunderts, der behauptet, daß die Stallungen 2000 Pferde faßten.

Die märchenhaften Ausmaße dieses Gewölbes direkt unter dem Tempel Salomos führten natürlich zu Spekulationen unter denjenigen Autoren, die davon überzeugt sind, daß den Orden ein großes Geheimnis umgibt. Lincoln/Baigent/Leigh zufolge stürzten sich die Templer unmittelbar nach ihrem Einzug in Ausgrabungsarbeiten unter den Stallungen. Wußten die Ritter etwa ganz genau, wonach sie suchten und wo sie suchen mußten? Ist es nicht merkwürdig, daß der Orden bei seiner Gründung in die Residenz des Königs einzog und dieser sich ein neues Quartier suchte? Erinnern wir uns auch daran, daß diese drei Autoren behaupten, Graf Hugo habe von seiner Jerusalemreise im Jahr 1114 möglicherweise einen hebräischen Geheimtext ins Abendland mitgebracht. Hatten die Armen Brüder dieses Buch vielleicht unter dem Tempel Salomos gefunden? Diese Grabungen unter der Mo-

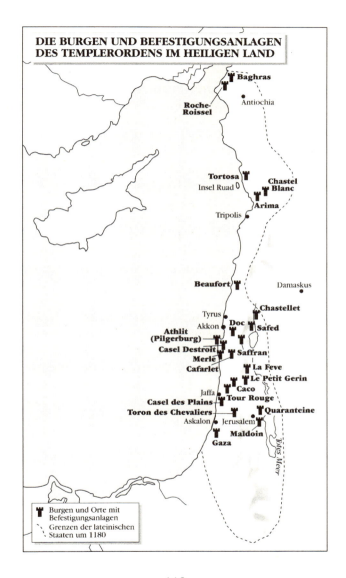

schee scheinen tatsächlich unerklärlich. Allerdings gibt es nicht die geringsten Spuren oder historischen Belege dafür, daß sie tatsächlich stattgefunden haben. Bis solche Beweise auftauchen, darf man diese Geschichte getrost für ein nett gesponnenes Garn halten, das mit der historischen Wahrheit nichts zu tun hat.

2. Die Jahre vor dem zweiten Kreuzzug

Die ersten echten Kampfeinsätze der Templer fielen in die Zeit relativen Friedens zwischen Christen und Sarazenen, der nur durch gelegentliche gegenseitige Raubüberfälle getrübt wurde. Erinnern wir uns: 1099 eroberten die Kreuzfahrer Jerusalem und gewannen auch in den Folgejahren wichtige Gebiete hinzu. Nach der Einnahme von Tyrus 1124 befanden sich alle Küstenstädte des Heiligen Landes in christlicher Hand bis auf Askalon, die ägyptische Garnisonsstadt im äußersten Süden des Kreuzfahrerstaats. Auch im Landesinneren waren die Christen strategisch im Vorteil, denn sie kontrollierten den Zugang zur Wüste, und die wichtigen muslimischen Städte Aleppo, Hama und Damaskus wurden von ihren Außenposten in Schach gehalten.

Als die Templer in das Kampfgeschehen eintraten, hatte das Kreuzfahrerreich gerade die größte Ausdehnung seiner knapp 200 Jahre dauernden Geschichte erreicht. Die militärische Lage im Heiligen Land war jedoch nicht so ideal, wie es scheint. Denn die Christen hatten nur deswegen überhaupt eine solche Position entwickeln können, weil eine ganze Reihe von glücklichen Umständen den ersten Kreuzzug und seine Folgejahre begünstigt hatte. Der Hauptgrund für den Erfolg hatte darin bestanden, daß eine in religiösem Eifer geeinigte Christenheit einem politisch zerstrittenen Feind gegenübergetreten war. Im muslimischen Lager hatten sich die Seldschuken im Norden und die Fatimiden im Süden bekriegt, anstatt sich gegenseitig zu helfen. Selbst die benachbarten Emire von Mossul, Aleppo, Schaizar, Homs und Damaskus hatten mehr an das Wohlergehen ihrer eigenen kleinen Gebiete als an Solidarität mit ihren Glaubensgenossen gedacht. Ganz im Gegenteil – bei Gelegenheit hatten sie sich auch gerne mit den Christen gegen ein anderes Emirat verbündet. Auf diese Weise konnten die Kreuzfahrer ihre Eroberungen mit geradezu lächerlich schwachen Truppen halten – nach dem ersten Kreuzzug waren gerade einmal 300 Ritter und 2000 Fußsoldaten im frisch eroberten Jerusalem zurückgeblieben! Der Vorteil der Christen lag also in ihrer Einigkeit und in der Zerrissenheit der Moslems.

Dieses Konzept funktionierte hervorragend in den ersten 50 Jahren des Königreichs Jerusalem: Balduin I. und II. herrschten mit großer Autorität und bändigten die privaten Interessen der christlichen Fürsten, so daß die relativ autonomen Grafschaften auch tatsächlich gemeinsam handelten. Doch im Jahr 1143 geschah eine Tragödie: Im Abstand von nur wenigen Monaten starben die beiden wichtigsten Führer des christlichen Orients. Zwar hatten sich der Kaiser von Byzanz und der König von Jerusalem zu Lebzeiten nicht ausstehen können, weil sie beide die unbeschränkte Macht über Palästina haben wollten. Trotz dieser Rivalität hatten sie aber keine Konflikte ausbrechen lassen, denn sie hatten erkannt, daß die Christen sich nur als starke Einheit im Heiligen Land halten konnten. Eine vielleicht ganz interessante Fußnote: Beide Herrscher starben bei Jagdunfällen. Hier zeigt sich die Weisheit der Templerregel, die allen Brüdern die Jagd verbot.

Kurzfristig waren die Christen führerlos, und Imad ad-Din Zengi, der Gouverneur von Mossul und Aleppo, nutzte das Machtvakuum. Zengi hatte zuvor den Norden Syriens in seiner Hand vereint und war schon 1139 nach Süden gestrebt. Sein Angriff auf das muslimische Damaskus war aber an der geschickten Politik des Königs Fulko von Jerusalem gescheitert, der es nicht nur verstanden hatte, die christlichen Fürsten zu einigen, sondern auch, die Rivalitäten zwischen den Emiren durch eine intelligente Bündnispolitik auszunutzen. Schnellstmöglich war Fulko den verbündeten Damaszenern zu Hilfe geeilt, und Zengi hatte sich zurückziehen müssen. Im Gegenzug hatte Damaskus den Christen 1140 geholfen, Zengis Truppen aus Banyas (auf der Strecke von Tyrus nach Damaskus) zu vertreiben.

Doch nun, nach dem Tod des Königs Fulko und des Kaisers von Byzanz, begannen die christlichen Fürsten, untereinander zu streiten. Dies sollte sich angesichts der Bedrohung durch Zengi fatal auswirken. Beim Rückmarsch von einem Feldzug kam Zengi eher zufällig mit seinem Heer an der Festung Edessa vorbei und versuchte einfach einmal sein Glück.

Von den vier aus dem Kreuzzug hervorgegangenen Staaten reichte allein die im Norden Syriens gelegene Grafschaft Edessa mit ihrer gleichnamigen Hauptstadt weit in das Landesinnere, bis zum oberen Euphrat. Regiert wurde sie von Graf Joscelin II. Leider verstand sich Joscelin nicht mit seinem Nachbarn Raimund, dem Fürsten von Antiochia. Und so zögerte Fürst Raimund, seinem belagerten Nachbarn Joscelin zu Hilfe zu eilen, angeblich, weil er noch auf Hilfstruppen aus Jerusalem wartete.

Nur weil er Joscelin nicht mochte, nahm Raimund also in Kauf, daß ein strategisch bedeutender Teil des Frankenreichs an die Moslems fiel. Alleingelassen, konnte Joscelin sich nicht lange halten, am Vorabend des Weihnachtstages 1144 nahm Zengi nach vierwöchiger Belagerung die Festung ein und konnte danach den größten Teil der Grafschaft mühelos erobern.

Für die Christen bedeutete dies den ersten Gebietsverlust seit der Gründung der Kreuzfahrerstaaten, und die Historiker sehen heute allgemein im Fall der Grafschaft Edessa den Wendepunkt im bewaffneten Kampf um das Heilige Land. Langsam, aber sicher einigten sich die zerstrittenen muslimischen Staaten und sammelten sich zum gemeinsamen Krieg gegen die Christen, denen in der Folgezeit zunehmend die politische und militärische Initiative entglitt.

Die Templer profitierten übrigens ganz gewaltig von der Krise, die durch den Fall Edessas ausgelöst wurde: Viele adelige Grundbesitzer in den fränkischen Grafschaften des Kreuzfahrerstaats fürchteten einen Generalangriff der Moslems und verkauften in Panik ihre Ländereien. Mangels anderer Interessenten gingen die meisten dieser Besitztümer an den Templerorden – zu einem entsprechend niedrigen Preis. Auch im Abendland zogen die Armen Brüder Vorteil aus dem Fall Edessas: Urplötzlich meldeten sich unzählige Beitrittswillige, außerdem flossen die Schenkungen an den Orden in einem nie gekannten Ausmaß.

Im Westen nahm man die Nachricht vom Fall Edessas mit großer Sorge auf, das Abendland hatte die Situation in Palästina irrigerweise für stabil gehalten. Erst die Meldung von Zengis Erfolg weckte den Okzident aus seinem Schlummer, indem sie ihm zeigte, wie gefährdet das Erbe Christi wirklich war. Allgemein wurde in dieser Aktion Zengis – zu Recht – erst der Anfang eines Generalangriffs der Moslems auf die heiligen Stätten gesehen. Papst Eugen III. erließ daher im Dezember 1145 mehrere Kreuzzugsbullen. In einer davon rief er den französischen König Ludwig VII. persönlich dazu auf, unverzüglich nach Palästina aufzubrechen. Am Hofe Ludwigs und im gesamten französischen Adel allerdings hielt sich die Begeisterung in Grenzen.

Erst Bernhard von Clairvaux führte einen Meinungsumschwung herbei. Auf dem Hoftag in Vézelay hielt der brillante Redner seine berühmteste Predigt, die den gesamten französischen Adel mitriß und begeistert das Kreuz nehmen ließ. An diesem denkwürdigen Ostertag des Jahres 1146 wurde die Idee zu dem zweiten Kreuzzug geboren.

In der Folgezeit ging Bernhard auf eine Predigttournee durch Frankreich und später auch durch das Deutsche Reich, wo er jeweils eine schier unglaubliche Kreuzzugseuphorie entfachte – bei den Mächtigen, aber auch im gemeinen Volk. Den widerstrebenden deutschen König, Konrad III., ermahnte er in einer donnernden Predigt im Dom zu Speyer, endlich seinen Pflichten als christlicher König nachzukommen. Trotz einiger innenpolitischer

Schwierigkeiten ergriff Konrad das Kreuz – damit war der zweite Kreuzzug nicht mehr eine vorwiegend französische Operation wie der erste, sondern eine bewaffnete Pilgerfahrt des gesamten christlichen Abendlandes. Selbst die iberische Halbinsel wurde in die Aktion eingebunden: Auf nachhaltiges Drängen der Spanier und Portugiesen erklärte der Papst die Reconquista ebenfalls zu einem Kreuzzug, womit der Kampf gegen die Moslems in Spanien gleichberechtigt neben dem Krieg im Heiligen Land stand.

Die Kirche hatte schon beim ersten Kreuzzug jedem Teilnehmer einen vollständigen Ablaß, also die Vergebung aller bisher angesammelten Sünden, versprochen. Nun erweiterte sie das Angebot: Wer nicht selbst zu einem Kreuzzug aufbrach, konnte ersatzweise auch die Reise einer anderen Person finanzieren, also einen Kreuzfahrer ausstatten oder einer Gemeinschaft spenden, die sich dem Kampf gegen die Heiden verschrieben hatte. Die Templer waren (ebenso wie die Johanniter) natürlich geradezu der Inbegriff einer solchen Gemeinschaft und strichen deshalb in kürzester Zeit ein enormes Vermögen an Spenden ein – das Geschäft blühte. Bernhard von Clairvaux betonte in allen seinen Kreuzzugsaufrufen, wie günstig das Angebot war: »Nimm das Kreuzeszeichen, und für alles, was du reuigen Herzens beichtest, wirst du auf einmal Ablaß erlangen.« Vergebung gab es im Sonderangebot, »die Ware ist billig«, man mußte nicht einmal mehr nach Jerusalem pilgern oder gar gegen die Moslems kämpfen.

So bereiteten sich die Templer in Frankreich darauf vor, ein Kontingent ins Heilige Land zu schicken. Am 27. April des Jahres 1147 kamen 130 Ritter unter dem Vorsitz des

Meisters von Frankreich, Eberhard von Barres, zusammen – höchstwahrscheinlich, um ihren Aufbruch nach Jerusalem zu planen. Zu dieser Versammlung war kein Geringerer als der Papst Eugen III. angereist, und er gewährte bei dieser Gelegenheit allen Angehörigen des Ordens das Privileg, ständig das rote Tatzenkreuz auf ihrem Umhang zu tragen als Symbol dafür, daß die Brüder sich praktisch auf einem permanenten Kreuzzug gegen die Ungläubigen befanden.

Das Kreuz nehmen war im Mittelalter ein Akt, der unmittelbare rechtliche Konsequenzen nach sich zog. Wer das Kreuz nahm, gelobte damit ursprünglich, auf eine Pilgerfahrt ins Heilige Land zu gehen. Im Gegenzug hielt die Kirche ihre schützende Hand über ihn und seinen Besitz. Doch die Bedeutung des Aktes wandelte sich im Laufe der Zeit, und im Jahr 1147 hieß *das Kreuz nehmen* das Versprechen, in einen Heiligen Krieg zu ziehen – daher auch die Bezeichnung *Kreuzzug*. Dieser Krieg konnte im Nahen Osten stattfinden oder anderswo; man erinnere sich, daß Eugen III. auch den Kampf gegen die Moslems auf der iberischen Halbinsel zum Kreuzzug erklärt hatte.

Die Templer mit ihrer geradezu besessenen Einsatzbereitschaft und ihrer ständigen Präsenz an allen Fronten zu islamischen Ländern repräsentierten wie kein anderer Orden die Idee des ständigen Kreuzzugs. Der Historiker Alain Demurger bezeichnet sie gar als die »Treuhänder der Kreuzzugsidee«. Und in Anerkennung der Tatsache, daß die Tempelritter nicht wie die meisten anderen Kämpfer sofort wieder ins Abendland zurückkehrten, sobald sie heil in Jerusalem angekommen waren, verlieh ihnen Papst Eugen das Recht, das Kreuz ständig zu tragen.

Das sogenannte Tatzenkreuz der Templer hat vier gleich lange Balken, die sich von innen nach außen verbreitern. Die Mitte des Kreuzes ist kompakt, die Außenseite der Balken gerade. Dem Brauch der Zeit entsprechend, nach dem sich alle Kreuzfahrer ein Stoffkreuz auf die linke Schulter nähten, trugen anfänglich auch die Templer an dieser Stelle das rote Tatzenkreuz, das allein ihrem Orden vorbehalten war. Später demonstrierten die Templer ihre Zugehörigkeit voller Stolz deutlich: Große rote Kreuze schmückten Brust, Rücken und Schilde.

3. Der zweite Kreuzzug (1147–1149)

Der zweite Kreuzzug wurde zum vollständigen Desaster, von Anfang an war er zum Scheitern verurteilt. Denn sowohl das deutsche als auch das französische Kontingent nahm den langen und gefährlichen Landweg über Konstantinopel – genau wie beim ersten Kreuzzug. Nur hatte Gottfried von Bouillon 1096 gar keine andere Wahl gehabt, da ja alle Häfen im Osten von den Moslems kontrolliert worden waren. Damals hatten die Christen schon auf dem Anmarsch schreckliche Verluste erlitten: Von 330 000 Teilnehmern waren gerade einmal 40 000 im Heiligen Land angekommen – nicht einmal ein Achtel! Jetzt aber befand sich die gesamte Küstenlinie von Antiochia bis Jaffa in christlicher Hand, es sprach prinzipiell also kaum etwas dagegen, von Venedig, Genua oder Marseille aus ins Heilige Land überzusetzen. Nur einen

Grund dafür gab es: die schiere Masse von Leuten. Etwa 240 000 Menschen hatten sich auf den Weg gemacht, fast alle Nichtkämpfer – ganz einfache Menschen, die, von religiöser Begeisterung erfaßt, das Kreuz genommen hatten.

Das Hauptkontingent wählte den Landweg, weil es schlicht zu teuer oder zu aufwendig gewesen wäre, Schiffe für eine viertel Million Pilger zu organisieren.

In den Bergen Kleinasiens kam es dann zu einer dramatischen Krise, in der sich die mitziehenden Templer erstmals militärisch auszeichnen konnten. Unter denkbar widrigen Umständen schleppte sich das französische Kontingent voran, ohne große Vorräte an Lebensmitteln, ohne verläßliche Führer, umgeben von einer feindseligen Bevölkerung und bedrängt von den Türken. Der riesige Zug war schlecht organisiert, die zahlreichen Zivilisten verhielten sich undiszipliniert – ebenso wie viele Ritter: Der Anführer der Vorhut, Gottfried von Rancogne, rückte in den Schluchten von Chones (in der heutigen Türkei) zu schnell vor, so daß ihn die Türken vom Heer abschneiden konnten, das er beschützen sollte. Dichte Pfeilwolken stürzten auf den schlecht verteidigten Haupttroß hernieder, Panik brach aus. Einzig die Templer bewahrten kühlen Kopf und begannen, die Verteidigung zu organisieren. Ein Augenzeuge berichtet: »Der Tempelmeister Eberhard von Barres, ein achtbarer Mann wegen seines frommen Charakters und tüchtiges Vorbild für alle Ritter« trotzte den Türken »mit Hilfe seiner Brüder, die mit Weisheit und Mut über die Verteidigung dessen wachten, was ihnen gehört, und schützte auch mit all seiner Macht und kraftvoll das, was den anderen gehört« (Eudes von Deuil, zitiert nach Demurger, S. 99).

Von dieser Tatkraft beeindruckt, übertrug der König den Tempelrittern das Oberkommando über das gesamte Heer. Ein belgischer Templer namens Gilbert teilte die Bewaffneten in Gruppen von 50, die jeweils von einem Armen Bruder geführt wurden. Jede dieser Gruppen stellte Gilbert an einen genau bestimmten Ort, von dem sie nur auf seinen ausdrücklichen Befehl weichen durfte. In ihrer Not unterwarfen sich die Zivilisten, die mit Disziplin ansonsten nichts am Hut hatten, sowie die anderen Ritter, die in ihrem Dünkel normalerweise auch nur machten, was ihnen paßte, den Orders der einzigen Profis, der Templer.

Im folgenden hielten die Brüder den ungeordneten Haufen von Pilgern zusammen, die Flanken ließen sie durch die dreieckigen Schilde der Fußsoldaten schützen. So gelangte der verbleibende Zug heil durch das Gebirge nach Antalya.

Eine zahlenmäßig unbedeutende Gruppe von Templern rettete also durch ihr umsichtiges Verhalten den Großteil des französischen Kreuzfahrerheers. Dies gelang ihnen nur, weil sie mit doppelter Autorität befahlen: Sie gehörten zum einen zu den wenigen Berufssoldaten in der Masse, sie handelten kaltblütig und überlegt und wußten, was sie taten. Zum anderen wurden die Brüder wegen ihres tiefen Glaubens sehr verehrt; die von den Moslems hart bedrängten Christen faßten ihre Notlage als eine Strafe Gottes für ihre Sünden auf. Ihre militärischen Fähigkeiten, aber auch die Heiligkeit ihrer Mission verliehen den Templern bei den anderen Kreuzzugsteilnehmern eine ungeheure Autorität. Den Brüdern zu gehorchen bedeutete in den Augen der Männer einen direkten Weg zum Seelenheil; »zur Vergebung ihrer Sünden legten sie ihr Geschick in die Hände der armen Ritter

Christi«, schreibt der Chronist Eudes von Deuil (zitiert nach Demurger, S. 100).

Gleich zweimal erwähnt er die »Brüderlichkeit, in der sich alle mit den Tempelbrüdern vereinigen«, als ob unter dem Kommando der Templer das gesamte Kreuzfahrerheer für eine kurze Zeitspanne zu einem Teil des Ordens geworden wäre. Eberhard von Barres war der Held der Stunde, und die Brüder vergaßen seine Verdienste nicht: Im Jahr 1149, also nur zwei Jahre später, wählten sie ihn zum Nachfolger des gerade verstorbenen Meisters Robert von Craon.

Die Episode in den Bergen Kleinasiens demonstriert eindrucksvoll, welch entscheidenden Einfluß eine verschwindend geringe Anzahl von Männern auf die Durchschlagskraft eines ganzen Heeres gewinnen konnte. Nach der Ankunft in Antalya verschwanden die Tempelritter wieder in der Masse, und der französische König Ludwig VII. übernahm das Kommando – was sich als fataler Fehler herausstellen sollte.

Auch die deutschen Kreuzfahrer hätten eine straffe militärische Führung dringend gebraucht. Ihnen war es noch schlechter ergangen als den Franzosen: Unter der Leitung von König Konrad III. waren sie schon im Juni 1147 bei der Anreise in der Schlacht bei Doryläon (in der heutigen Türkei) von den Seldschuken beinahe vollständig aufgerieben worden.

Trotz aller Katastrophen erreichten schließlich doch noch Teile beider Kreuzfahrerheere das Heilige Land – auf dem Seeweg. Die letzten verbliebenen Deutschen gelangten mit Konrad III. zu Schiff von Konstantinopel nach Jerusalem, der französische König schiffte sich mit einem Teil seiner Truppen von Antalya nach Antiochia ein.

Dort gelangte er im Frühjahr 1148 an. Von Antiochia aus war ursprünglich ein Angriff auf Aleppo geplant gewesen, das sich in der Hand des gefährlichsten Gegners des Frankenreichs, Nuredin, befand. Zengi, der Eroberer von Edessa, war zur Erleichterung der Christen zwei Jahre zuvor gestorben. Aber die Freude hatte nicht lange gewährt, denn Nuredin, einer seiner Söhne, war in seine Fußstapfen getreten und hatte sich bald zur Schlüsselfigur im Kampf um Palästina entwickelt.

Im Juli 1148 beging König Ludwig VII. von Frankreich einen schlimmen taktischen Fehler. Er ließ plötzlich unversehens seine Zelte in Antiochia abbrechen, um nach Jerusalem zu ziehen und am Heiligen Grab zu beten. Offenkundig hatte der Pilger in ihm die Oberhand über den Krieger gewonnen. Überhaupt war er der Ansicht, man sollte doch lieber Damaskus belagern, als sich um ein so zweitklassiges Fürstentum wie Edessa zu streiten. In Jerusalem stieß er auf den deutschen König Konrad, der inzwischen ebenfalls dort eingetroffen war. Gemeinsam zogen das französische und das deutsche Kreuzfahrerheer, die Templer, die Johanniter und die Ritter des Königreichs Jerusalem aus, um Damaskus zu belagern – ausgerechnet den einzigen muslimischen Verbündeten des Frankenstaats! Nuredin jubilierte und eilte seinem bedrängten Rivalen in Damaskus gerne zu Hilfe. Doch kam es gar nicht mehr zu ernsthaften Kampfhandlungen, denn der zusammengewürfelte Haufen der Christen war mittlerweile so zerstritten, daß die Belagerung abgebrochen werden mußte. Gut möglich, daß der gewiefte Taktiker Nuredin diesen Streit zwischen den Christen durch eine gezielte Kampagne erst gesät hatte. Offenkundig hatte es aber auch keinen großen Anstoß von außen gebraucht, damit sämtliche christlichen Parteien übereinander herfielen.

Der Kreuzzug war beendet, bevor er richtig angefangen hatte. Deutsche, Franzosen, Templer und Johanniter überboten sich in gegenseitigen Schuldzuweisungen – schließlich brauchte man einen Sündenbock. Keine Seite blieb von Vorwürfen verschont, und die Templer bildeten da keine Ausnahme. Vor allem im Deutschen Reich suchten viele Kommentatoren die Schuld bei den geistlichen Ritterorden und warfen ihnen sogar vor, sie hätten sich von den Moslems kaufen lassen. Der Chronist Johann von Würzburg machte die Templer allein für den Fehlschlag vor Damaskus verantwortlich. Er warf ihnen vor, sie hätten mit den Moslems paktiert und die Aktion gegen Damaskus absichtlich sabotiert. In der deutschen Öffentlichkeit stieß der Chronist mit solchen Anschuldigungen auf offene Ohren; der Templerorden war und blieb den Deutschen fremd, sie betrachteten ihn mißtrauisch als französische Eliteeinheit oder – noch schlimmer – als eine Organisation, die in Palästina und Europa ihre eigenen Machtinteressen verfolgte. So wurden die Templer im Deutschen Reich zu den Buhmännern des zweiten Kreuzzugs; Konrad III. sah sich sogar gezwungen, öffentlich zur Ehrenrettung der Armen Brüder einzutreten. Denn tatsächlich hatten die Templer sich nichts zuschulden kommen lassen; für das Scheitern des Kreuzzugs waren andere verantwortlich gewesen. Auch Ludwig VII. teilte diese Ansicht. In einem Brief an seinen Kanzler wies er diesen an, sofort die königliche Schuld bei den Templern zu begleichen, da die Brüder ihn im Heiligen Land so tatkräftig unterstützt hätten, daß er »ohne sie nicht einen Tag in diesen Ländern hätte verwei-

len können«. Doch wie hatte es zu der fatalen Fehlentscheidung kommen können, ausgerechnet Damaskus
anzugreifen, den einzigen Verbündeten weit und breit?
Konrad III., Ludwig VII., Balduin III. (der 16jährige König
des Kreuzfahrerstaats), der Patriarch Jerusalems und die
zwei großen Ritterorden faßten den Entschluß gemeinsam. Stimmten die Templer für den Angriff? Vermutlich
hatten sie große Vorbehalte, äußerten sie aber nur sehr
zurückhaltend – der Grund dafür wird gleich erläutert.
Schließlich beteiligten sie sich trotzdem mit unbedingtem
Einsatz an der Aktion, die sie für unsinnig hielten. Wer
also trug Schuld an dem absurden Beschluß? Man glaubt
es kaum: der König des Kreuzfahrerstaats selbst, Balduin
III. Der jugendliche Monarch wollte unbedingt einen großen militärischen Sieg erringen, um endlich aus der Vor-
mundschaft seiner Mutter Melisende zu entkommen. Die
Templer im Rat befanden sich also in einer Zwickmühle:
Gegen den Angriff stimmen, hieß gegen Balduin Stellung
beziehen. Das wollten sie aber vermeiden; bis 1153, als
der Konflikt zwischen dem jungen König und seiner Mutter endlich beigelegt war, versuchten die Vertreter des
Ordens, sich durchzulavieren, ohne für eine der beiden
Seiten Partei zu ergreifen. Bemerkenswert an Balduins
Verhalten war, daß er als Ortsansässiger genau die stür-
mische Haltung zeigte, die man sonst nur von frisch
angereisten Kreuzfahrern kannte. Die im Heiligen Land
ansässigen Führer der Christen dachten (normalerweise)
in realpolitischen Dimensionen und versuchten, ihr Überleben langfristig zu sichern, während das Abendland aus
der sicheren Distanz ideologische Konsequenz forderte
und jeden freundlichen Kontakt mit den Moslems verbot.
Die Neuangekommenen hatten schließlich nicht den lan-

133

gen Weg von Europa her gemacht, nur um jetzt die Hände in den Schoß zu legen und faule Waffenstillstände abzuschließen: Sie wollten sich mit den Ungläubigen schlagen, und zwar sofort. Allen, die anderer Ansicht waren, warfen sie Feigheit und Verrat vor.

Solche Vorwürfe wurden sogar innerhalb des Ordens laut. Die Tempelritter, die gerade erst mit dem Hauptkontingent des Kreuzfahrerheers im Heiligen Land angekommen waren, drängten genauso darauf, in die Schlacht zu ziehen, wie alle anderen Teilnehmer des Kreuzzugs auch. Es wäre die Aufgabe der im Orient erfahrenen Templer gewesen, diese blindwütige Energie auf ein sinnvolles Ziel zu lenken: die Rückeroberung Edessas. Statt dessen Damaskus anzugreifen, war ein törichter Entschluß der Könige Ludwig und Balduin, und der einzige Vorwurf, den man der Führung sowohl der Templer als auch der Johanniter in dieser Angelegenheit machen kann, besteht darin, daß sie Balduin nicht energischer von seinem Plan abrieten.

Diese Fehlentscheidung darf man den angereisten Europäern insofern nicht ankreiden, als sie es nicht besser wissen konnten. Trotzdem traf das Abendland in anderer Hinsicht ein großer Teil der Schuld am Fehlschlagen des Kreuzzugs. Denn es schickte dem Heiligen Land nicht, was es benötigte – nämlich ein schlagkräftiges Heer und Bauern, die das Land dauerhaft besiedeln wollten –, sondern nur das, was im Abendland gerade abkömmlich war: unkontrollierbare Pilgerhaufen ohne militärischen Wert.

Ausgerechnet Bernhard von Clairvaux, der wichtigste Fürsprecher des Ordens, geriet in dieser Angelegenheit unter heftigen Beschuß. Völlig zu Recht wurde ihm angelastet, durch seine Predigten in halb Europa erst die Massen von Pilgern mobilisiert zu haben, die den Kreuzzug von Anfang an behindert hatten. In seinem grenzenlosen Gottvertrauen hatte er unterschiedslos einfach jeden dazu aufgerufen, ins Heilige Land zu ziehen, egal ob er sich für den Kampf eignete oder nicht. Zu Unrecht berief er sich nach dem Scheitern der Aktion auf »Gottes unerfindlichen Ratschluß« und darauf, daß schließlich der Papst höchstpersönlich zum Kreuzzug aufgerufen hätte.

Erstaunlicherweise zog die Krisensituation die Templer nicht in Mitleidenschaft: Der Kreuzzug war gescheitert, ihr einflußreichster Beschützer (Bernhard von Clairvaux) hatte einen schlimmen Imageverlust in Europa erlitten, doch das Ansehen der Templer im Abendland (außer im Deutschen Reich) stieg enorm. Der Grund dafür: Der Orden hatte während des gesamten Feldzugs Mut und Disziplin bewiesen – im Gegensatz zu fast allen anderen Teilen des Kreuzfahrerheers. Dennoch blieb die Freude bei den Armen Brüdern verständlicherweise getrübt. Die militärische Lage sah düster aus, und der Streit zwischen dem König Jerusalems und seiner Mutter drohte die Christen in zwei Lager zu spalten. Vor allem der Großmeister Eberhard von Barres war verzweifelt darüber, daß ein so lächerlicher Familienstreit die Existenz des Kreuzfahrerstaats ernsthaft gefährdete. Frustriert trat Eberhard, der Held aus den Bergen Kleinasiens, deswegen schon 1152 wieder von seinem Großmeisteramt zurück, das er erst drei Jahre zuvor angetreten hatte. In der Abgeschiedenheit des Klosters von Clairvaux beschloß er sein Leben. Zum Nachfolger Eberhards wählten die Templer Bernhard von Trémelay, der aber auch nur kurze Zeit

Freude an seiner neuen Würde hatte, denn schon im nächsten Jahr, 1153, ereilte ihn beim Sturm auf Askalon sein Schicksal.

Angriff auf Askalon

Askalon, der nördlichste Stützpunkt des ägyptischen Reichs, stellte wegen seiner strategisch günstigen Lage am Meer, direkt an der Grenze zum fränkischen Staat, eine ständige Bedrohung Jerusalems dar. Nach dem Fehlschlagen des zweiten Kreuzzugs lenkte Balduin seine Energien auf die Eroberung dieser stark befestigten Stadt.

Damit das Unternehmen gelingen konnte, mußte er den Stützpunkt zunächst vollkommen vom Nachschub abschneiden. Im Norden und Osten Askalons standen ohnehin schon drei Burgen, die das christliche Palästina verteidigen sollten. Jetzt segelte eine Flotte unter dem Befehl von Gerhard von Sidon die Küste hinab, um den Seeweg in die Stadt zu versperren. Den Templern wies der König eine Schlüsselrolle zu: In ihre Verantwortung legte er die gerade erst wieder instand gesetzte Burg von Gaza im Süden der Stadt, direkt an der Hauptverbindungsstraße zwischen Askalon und Ägypten.

Am 16. August 1153 bliesen die Christen zur Attacke auf Askalon – und die Tempelritter waren gemäß ihrem Motto »die ersten beim Angriff, die letzten beim Rückzug« ganz vorne dabei. Die Franken rückten mit einem Belagerungsturm gegen die Stadtmauer vor. Zwar gelang es den Verteidigern, ihn in Brand zu setzen, doch plötzlich drehte der Wind und schlug die Flammen zurück in die

Stadt. Eine Bresche öffnete sich, und 40 Templer stürzten sich hinein, angeführt von ihrem Großmeister Bernhard von Trémelay. Doch konnten die wenigen Männer ihre Position nicht halten, und der Versuch, die Lücke für nachfolgende Krieger freizuhalten, scheiterte. Es gab kein Entrinnen mehr: Alle 40 Ritter wurden getötet und zum Hohn der Belagerer über die Stadtmauer gehängt. Zum zweiten Mal innerhalb eines Jahres verloren die Templer ihren Meister. Doch sechs Tage später fiel die Stadt.

Erstaunlicherweise erntete der Orden für diesen heldenhaften Einsatz kein Lob, sondern nur schärfste Kritik. Der Chronist Wilhelm von Tyrus nämlich stellte die Sache so dar, als ob andere Tempelritter die Bresche absichtlich hinter ihren Brüdern versperrt hätten, damit diese ungestört die Stadt plündern konnten. Hochmut und Geldgier wären also der Grund dafür gewesen, daß die 40 allein in die Festung stürmten. Durch ihren Egoismus, so Wilhelm, hätten die Templer den schon greifbaren Sieg an diesem Tag verhindert.

Diese Schilderung übernahmen in der Folgezeit praktisch alle Historiker – obwohl sie absolut unglaubwürdig ist. Wie hätten wenige Leute in einer wild umkämpften Festung, von Sarazenen umringt, Plünderungen durchführen sollen? Wieviel Beute hätten außerdem die 40 Männer in schweren Rüstungen überhaupt davontragen können? Und warum hätten die Templer ihr Leben so leichtfertig riskieren sollen, wenn sie die Schätze ohnehin nicht für sich selbst behalten durften, sondern an den Orden abliefern mußten?

Wie unglaubwürdig diese Version der Episode auch ist, sie wird bis heute ständig wiederholt, um die Habgier des Ordens zu veranschaulichen – ein ungeeignetes Beispiel für einen an sich völlig berechtigten Vorwurf. Vor allem in den Komtureien des Abendlandes waren die Armen Brüder sehr auf die Mehrung des Ordensvermögens bedacht. Wie schon erwähnt, übten sie durchaus auch sanften Druck aus, wenn es darum ging, Schenkungen, Erbschaften oder Verkäufe zugunsten des Ordens zu erwirken. Meist setzten sie ihre Ansprüche mit Hilfe der Gerichte durch, aber sie schreckten mitunter nicht davor zurück, rohe Gewalt anzuwenden. Ein krasses Beispiel dafür stammt aus Schottland. Wilhelm von Halkeston überließ dem Orden das Gut Esperton bis zu seinem Tod, danach sollte es wieder an seine Frau fallen. Doch anstatt das Anwesen nach Wilhelms Tod zurückzugeben, nahm der englische Provinzialmeister des Tempels, Brian von Jay, der Witwe auch noch ihr Haus weg. Als ihr Sohn zu heftig auf Rückgabe drängte, ließ Brian von Jay ihn ermorden. Dieser Fall ist sicherlich eine Ausnahme, doch allgemein darf man schon behaupten, daß die Brüder nicht zimperlich waren, wenn es um die Wahrung oder Mehrung ihres Reichtums ging – schließlich diente er ja einem heiligen Zweck, der Finanzierung des Kampfes gegen die Moslems.

Inzwischen hatten die Armen Brüder einen solchen Reichtum angehäuft, daß sie ihre gesamten Kriegsausgaben decken konnten. Sie stellten also nicht nur (neben den Johannitern) das einzige stehende Heer im fränkischen Reich, sondern finanzierten sich auch noch vollständig selbst und waren damit gänzlich unabhängig von den weltlichen Fürsten und Königen, was diesen natürlich gar nicht gefiel.

Den Nachschub an Rekruten organisierten die Brüder ebenfalls selbst. Und sie benötigten ständig neue Truppen, denn die Jahre nach dem zweiten Kreuzzug zählten zu den verlustreichsten ihrer Geschichte. Den Tod verachtend stürzten sie sich in jedes Gefecht, viele fielen oder gerieten in Gefangenschaft – und das war um nichts besser, denn der Orden bezahlte kein Lösegeld für seine Ritter. Dies galt ohne Ausnahme: »Ich vermag nur«, erklärte ein gefangener Großmeister, »meinen Gürtel und meinen Dolch als Lösegeld zu geben« – er könnte also nur geloben, nie wieder zu kämpfen, aber keine Zahlungen leisten lassen. Ein Großmeister, der auf Ehrenwort freikam, bot dem Orden dann seinen Rücktritt an und wurde zum nichtkämpfenden Großvisitator. Meist aber genügte ein solches Versprechen den Gegnern nicht, und der Großmeister blieb in Haft. So zog Odo von Saint-Amand es vor, in einem damaszenischen Gefängnis zu verhungern, als sich von seinen Brüdern auslösen zu lassen. Diese Tatsache sprach sich bald unter den Sarazenen herum, worauf sie keine Gefangenen mehr machen wollten; verwundete Templer erstachen sie etwa ab 1157 gleich auf dem Schlachtfeld. Den Mitgliedern des Johanniterordens erging es nicht besser; als Saladin nach einer Schlacht 230 Templer und eine unbekannte Zahl von Johannitern hinrichten ließ, rechtfertigte er sich mit den Worten: »Ich will die Erde von diesen zwei schändlichen Bruderschaften reinigen, (...) die niemals ihre Feindschaft aufgeben und keinen Dienst als Sklaven leisten.«

Angesichts solcher enormen Verluste konnte der Orden im Heiligen Land seine Stärke von maximal 500 Rittern und 5000 dienenden Brüdern überhaupt nur halten, weil aus den europäischen Ländern ein ständiger Strom von neuen Rekruten nach Jerusalem zog. Ein großer Teil der Tempelritter im Heiligen Land bestand also aus relativ neu angekommenen Männern: Ob dies ein Vor- oder ein Nachteil war, darüber läßt sich streiten. Manche Historiker halten die Neuankömmlinge für eine entscheidende Verstärkung, weil sie noch nicht vom Klima und den ungewohnten Lebensbedingungen des Nahen Ostens geschwächt waren. Andererseits könnten umgekehrt auch die schon akklimatisierten Brüder viel wirkungsvollere Kämpfer gewesen sein, einfach weil sie bereits an die Hitze und die Keime gewöhnt waren.

Ganz sicher aber beeinflußten die Neuankömmlinge das Klima innerhalb der Templerhäuser. Durch ihren oft fanatischen Ehrgeiz, gegen die Ungläubigen in die Schlacht zu ziehen, rissen sie die anderen Brüder mit, die sich nicht der Feigheit oder gar des Verrats bezichtigen lassen wollten. Keine Kompromisse, so lautete die Devise, und so paßten die Templer auch ihre Bau- und Lebensweise nie an die orientalischen Bedingungen an. Ganz im Gegensatz dazu kopierten die *Poulains*, die christlichen Siedler im Heiligen Land, sehr bald die dem Klima angemessene Bauweise der einheimischen Bevölkerung. Als die Poulains auch noch etliche Gebräuche ihrer muslimischen Nachbarn übernahmen, wurde es den Templern zuviel, sie beschimpften sie als vaterlandslose Gesellen, als »Männer, die das Land, aber nicht die Sitten ihrer Väter geerbt haben«.

4. Der wachsende Einfluß des Ordens

Im Anschluß an den schiefgelaufenen Kreuzzug wendete sich das Abendland enttäuscht von Jerusalem ab, und die etwa 150 000 Christen im Heiligen Land waren wieder völlig auf sich allein gestellt. Die beiden einzigen ständig kampfbereiten Truppen in Palästina waren diejenigen der Templer und der Johanniter, lediglich diese beiden Orden unterhielten auch eine dauerhaft feste Verbindung mit Europa, von wo aus sie Nachschub an Gold und an Männern erhielten.

Beide Orden bildeten so das militärische Rückgrat im Kreuzfahrerstaat, und die Würdenträger des Landes, allen voran König Balduin III., berieten jede größere Aktion mit ihnen. Sehr schön kann man den wachsenden Einfluß der geistlichen Ritterorden auch an der Geschichtsschreibung ablesen: Etwa seit dem Fall Askalons (1153) finden sie immer öfter Erwähnung in den Chroniken.

Mit der Eroberung Askalons hatten die Christen einen wichtigen Sieg errungen, die Südgrenze des Reichs war sicherer geworden, der interne Streit zwischen Balduin und seiner Mutter zugunsten des Königs entschieden. Im Osten aber sah die Lage bedenklich aus, denn 1154 eroberte Nuredin Damaskus und bedrohte damit die gesamte Ostgrenze des Reichs. Jetzt, da Balduin souverän herrschte, konnte er sein eigentlich großes diplomatisches Geschick beweisen. Bis zu seinem Tod im Jahr 1163 erhielt er das zerbrechliche Machtgleichgewicht zwischen dem christlichen Byzanz, dem von Nuredin beherrschten Syrien und Damaskus, und dem Kreuzfahrer-

141

staat aufrecht. In dieser Zeit herrschte relative Ruhe im Reich. Dem kinderlosen Balduin folgte sein Bruder Amalrich auf den Thron, und machte sich gleich daran, das zerbrechliche Machtgleichgewicht zu zerstören. Zusammen mit seinem Kronrat beschloß er, das reiche Ägypten anzugreifen, das gerade durch einen innenpolitischen Streit um das Amt des Großwesirs zerrissen war und sich kaum verteidigen konnte.

Um die Dummheit dieses Entschlusses vollständig würdigen zu können, muß man die strategische Situation des Kreuzfahrerstaats bedenken. Anfänglich hatte man es mit Nuredins Reich im Norden, dem befreundeten Damaskus im Osten und dem schwachen Ägypten im Süden zu tun gehabt. Im zweiten Kreuzzug hatten die Christen Damaskus angegriffen, das sofort Nuredin zu Hilfe gerufen hatte und 1154 von ihm erobert worden war. Jetzt stand also ein mächtiger Feind im Norden und Osten des fränkischen Reiches, nur die Südgrenze war relativ sicher. Und anstatt das Land mit aller Macht gegen Nuredin zu verteidigen, beschloß der Kronrat, noch eine Front zu eröffnen. 1163 also zogen die Christen nach Ägypten, in der Absicht, die bürgerkriegsähnlichen Zustände im Land auszunutzen und möglichst große Beute zu machen.

Das Unvermeidliche passierte: Schawar, einer der Konkurrenten um das Amt des ägyptischen Großwesirs, schickte sofort einen Hilferuf an Nuredin. Der ließ sich nicht lange bitten, entsandte seinen General Schirkuh samt einigen Truppen und verhalf Schawar tatsächlich zum Posten des Großwesirs. Kaum hatte er das Amt inne, fühlte Schawar sich allerdings von den syrischen Truppen Schirkuhs bedroht und rief die Franken um Bei-

142

stand an. Diese ließen sich zwar nur ungern in die Macht-spielchen des Wesirs hineinziehen, wollten aber anderer-seits auch nicht Ägypten den Syrern überlassen. 1164 und 1167 sahen sich die Christen also genötigt, auf der Seite Schawars in den Kampf um die Vorherrschaft in Ägypten einzugreifen. Da aber weder die Syrer noch die Franken die Oberhand gewinnen konnten, einigten sich die Parteien auf einen beiderseitigen Abzug. Damit war der Ausgangszustand von vor 1163 wiederhergestellt. Dennoch profitierten die Christen von ihrem Ägypten-Abenteuer: Der neue Großwesir zahlte einen jährlichen Tribut von 100 000 Dinar, und in Kairo blieb eine Garnison der Franken zurück, die die Eintreibung dieser Summe überwachen sollte. De facto war das Land damit eine Art fränkisches Protektorat geworden. Das Verdienst dafür lag auch bei den Templern, die selbstverständlich an allen drei Expeditionen zum Nil teilgenommen und dort angeb-lich 600 Ritter und 12 000 dienende Brüder verloren hat-ten (J. Riley-Smith, zitiert nach Demurger, S. 113). Sicher-lich übertreibt der Chronist hier, doch weisen die Zahlen darauf hin, daß der Orden enorme Verluste erlitten hatte.

Anstatt sich aber mit dem neugewonnenen Gleichge-wicht im Süden zufriedenzugeben, drängten einige Mit-glieder des Kronrats in Jerusalem auf eine endgültige Entscheidung in Ägypten. Insbesondere der Seneschall des Reichs, Milo von Plancy, und der Johannitergroßmei-ster Gilbert von Assalit behaupteten, der Großwesir hin-tertriebe die Tributzahlungen und habe heimlich mit den Syrern paktiert. Dies wollten sie zum Vorwand nehmen, um in Ägypten einzumarschieren. Der Templergroßmei-ster Bertrand von Blanquefort warnte entschieden vor einer solchen Aktion; er könnte kein Komplott erkennen, der Wesir käme außerdem seinen Pflichten den Franken gegenüber in vollem Umfang nach. Die Ägypter unter der falschen Anschuldigung der Untreue anzugreifen, hieße daher für ihn, selbst vertragsbrüchig zu werden.

Vor allem warnte Bertrand von Blanquefort, daß die Syrer sofort wieder eingreifen würden, sobald die Christen nach Ägypten marschierten. Sogar Wilhelm von Tyrus, der den Orden sonst ständig kritisiert, lobt den Großmeister für seine Weisheit: »Der Meister und die anderen Brüder wollen sich in diese Affäre nicht einmischen. (...) Sie sehen, daß der König keine guten Gründe vorzubringen hat, um Krieg gegen die Ägypter zu führen, gegen die Übereinkünfte, die durch seinen Eid bestätigt wurden.«

Ein einziges Mal trifft Wilhelms Vorwurf der Geldgier nicht den Templerorden, sondern die Johanniter. Im Gegensatz zu den Armen Brüdern engagierten sich ihre ständigen Rivalen vom Hospitaliterorden nämlich an vorderster Front für diesen Feldzug. König Amalrich I. hatte ihnen nämlich eine verführerische Belohnung in Aussicht gestellt: Ein im Oktober 1168 geschlossener Vertrag versprach den Johannitern für ihre Teilnahme Güter und Einkünfte aus elf über ganz Ägypten verteilten Städten.

Überhastet brach das Heer gen Süden auf: Amalrich hatte es aus unbekannten Gründen so eilig mit der Expedition, daß er nicht einmal auf das Eintreffen der für die Seeblockade dringend benötigten byzantinischen Flotte wartete. Das Resultat: Der Feldzug scheiterte auf der ganzen Linie, die Syrer griffen ein, um ihre Interessen am Nil zu verteidigen, Schirkuh eroberte Kairo, und die Christen wurden aus Ägypten vertrieben.

Zwei Monate später, im März 1169, starb Schirkuh. Dies war jedoch kein Grund für die Christen, aufzuatmen

– ganz im Gegenteil. Denn ihm folgte sein Neffe Saladin, der zum furchtbarsten Gegner werden sollte, mit dem es die Franken je zu tun hatten: Nach dem Tod Nuredins im Jahr 1174 vereinigte Saladin die gesamte islamische Welt unter seinem Befehl. Der Kreuzfahrerstaat stand umringt von einem einzigen und militärisch starken muslimischen Reich.

Noch war es aber nicht so weit. Während die Johanniter auf ihr Ägypten-Abenteuer gingen, versuchten die Templer, ihre Position im Norden des Reiches zu sichern. In den Staaten Tripolis und Antiochia besaßen sie inzwischen ausgedehnte Ländereien, in denen sie vollkommen souverän regierten, ohne daß die eigentlichen Fürsten des Landes noch ein Mitspracherecht hatten. König Amalrich war diese Macht der Templer ein Dorn im Auge, er sah seine Souveränität als Herrscher über das ganze Land gefährdet. Zweimal zwang er die Armen Brüder in einen offenen Konflikt, um ihnen zu zeigen, wer der Herr in Palästina war. Im Jahr 1165 ließ er zwölf Templer hängen, mit der Begründung, sie hätten eine Burg bei Tyrus den Syrern ohne großen Widerstand überlassen. Und 1173 stürmte der König das Templerhaus in Sidon, um den Ritter Walter von Mesnil persönlich zu verhaften. Dieser hatte eine Delegation von Assassinen überfallen, mit der Amalrich gerade einen Pakt ausgehandelt hatte. (Die Assassinen waren eine mächtige und gewalttätige Sekte, die in Iran, Syrien und Palästina verbreitet war. Ihr Name stammt aus dem Arabischen und bedeutet »Haschischesser«, ihr »Markenzeichen« war der politische Meuchelmord; vor ihren Anschlägen zitterten christliche wie muslimische Herrscher, Anm. d. Autors.) Beide Aktionen des Königs verstießen in eklatanter Weise gegen das bestehende Recht, aber das war ihm völlig egal: Amalrich statuierte ein Exempel, um den Templern unmißverständlich zu zeigen, daß sie nicht nur dem Papst Rechenschaft schuldeten, sondern gefälligst auch dem König Jerusalems.

Vermutlich benötigten die Ordensbrüder tatsächlich des öfteren eine Lektion in Demut; zunehmend gerieten sie nämlich in den Ruf schlimmer Arroganz. Die Chronisten bezeichnen sie fast schon monoton als »stolz« und »hochmütig«; den letzten Großmeister zu Amalrichs Zeiten, Odo von Saint-Amand (1171–1180), schmähten sie als »großen Maulhelden und Prahlhans« (nach Demurger, S. 118). Ob der Angriff auf die Gesandten der Assassinen übrigens der Ausrutscher eines übereifrigen Kommandanten, oder ob er von der Führung des Ordens geplant war, kann heute nicht mehr geklärt werden. Jedenfalls mußte der König den Verdacht haben, daß die Templer hier, die königliche Macht verspottend, ihr eigenes außenpolitisches Süppchen kochten: Indem sie die Mitglieder der Delegation umbrachten, verhinderten sie den Vertrag Jerusalems mit den Assassinen, den sie strikt ablehnten.

5. Der Höhepunkt – und die erste Krise

Den größten Einfluß ihrer Geschichte erlangten die Tempelherren unter ihrem Großmeister Gerhard von Ridefort (1185–1191). Durch eine geschickt eingefädelte Intrige verhalf Gerhard seinem Wunschkandidaten zum Thron von Jerusalem: Guido von Lusignan, dessen Vorgänger Balduin V. 1186 überraschend gestorben war. Der neu gekürte König wußte sehr wohl, wem er sein Amt verdankte, und revanchierte sich nach Kräften. Der Chronist Ernoul berichtet, daß »der König ihm nicht zu widersprechen wagt, denn er liebt und fürchtet ihn, weil er ihn zum Herrscher gemacht hat«. Auf diese Weise konnte Gerhard von Ridefort die Politik des Königreichs fast nach Belieben steuern. Leider nutzte er diese Macht nur dazu, Unheil über das Land zu bringen.

Der aus Flandern stammende Gerhard von Ridefort war um 1170 als fahrender Ritter ins Heilige Land gelangt. Nach einiger Zeit im Dienst eines Fürsten wurde er zum Marschall des Königreichs Jerusalem. Dann erkrankte er schwer und kurierte sein Leiden in einem Ordenshaus der Templer aus, denen er nach seiner Genesung beitrat. Schnell machte er Karriere, schon 1183 war er Seneschall, und im Jahr 1185 wählte ihn das Kapitel zum Großmeister. Er muß ein ähnlich arrogantes Auftreten gehabt haben wie der oben schon erwähnte Meister Odo von Saint-Amand. Chronisten bezeichnen ihn als Abenteurer und Prahlhans, dessen Draufgängertum an Verrücktheit grenze. Der Historiker Demurger äußert daher vorsichtig den Verdacht, daß es sich bei der Krankheit, die Gerhard bei den Templern »auskurierte«, um die Syphilis gehandelt habe, die damals noch nicht heilbar war und die im Endstadium zum Wahnsinn führt (Demurger, S. 129). Gegen diese Hypothese spricht allerdings, daß Gerhard schon ganz am Anfang seiner Zeit im Heiligen Land diesen wahnwitzigen Mut an den Tag legte und nicht erst in späteren Lebensjahren. Zu Beginn des Jahres 1187 herrschte gerade wieder Friede im Heiligen

Land; Christen wie Syrer hielten sich an einen zwei Jahre zuvor geschlossenen Waffenstillstand. Da überfiel Rainald von Châtillon, der christliche Herr von Transjordanien, eine riesige Karawane von Moslems. Saladin, der inzwischen Syrien und Ägypten in seiner Hand vereinigt hatte, verlangte Genugtuung. Rainald verweigerte sie, und Saladin rief die gesamte muslimische Welt zum Heiligen Krieg gegen die Christen auf, um dieses Unrecht zu rächen. Sein Appell traf auf überwältigenden Widerhall, die muslimischen Staaten sammelten das größte Heer ihrer bisherigen Geschichte und belagerten die Stadt Tiberias.

Jerusalem reagierte entsetzt, sofort wurde der allgemeine Heerbann einberufen und aus Städten und Festungen jeder entbehrliche Kämpfer abgezogen. Eine durchaus eindrucksvolle Streitmacht für die christliche Seite sammelte sich auf diese Weise bei den Quellen von Saffuriya, etwa einen Tagesmarsch von Tiberias entfernt. Der Fürst Raimund von Tripolis riet dringend, zunächst im wasserreichen Gebiet abzuwarten. Diese Taktik wählte er aus zwei guten Gründen: Erstens braucht jedes Heer, insbesondere die Reiterei, unter der sengenden Julisonne unbedingt sichere Versorgung mit Trinkwasser. Und zweitens hoffte Raimund, daß der bunt zusammengewürfelte Haufen der Moslems bald Auflösungserscheinungen zeigen würde. Der Rat schien weise, die Führer der Christen beschlossen, ihm zu folgen.

Doch in der Nacht überredete Gerhard von Ridefort – der Raimund von Tripolis aus persönlichen Gründen abgrundtief haßte – den in militärischen Angelegenheiten unerfahrenen König Guido, Raimunds Rat in den Wind zu schlagen und sofort nach Tiberias loszuziehen. Am Morgen des dritten Juli also gab König Guido seinem überraschten Heer den Befehl zum Aufbruch. Schon bald geriet der Troß unter Beschuß: Saladins berittene Bogenschützen ließen ganze Wolken von Pfeilen auf die Christen niederregnen, wichen einer offenen Schlacht aber geschickt aus. Den Christen blieb nichts anderes übrig, als in der brütenden Hitze quälend langsam weiterzuziehen. Bis zum Abend erreichten sie nicht einmal das Wasserloch von Kafr Hattin auf halber Strecke nach Tiberias. Am nächsten Tag wiederholte sich die Tortur, und als die Moral am Tiefpunkt angelangt war und die Männer und Tiere in großer Zahl verdursteten, da griffen Saladins Truppen an. Wieder vermieden sie die direkte Konfrontation. Statt dessen steckten sie das Buschwerk um das christliche Heer in Brand. Verzweifelt flohen die christlichen Fußsoldaten auf die Hörner von Hattin, einen Gebirgszug, auf dem das Zelt ihres Königs Guido stand. Die Kavallerie blieb schutzlos zurück und wurde niedergemetzelt. Von den 30 000 Christen fiel etwa die Hälfte, praktisch den gesamten Rest nahm Saladin gefangen – unter anderen auch den König und Gerhard von Ridefort. Alle 230 Templer, die in seine Gewalt geraten waren, ließ Saladin sofort hinrichten – doch ausgerechnet Gerhard von Ridefort verschonte er. Aus gutem Grund: Der Großmeister wurde ihm noch zweimal sehr nützlich. So nützlich, daß böse Zungen behaupten, Gerhard sei in der Gefangenschaft heimlich zum Islam übergetreten.

Nach dem Triumph bei den Hörnern von Hattin konnte Saladin das schutzlose Königreich Jerusalem mühelos und fast vollständig erobern. Er zwang Gerhard von Ridefort mehrmals dazu, die widerspenstigen Verteidiger von Burgen und Städten zu einer kampflosen Übergabe zu überreden. Zwar biß Gerhard mit diesem Ansinnen bei der Bevölkerung von Askalon auf Granit, doch konnten sich die Besatzungen der Templerburgen den Anordnungen ihres Großmeisters nicht widersetzen. Kampflos räumten sie insgesamt drei Burgen, darunter die strategisch wichtige Festung von Gaza im Süden des Reichs. Was war aus der kategorischen Weigerung der Templer geworden, selbst für ihre gefangenen Meister ein Lösegeld zu bezahlen?

Um seine Freiheit wiederzuerlangen, opferte Gerhard den Sarazenen die wichtigsten Güter des Ordens, seine Burgen. Es sieht so aus, als sei Gerhard bei allem übertrieben zur Schau gestellten Wagemut doch eigentlich ein Feigling gewesen, der für die Rettung seines eigenen Lebens jeden Preis zu zahlen bereit war. Wahrscheinlich redete er sich ein, wichtiger für den fränkischen Staat zu sein als drei lächerliche Burgen. Weit gefehlt! Nachdem Saladin den größten Teil des Frankenreichs eingenommen hatte, ließ er wie versprochen den Großmeister und auch König Guido im Dezember 1187 frei. Das erwies sich als äußerst geschickter Schachzug: Die Christenheit bekam damit ihre zwei erwiesenermaßen unfähigen Führer zurück und spaltete sich sofort in zwei Lager, von denen das eine Guido, das andere Gerhard für die Niederlage verantwortlich machte.

An dieser Stelle muß die Frage gestellt werden, wie das Generalkapitel der Templer überhaupt einen so offenkundig ungeeigneten Kandidaten zum Meister erwählen konnte. Wie alle größeren Organisationen stellte auch der Templerorden keinen einheitlichen Block dar, sondern setzte sich im späten zwölften Jahrhundert (grob vereinfacht) aus zwei verschiedenen Gruppen zusammen, den

Realisten und den Idealisten. Die Realisten, meist Brüder, die seit längerer Zeit im Orient lebten, wußten um die begrenzten Kräfte des Ordens und waren bereit, auf Kompromisse mit den Moslems einzugehen, wenn sie der Sache der Christen nützten. Die Idealisten, frisch aus dem Abendland eingetroffen, betrachteten solche Kompromisse als Verrat, sie wollten die Moslems angreifen, wann immer sich eine Chance bot.

Der stolze und wagemutige Odo von Saint-Amand war für diese sicher der ideale Meister: Er führte seine Männer in jedes Gefecht, ließ keinen Kampf aus – und verheizte so seine Truppen in kürzester Zeit, der Orden blutete völlig aus. Nach seinem Tod 1185 wählten die wenigen verbliebenen Brüder einen Realisten, Arnold von Torroge, unter dessen Führung erst einmal neue Kräfte aus dem Abendland herbeigeschafft wurden. Als Arnold starb, bestand das Kapitel deshalb hauptsächlich aus jungen Hitzköpfen, die gerade erst ins Heilige Land gekommen waren und die einem Draufgänger wie Gerhard von Ridefort voller Begeisterung ihre Stimme gaben.

Mit der Ernennung Gerhards nahm das Verhängnis seinen Lauf: Die strenge Disziplin der Templer verbot ihnen, irgendeinen Befehl des Meisters zu hinterfragen, und sei er noch so absurd. Offenkundig prägte die Person, die den Großmeisterposten innehatte, die Politik des Ordens ganz entscheidend – man erinnere sich daran, daß die Templerregel sich zu den Kompetenzen des Meisters nicht klar äußert. Wenn ein Meister nur selbstherrlich genug war, konnte er den Rat des Kapitels ignorieren, seine Prudhommes und sonstigen Würdenträger so auswählen, daß sie ihm nicht widersprachen, und dann praktisch unbegrenzte Macht ausüben. Von einem Anführer der Assassinen ist der Ausspruch bekannt, es lohne sich gar nicht, einen Templergroßmeister umbringen zu lassen, weil die Brüder einfach einen neuen wählten, der die Politik seines Vorgängers unverändert fortführe. Mit dieser Einschätzung lag er völlig falsch: Zwar gab es tatsächlich einige Konstanten in der Politik aller Großmeister – Disziplin, unbedingter Einsatzwille, Bündnistreue –, im großen und ganzen springen aber eher die Unterschiede ins Auge. Vor allem in der zweiten Hälfte des zwölften Jahrhunderts wechselte der Orden unter verschiedenen Großmeistern ständig zwischen unbedingtem Kampf und reiner Regeneration, nie gab es eine kontinuierliche und berechenbare Politik. Aufgrund der strikten Hierarchie und des unbedingten Gehorsams war der Tempel nur der verlängerte Arm des Großmeisters, im guten wie im schlechten: Der Orden konnte mit einem fähigen Führer Unglaubliches bewirken, mit einem schlechten dagegen an den Rand der Vernichtung treiben – oder noch weiter.

Nach dem Debakel von 1187 versank der Templerorden zunächst völlig in der Versenkung. Kein Wunder: Der Großteil der Ritter war tot, Jerusalem verloren, und die wenigen Überlebenden verschanzten sich in den paar Burgen, die sie noch hielten.

Nichts außer ein paar Festungen war dem Orden geblieben – nicht einmal sein Stolz: Während Saladins Siegeszug hatten die Templer erstmals Burgen kampflos übergeben und sogar Lösegeld bezahlt, um sich ihren freien Abzug zu erkaufen. »Das wurde vorher noch nicht gehört«, vermerkt ein verblüffter muslimischer Chronist (Ibn Shaddad, zitiert nach Sippel S. 120).

6. Der dritte Kreuzzug (1189–1192) und die Folgejahre

Das Königreich Jerusalem verdiente seinen Namen nicht mehr, denn im Oktober 1187 war die Heilige Stadt nach nur zweiwöchiger Belagerung an die Moslems zurückgefallen. Endgültig übrigens – von einem 15jährigen Intermezzo von 1229 bis 1244 abgesehen. Vom Frankenreich blieben nur die Städte Antiochia, Tripolis und Tyrus übrig, dazu die lächerliche Zahl von vier Burgen. Das beinahe uneinnehmbar befestigte Tyrus wurde zunächst zum Zentrum des fränkischen Widerstands, bis man Akkon zurückgewinnen konnte. Gerhard von Ridefort übrigens, der »böse Geist des Templerordens« (Demurger, S. 119), kam bei einer selbstmörderischen Angriffsaktion vor Akkon im Oktober 1190 ums Leben. Schließlich fiel Akkon im Juli 1191 und wurde zur neuen Hauptstadt des Frankenreichs; auch die Armen Brüder Christi verlegten ihre Zentrale dorthin und wagten einen neuen Anfang. Zunächst, indem sie endlich wieder einen Meister wählten: Der Posten war nämlich über ein Jahr lang unbesetzt geblieben.

Doch die Templer und allgemein die Christen im Heiligen Land hatten Glück im Unglück: Erstens beging Saladin einen strategischen Fehler, indem er versäumte, dem Frankenreich endgültig den Garaus zu machen. Und zweitens entfachte die Nachricht vom Fall Jerusalems eine enorme Kreuzzugsbegeisterung im Abendland. Die Spenden an die Templer flossen, in den Komtureien meldeten sich neue Rekruten in Mengen – der Kampf konnte weitergehen.

Das Abendland hatte dazugelernt: Der dritte Kreuzzug ins Heilige Land (1189–1192) war keine bewaffnete Pilgerfahrt mehr, sondern ein militärischer Feldzug. Kaiser Friedrich Barbarossa nahm 1188 auf dem Reichstag in Worms das Kreuz. Im Mai 1189 zog das etwa 50 000 Mann starke deutsche Kontingent los – auf dem Landweg! So viel hatten die deutschen Führer anscheinend auch wieder nicht gelernt. Es kam, wie es kommen mußte: Gerade 10 000 Kämpfer erreichten ihr Ziel. Kaiser Barbarossa verunglückte in Ostanatolien, der Rest des Heers zerstreute sich in alle Winde.

Die Franzosen und Engländer dagegen reisten per Schiff gen Osten. Sie kamen dadurch nicht nur heil in Palästina an, sondern brachten sogar großes Belagerungsgerät auf ihren Schiffen mit. Ausgeruht und mit schwerem Gerät stürzten sie sich auf Akkon, und die Stadt fiel in kürzester Zeit. Saladin war verblüfft – eben hatte er die Christen doch noch völlig am Boden gehabt!

Und so lag nach diesem überraschenden Erfolg im Januar 1192 plötzlich Jerusalem wieder in Reichweite der Kreuzfahrer. Gerade dies war jedoch wohl einer der deprimierendsten Augenblicke in der Geschichte der Templer: Sie mußten den europäischen Königen davon abraten, die Stadt anzugreifen. In dieser Frage herrschte Einigkeit zwischen Templern, Johannitern und den Baronen des Heiligen Landes. Selbst wenn man – was wahrscheinlich war – Jerusalem zurückgewönne, könnten die Lateiner die Stadt nicht aus eigener Kraft halten. Sobald das Kreuzfahrerheer nach Europa zurückgekehrt wäre, wäre die Stadt wieder verlorengegangen. In dieser Ansicht stimmten die Würdenträger des christlichen Lagers – ausnahmsweise einmal – überein. Dennoch kritisieren manche Historiker die Templer bis heute für ihre vernünftige Haltung und sprechen von Verrat und heimlichem Paktieren mit den Moslems. Nun kann man den Armen Brüdern ja viel vorwerfen, aber sicher keine übermäßige Annäherung an den Islam. Vielmehr bewiesen sie durch ihre Zurückhaltung Intelligenz. Sie beschränkten sich, wie die anderen Teilnehmer des dritten Kreuzzugs schließlich auch, auf das Machbare; nur deswegen wurde das Unternehmen zu einem Erfolg für die christliche Seite.

Am Ende des Kreuzzugs hielten die Christen einen zusammenhängenden Küstenstreifen von Akkon bis hinunter nach Jaffa – ein 90 Meilen langer und 10 Meilen breiter Rest des alten Reichs. Jerusalem blieb in den Händen der Moslems, aber zumindest garantierte Saladin allen Pilgern freien Zugang zu den heiligen Stätten.

Im Jahr 1192 dankte Guido von Lusignan ab, Heinrich von der Champagne wurde zum neuen Herrscher über das Kreuzfahrerreich. Angesichts der Verwüstung und der Aussichtslosigkeit der Lage zeigte er aber überhaupt kein Interesse, sein kleines, verwüstetes Land zu regieren. Er ließ die Zügel völlig schleifen. Damit waren die großen geistlichen Ritterorden, also die Templer und die Johanniter, die beiden einzigen Kräfte im christlichen Nahen Osten, die überhaupt noch Macht ausüben konnten und wollten. Die Armen Brüder hatten sich im Windschatten des dritten Kreuzzugs materiell wie personell einigermaßen regeneriert und mischten schon wieder kräftig in der Politik mit. Dennoch konnten auch sie nicht viel ausrichten; die Christen hatten die Initiative im Heiligen Land schon lange verloren, und die endgültige Niederlage schien absehbar. Doch dann starb Saladin 1193 unerwartet, und das von ihm geschaffene Imperium zerfiel. Interne Konflikte zwischen den Moslems brachen auf, die Christen wurden in Ruhe gelassen. Zusätzlich erschütterten zu Beginn des 13. Jahrhunderts Erdbeben und Hungersnöte das Heilige Land. Es herrschte eine Pattsituation, beide Seiten waren erschöpft und unwillig, weiterzukämpfen: Friede zog ein.

Beinahe wären die Armen Brüder durch einen Zufall am Rande des dritten Kreuzzugs sogar zu einem eigenen Reich gekommen. Richard Löwenherz, der englische König, geriet bei seiner Überfahrt nach Akkon mit dem Herrscher Zyperns aneinander. Kurzentschlossen eroberte er die Insel, und da er nichts mit ihr anzufangen wußte, verkaufte er sie den Templern für die Summe von 100 000 Golddinars. Der Orden legte die geforderte Anzahlung von 40 000 Dinars auf den Tisch und richtete eine 100 Mann starke Garnison auf der Insel ein. Diese erwies sich allerdings schon bald als zu schwach, um die rebellische griechische Bevölkerung dauerhaft unter Kontrolle zu halten. Jetzt stand der Großmeister Robert von Sablé vor einem Dilemma: Die Kräfte des Ordens reichten nicht, um gleichzeitig im Heiligen Land zu kämpfen und Zypern zu beherrschen. Schweren Herzens besann er sich auf seine ursprüngliche Mission und trat die Insel an den glücklosen Guido von Lusignan ab, der im Mai 1192 als König des Kreuzfahrerreichs abdankte und zum Ausgleich Zypern erhielt.

Zum zweiten Mal nach dem verlorenen Erbe Aragons ließen sich die Templer hier die Möglichkeit entgehen, einen eigenen Staat zu gründen. Es sollte ihre letzte Chance gewesen sein. Die anderen großen geistlichen Ritterorden hatten mehr Glück beziehungsweise Geschick: Sowohl die Deutschherren (in Preußen und Livland) als auch die Johanniter (auf Rhodos) sicherten sich ihre eigenen Staatsgebiete – allerdings erst im 13. Jahrhundert.

Die Frage, ob die Templer auf Zypern eine historische Chance verpaßt haben, ist müßig. Auf jeden Fall beweist das Verhalten des Großmeisters in der Zypern-Frage, daß der Orden keineswegs so maßlos stolz, raffgierig und reich war, wie viele Chronisten der Zeit ihm vorwarfen. Denn sonst hätte Robert von Sablé kaltlächelnd den Kaufpreis bezahlt, den Kreuzzug um Akkon erst einmal vernachlässigt und in Zypern eine neue Machtzentrale des Ordens aufgebaut und gesichert. Mit dem Verzicht auf Zypern bewiesen die Armen Brüder, daß ihnen ihre Mission in Palästina wichtiger war als alles andere.

Im Heiligen Land nutzten sie die Ruhe nach dem dem dritten Kreuzzug und dem Tod Saladins, um neue Festungen zu bauen und alte zu verstärken. Sie hatten erkannt, daß die Zeiten der offenen Feldschlachten vorbei waren und daß ihre einzige Chance darin bestand, sich einzuigeln, abzuwarten und geschickte Verträge mit den Moslems abzuschließen. Inzwischen herrschten die Templer in ihren Ländereien völlig souverän, sie verhandelten selbständig mit den verschiedenen muslimischen Fürsten und schlossen separate Friedensverträge mit ihnen ab.

Auf das Wort der Tempelbrüder war Verlaß, das wußten die Moslems. Schon Saladin – der selbst zu Lebzeiten peinlich genau jedes gegebene Versprechen eingehalten hatte – hatte die absolute Zuverlässigkeit gepriesen, mit der die Templer ihre Verträge erfüllten. Dabei galt Wortbruch in dieser Zeit beinahe als Kavaliersdelikt: Sowohl die muslimischen als auch die christlichen Fürsten vergaßen Abmachungen sehr schnell, wenn ihnen dies gerade in den Kram paßte (man erinnere sich an den fränkischen Angriff auf Ägypten im Jahr 1168, durch den das Bündnis mit den Ägyptern verletzt wurde).

Angesichts ihrer schwachen Position griffen die Templer also die Moslems nicht mehr immer und überall an, sondern schlossen Friedensverträge. Wilhelm von Tyrus, der 1186 gestorben war, hätte die gewachsene Kompromißbereitschaft der Ritter sicher gelobt, doch der aktuelle Papst, Innozenz III., verurteilte sie streng. Innozenz III., der von 1198 bis 1216 auf dem Stuhl Petri saß, stürzte die Templer in tiefe Verwirrung. Einerseits gewährte er ihnen wichtige Privilegien und unterstützte »seine geliebten Brüder von der Miliz des Tempels«, wo er nur konnte. Er entfachte im Christentum eine Kreuzzugsbegeisterung, die über alles bisher Dagewesene hinausging. Andererseits aber lenkte er diese Energien nicht in die Rückeroberung Jerusalems, sondern erklärte jeden Kampf gegen Ungläubige zum Heiligen Krieg. Die Reconquista der iberischen Halbinsel wurde ebenso zum gottgefälligen Kreuzzug erklärt wie der Krieg gegen die christlichen Katharer in Frankreich, die der Papst der Ketzerei bezichtigte.

Die Kräfte der Christenheit wurden damit gespalten, gerade einmal 30 000 Mann brachen 1202 zum vierten Kreuzzug auf. Das Ziel war diesmal Ägypten, das man auf dem Seeweg erreichen wollte. Die Venezianer stellten dem Heer Schiffe zur Verfügung, als Bezahlung verlangten sie, daß die Ritter auf dem Weg nach Süden die christliche Stadt Zara an der dalmatinischen Küste zurückeroberten, die von Venedig abgefallen war. So geschah es – offenkundig zum Vergnügen der Kreuzfahrer, denn sie beschlossen darauf, unter einem fadenscheinigen Vorwand das (ebenfalls christliche) Byzanz zu belagern. Auch dort hatten sie Erfolg, machten sich das gesamte byzantinische Reich untertan und teilten sich die immense Beute brüderlich. Damit erklärten sie den Kreuzzug für beendet.

Diese Farce wurde kurz darauf noch übertroffen: In Frankreich und im Deutschen Reich folgten ganze Scharen von Kindern der Aufforderung Innozenz', das Kreuz zu nehmen. Die französischen Jugendlichen zogen im Jahr 1212 nach Marseille, in der Erwartung, daß sich das Meer vor ihnen teilen würde. Nun, das tat es nicht. Statt dessen lockten einige Kapitäne die Kinder auf ihre Schiffe, brachten sie nach Nordafrika und verkauften sie dort in die Sklaverei.

Diese historische Fußnote soll illustrieren, welch ungeheuren Schaden die undifferenzierten Kreuzzugsaufrufe des Papstes anrichteten: Anstatt gen Jerusalem zu ziehen, brachten die Christen sich gegenseitig um, bekriegten französische Ketzer und verheizten ihre Jugend völlig sinnlos. Die Kreuzzugsidee war schwer angeschlagen, und dennoch hatten die Europäer Erfolg damit. Denn sie wußten nun um ihre Schwäche und planten daher kleinere, von der Zielsetzung genau umrissene Feldzüge, die überdies nicht mehr von mitziehenden Pilgern behindert wurden. So begann 1216 der Kreuzzug von Damiette vergleichsweise professionell. Der Plan war, die Macht der Moslems in ihrem Kernland, Ägypten, zu vernichten. Also schiffte sich ein Heer aus Europa ein, gleichzeitig entblößten die Lateiner ihre Grenzen im Norden ihres Reichs und schickten ihre Truppen ebenfalls nach Ägypten. Nach Jahren vorsichtigen Abwartens hielten auch die Templer die Zeit für gekommen, wieder die Initiative zu ergreifen.

Nach anfänglichen Erfolgen geriet der Feldzug bald ins Stocken. Der neue Papst, Honorius III., war entzürnt und schickte einen Kardinallegaten, Pelagius von Albano, um die christlichen Heere auf Trab zu bringen. Der Legat übernahm den Oberbefehl über das gesamte Unternehmen. Damit leitete erstmals die Kirche einen Kreuzzug – zum Schaden aller. Der Legat hatte keine Ahnung von militärischen Angelegenheiten und hörte nicht auf den Rat der Ritterorden. Nach eineinhalbjähriger Belagerung fiel Damiette schließlich doch. Daraufhin bot der Sultan an, den Christen praktisch alle Gebiete zurückzugeben, die ihnen nach der Schlacht von Hattin (1187) verlorengegangen waren, wenn sie nur aus Ägypten abrückten. Dieses Angebot interpretierten sowohl die Ritterorden als auch der Legat als Zeichen der Schwäche. Der Legat entschied sich gegen alle Friedensangebote und führte das Heer nilaufwärts. Im September 1221 jedoch wurden die Christen in einem Kampf vernichtend geschlagen. Verbittert erkannten die Templer, daß alle Verluste, daß ihr ganzer Einsatz, der »anfeuernd wirkt auf die übrigen Christen« (Jakob von Vitry, zitiert nach Sippel, S. 152), umsonst waren angesichts der militärischen Inkompetenz des Kardinallegaten. Der normannische Troubadour Guillaume le Clerc bringt die Kritik auf den Punkt: »Der Geistliche sollte die Bibel rezitieren, aber den Ritter auf das Schlachtfeld ziehen lassen.«

Als einzige Erinnerung an den Kreuzzug blieb den Templern die Pilgerburg – so genannt, weil Pilger damit angefangen hatten, diesen Platz zu befestigen. Die Bauarbeiten zu dieser Festung in der Nähe von Athlit hatten im Jahr 1217 begonnen und waren noch nicht beendet, als sie 1220 das erste Mal angegriffen wurde. Trotzdem hielt die Pilgerburg stand, und einmal fertiggestellt, war sie mit den Mitteln der Epoche nicht zu erstürmen. Auf drei Seiten schützte sie das Meer und auf der vierten eine mächtige turmbewehrte Mauer. Praktisch uneinnehmbar, stand diese Festung symbolisch für die geistige Haltung der Templer im 13. Jahrhundert: Sie befanden sich in der Defensive, aber sie wollten sich so teuer verkaufen wie nur irgend möglich.

Die wuchtige Templerfeste Safed in der Nähe Akkons war ein weiteres sichtbares Zeichen der Bunkermentalität der Armen Brüder im 13. Jahrhundert. Die 1240 bis 1243 errichtete Burg hatte eine ovale Form, doppelte Mauern und war – mit zirka 2000 Mann verteidigt – ebenfalls nicht zu erstürmen. Trotzdem verloren die Templer beide Festungen: Safed fiel durch Verrat (schon 1266), die Pilgerburg wurde nach dem Fall Akkons kampflos übergeben. Der Bau dieser massiven Befestigungen zeigt sehr klar die veränderte Taktik, zu der die Templer im 13. Jahrhundert gezwungen waren: Die Initiative lag jetzt in den Händen der weitaus stärkeren Moslems, die Christen konnten sich nur einmauern und abwarten. Aber diese Untätigkeit lag den Rittern überhaupt nicht. Sie fingen an, sich zu langweilen, und beschäftigten sich zunehmend damit, Streitigkeiten mit anderen Christen vom Zaun zu brechen oder Intrigen zu spinnen.

Als der deutsche König und Kaiser Friedrich II. zum fünften Kreuzzug rüstete, schien die Untätigkeit endlich ein Ende zu finden. Aber weil Papst Gregor IX. mit Friedrich II. aus innenpolitischen Gründen zerstritten war, untersagte er den Armen Brüdern die Teilnahme. Johanniter,

Templer und der Patriarch von Jerusalem gehorchten ihrem obersten Herrn und boykottierten den Kreuzzug.

Auch ohne die Unterstützung der christlichen Ritterorden gewann Kaiser Friedrich II. Jerusalem zurück, dazu mehrere Orte zwischen der Heiligen Stadt und der Küste sowie beträchtliche Landstriche im Norden des Reichs – und zwar praktisch ohne Blutvergießen! Von Anfang an setzte Friedrich auf Verhandlungen und schloß 1229 nach nur geringfügigen Scharmützeln einen Friedensvertrag. Jerusalem ging nach über 40 Jahren wieder an die Christenheit – bis auf den Tempelplatz mit der El-Aqsa-Moschee und dem Felsendom. Ausgerechnet das Gebiet, auf dem das Stammhaus der Templer stand, blieb also in muslimischen Händen – allerdings nicht als Rache des deutschen Kaisers für die Untätigkeit der Brüder. Vielmehr waren diese zwei Bauwerke wichtige Heiligtümer des Islam, die die Moslems nicht freiwillig hergaben. Die Verhandlungen hatten nur deshalb Erfolg, weil Friedrich der hochstehenden islamischen Kultur große Hochachtung entgegenbrachte und den Standpunkt seiner Vertragspartner respektierte. Mit dieser Einstellung war Friedrich sicherlich seiner Zeit voraus, doch langsam begann das Abendland allgemein umzudenken. Seit Petrus Venerabilis, der Abt von Cluny, 1143 den Koran ins Lateinische übersetzen hatte lassen, breitete sich allmählich unverfälschtes Wissen über den Islam aus. Auch die Dichter zeichneten ein positiveres Bild von den Sarazenen, allen voran Wolfram von Eschenbach in seinem um 1220 entstandenen *Willehalm*. Der darin beschriebene »edle Heide«, der Anführer der Muslimen, der stark an die außerordentlich beeindruckende Person Saladins angelehnt ist, stand den Kreuzrittern moralisch völlig gleichwertig gegenüber. Trotzdem, so der Historiker Hans Eberhard Mayer, könne man von einer echten Toleranz gegenüber den Moslems im Abendland des 13. Jahrhunderts noch nicht sprechen. Besonders die Templer waren davon weit entfernt. Sie schlossen zwar Verträge mit den muslimischen Führern ab, doch ein echtes Zusammenleben der zwei Religionen an einem Ort erschien ihnen unvorstellbar; sie, die Kämpfer, kannten nur Konfrontation, nicht Kooperation: Das war das traurige Erbe ihres geistigen Gründungsvaters Bernhard von Clairvaux. In einer sich ändernden Welt hatte der Orden in den nunmehr 100 Jahren seiner Existenz nichts dazugelernt. Er befand sich auf dem besten Weg, zum Fossil zu werden.

Doch noch war er sehr lebendig. Mehrere Historiker sehen die Templer Anfang des 13. Jahrhunderts sogar auf dem Höhepunkt ihrer Macht; das entsprechende Kapitel in der Templergeschichte des französischen Professors Alain Demurger heißt *Die wahren Herren des lateinischen Morgenlands*. Sicherlich spielten die geistlichen Ritterorden zu dieser Zeit eine zentrale Rolle im christlichen Orient, doch war vom Kreuzfahrerstaat ja nicht viel übrig geblieben. Die Templer stellten (zusammen mit den Johannitern) also die stärkste Kraft in einem völlig ausgebluteten Land dar – man denke daran, daß der fränkische König Heinrich von der Champagne nicht einmal mehr Lust dazu verspürt hatte, dieses verkrüppelte Reich zu regieren. Bezeichnenderweise tauchen die Templer Palästinas nach dem fünften Kreuzzug (1229) kaum mehr in Chronistenberichten auf. Es kam nämlich praktisch nie mehr zu offenen Feldschlachten zwischen Christen und Moslems. Die Brüder saßen in ihren Burgen, die ab 1266 nacheinander verlorengingen: Safed,

Beaufort, Baghras und Roche-Roissel – schließlich blieben ihnen nur noch die stark bewehrten Städte und die Küstenfestungen übrig, dazu die Pilgerburg und die Festung von Tortosa.

Die Moral der Templer war spätestens nach 1229 am Ende, sowohl in Europa als auch in Palästina. Aus dem Abendland flossen kaum noch Spenden, und obwohl noch zahlreiche neue Rekruten in den Orden eintraten, genügten sie bei weitem nicht, die Burgen im Heiligen Land ausreichend zu bemannen: Allein für Safed hätte der Orden insgesamt 2000 Mann Besatzung gebraucht.

Die verbliebenen Kräfte nutzten die Armen Brüder in einer wenig sympathischen und überhaupt nicht zweckdienlichen Weise: Ständig legten sie sich mit den anderen Ritterorden an und mischten sich in dynastische oder gar innerfamiliäre Konflikte ein. Offenkundig waren sie der Warterei in ihren Festungen überdrüssig, und aus lauter Langeweile spannen sie Intrigen oder ließen sich auf unnötige Händel ein. Einige Beispiele:

* Als Bohemund III., der Herr von Antiochia, im Jahr 1201 starb, konkurrierten mehrere Bewerber um die Macht im Fürstentum. Die Templer schlugen sich auf eine Seite, die Johanniter auf eine andere, immer wieder floß Blut. 15 Jahre lang kam das so wichtige Gebiet im Norden des Reichs nicht zur Ruhe – und das wegen einer Lappalie: Der legitime Nachfolger Bohemunds, Raimund Ropen, weigerte sich, den Templern ihre Burg Baghras zurückzugeben, die Saladin im Jahr 1191 erobert, geschleift und aufgegeben hatte. Der Streit ging also um eine bereits *geschleifte* Burg, die man mit großem Aufwand erst wieder hätte herrichten müssen.

Erst als 1216 der Kreuzzug von Damiette begann, besannen sich die christlichen Parteien in Antiochia auf ihren eigentlichen Auftrag und versöhnten sich.

* Schon lange herrschte scharfe Rivalität unter den beiden wichtigsten italienischen Handelsmächten, Venedig und Genua. Im Jahr 1250 brach in Akkon offener Streit zwischen den Vertretern beider Städte aus, die beide jeweils ein eigenes Viertel in Akkon bewohnten. Das Hospital (der Johanniterorden) eilte den Genuesern zu Hilfe, der Tempel schlug sich fast schon reflexartig auf die andere Seite. Im Frühjahr 1258 kam es sogar zu einer Jahre andauernden offenen Feldschlacht zwischen den Ritterorden. Der Grund dafür: Die Genueser wollten 1250 ein Haus kaufen, das in gefährlicher Nähe zum Venezianerviertel lag.

* 1276 wurde es noch schlimmer: Der in den Templerorden eingetretene Herr von Giblet hatte noch eine Rechnung mit seinem Bruder offen. Mit 30 Templern zog er los und bemächtigte sich der Güter des Bruders. Den Grafen von Tripolis versetzte dieses Unrecht in Raserei, er schlug sich auf die Seite des Beraubten und ließ aus Rache das Templerhaus in Tripolis niederreißen. Das hätte er nicht tun sollen: Die Templer zogen nun zweimal gegen den Grafen selbst ins Gefecht. Erst in einer dritten Schlacht konnte der Graf von Tripolis die Ordnung wiederherstellen. In dieser Affäre spielten die Johanniter zur Abwechslung eine lobenswerte Rolle: Sie versuchten, den Streit zu schlichten.

Was war nur aus den Idealen der Rittermönche geworden? Anstatt das Heilige Land zu verteidigen, vertrieben sie sich die Zeit damit, andere Christen umzubringen. In diesem Klima gegenseitiger Feindseligkeit blühten die Gerüchte und Verdächtigungen – was den Gegnern der Christen zugute kam: Die Templerburg Safed, der nördlichste Außenposten des Reichs, fiel, wie bereits erwähnt durch Verrat, ebenso der Stolz der Johanniter, die Festung Krak des Chevaliers.

Die zwielichtige Rolle, die die Templer bei den verschiedensten Intrigen spielten, beschädigte ihr Ansehen bei der Bevölkerung der lateinischen Staaten ungemein. Bald betrachtete das Volk die Brüder nicht mehr als strahlende Ritter des Herrn, sondern als brutale Rabauken, die aus Langeweile Streit suchten.

Dieser Imageverlust wirkte sich mehrere Male verheerend aus. Ein Spion unter den ägyptischen Emiren informierte die Templer 1289 von einem geplanten Überfall auf Tripolis. Sofort warnte der Großmeister Wilhelm von Beaujeu die Stadt, aber niemand glaubte ihm. Genau dasselbe passierte 1290 wieder, diesmal mit der Stadt Akkon.

Im Jahr 1291 schließlich fiel Akkon, und ein letztes Mal kam das Templer-Motto »Die ersten beim Angriff, die letzten beim Rückzug« zum Tragen: Am 18. Mai brachen die Moslems in Massen durch die Stadtmauer, zehn Tage lang wurde in den Straßen gekämpft. Schließlich hielten die Christen nur noch ein Gebäude, das Stadtschloß der Templer. Die Angreifer unterminierten es, bis es krachend über den Verteidigern zusammenstürzte. Mit diesem lauten Knall starb der Kreuzfahrerstaat: Den Rest Palästinas gaben die Christen nach dem Fall Akkons kampflos auf. Am 3. August verließen die Templer ihr Schloß Tortosa durch eine Nebenpforte, die direkt zum Meer führte. Und am 14. August 1291 räumten sie ihre letzte und imposanteste Feste, die Pilgerburg. Das christliche Palästina existierte nicht mehr. Die Mamelucken sorgten dafür, daß sich dies nicht mehr änderte: Sie zerstörten die gesamte Infrastruktur der Küste; eine Rückkehr war für die Franken unmöglich geworden.

Teil 4:
Der Niedergang

I. Vergebliche Rettungsversuche

Spätestens 1228, also über 60 Jahre vor dem endgültigen Verlust des Heiligen Landes, zeigte der Orden bereits schwere Auflösungserscheinungen. Ausgelöst wurden sie durch die Päpste Innozenz III. und Gregor IX., die den Kreuzzugsgedanken irreparabel geschädigt hatten. Da die Existenz der Templer und der Kreuzzugsgedanke untrennbar miteinander verbunden waren, demontierten insbesondere diese zwei Päpste indirekt auch die Templer.

Trotzdem blieben die Brüder (zunächst) dem Papsttum treu ergeben, auch wenn es die Eroberung des christlichen Byzanz durch die »Kreuzfahrer« gutgeheißen, den mit unbeschreiblicher Grausamkeit geführten Vernichtungsfeldzug gegen die christlichen Albigenser in Frankreich ebenfalls zum Kreuzzug erklärt (Innozenz) und den fünften Kreuzzug nach Kräften sabotiert hatte (Gregor).

Die Tatsache, daß der Orden am fünften Kreuzzug nicht teilnehmen durfte, mußte die Brüder schwer treffen, auch wenn sie das offiziell nicht zugeben konnten. Der Orden beruhte schließlich auf zwei unerschütterlichen Prinzipien, nämlich der unbedingten Treue zum Papst und der rückhaltlosen Verfolgung des Kreuzzugsgedankens. Bis 1228 konnten die Templer diese Ideale problemlos miteinander verbinden. Doch als der Papst ihnen die Teilnahme am Kreuzzug verbot, mußten sie sich entscheiden, welches ihrer heiligen Prinzipien sie aufgeben wollen. Im Grunde konnten sie aber auf keines von beiden verzichten – und daran zerbrachen sie innerlich. Ein Tempelritter, der bei einem Kreuzzug nur zusieht? Undenkbar! Und dennoch blieb ihnen nichts anderes übrig.

Die Lage des Ordens nach dem Verlust des Heiligen Landes 1291 schien hoffnungslos: Europa hatte den Kampf um Jerusalem aufgegeben, dementsprechend versiegten die Schenkungen an die Armen Brüder, die alle ihre Besitzungen in Palästina verloren hatten. Mittellos, geschwächt und demoralisiert schlüpften sie auf Zypern unter. Um zu retten, was noch zu retten war, mußten sie sich zwischen drei Möglichkeiten entscheiden: Sie konnten versuchen, das Heilige Land zurückzuerobern, sich einen eigenen Staat zu schaffen oder sich im Abendland zu etablieren.

1. Die letzten Militäraktionen

Zunächst entschlossen sich die Brüder, von allen Katastrophen unbeirrt, den Kampf gegen die Moslems fortzusetzen. Nachdem der Großmeister Wilhelm von Beaujeu beim Fall Akkons 1291 gestorben war, führte Wilhelms Nachfolger, Theobald Gaudin, die letzten überlebenden Templer nach Zypern. Erst zwei Jahre darauf trat der

Orden wieder nach außen in Erscheinung. Jakob von Molay wurde zum neuen – und, wie sich herausstellen wird, letzten – Großmeister gewählt, und kündigte durchgreifende Reformen an. Er wollte all das ausrotten, was dem Orden in der Zukunft schaden konnte.

Zu diesem Zeitpunkt wäre der Tempel noch zu retten gewesen: durch einen Meister, der es verstanden hätte, den Brüdern eine neue Aufgabe, eine neue Vision zu vermitteln. Dazu hätte es einen weitblickenden Anführer mit neuen Ideen gebraucht. Jakob von Molay war dieser Mann nicht. Unter den Großmeistern der Templer fiel er weder positiv noch negativ auf, er schien eine durchschnittlich gute Führungspersönlichkeit mit den typischen Qualitäten zu sein, wie sie etwa 50 Jahre zuvor gefragt waren: Mut, Disziplin und Einsatzbereitschaft. Der nur wenig gebildete Jakob war nicht fähig, den Orden den veränderten Umständen anzupassen.

Vom neuen Templerhauptquartier in Zypern reiste Jakob nach Europa, um dort die Christenheit noch einmal für einen Kreuzzug zu mobilisieren. Doch blieb die Resonanz überall gering: Die Zeit der großen Kreuzzüge war endgültig vorbei, der Westen hatte das Heilige Land aufgegeben. Angesichts dieser geringen Unterstützung aus dem Abendland dauerte es bis 1300, bevor die Templer überhaupt wieder genug Kräfte gesammelt hatten, um sich an größeren militärischen Aktionen zu beteiligen. Zusammen mit den Johannitern, einigen Kreuzfahrern und einem zypriotischen Kontingent griffen sie gleich mehrere Orte von der See her an: Alexandria, das Nildelta und die syrische Küste bei Tortosa. Ein strategisches Konzept war hinter all diesen Aktionen nicht erkennbar, es handelte sich im Grunde nur um Raubzüge, die noch dazu ohne Ausnahme scheiterten. Den Templern gelang es lediglich, die kleine vor Tortosa gelegene Insel Ruad zu erobern. In der Folge verstärkten sie die auf der Insel gelegene Festung mit riesigem Aufwand, denn von hier plante Molay in Zukunft seine Angriffe auf die Küste zu starten. Tatsächlich liegt Ruad strategisch außerordentlich günstig; eine hier stationierte Flotte konnte die gesamte Küstenschiffahrt an der Ostküste des Mittelmeers kontrollieren. Dennoch eignete Ruad sich nicht als Garnisonsstützpunkt, weil es keine eigenen Wasservorräte hatte und daher immer von außen versorgt werden mußte. Auch hatte der Orden keine Flotte, die stark genug gewesen wäre, die Insel gegen Angriffe abzuschirmen. Als die Mamelucken Ruad im Jahr 1302 attackierten, konnten sie also in aller Seelenruhe landen, die 16 Schiffsladungen voller Krieger absetzen und die Burg vom Land aus bestürmen. Trotz der starken Befestigungsanlagen, die die Brüder in der Zwischenzeit errichtet hatten, konnte die Besatzung die Zitadelle nicht halten. 120 Ritter, 500 Bogenschützen und 400 dienende Brüder vermochten sich nur kurz der Übermacht der Sarazenen zu erwehren und sahen sich bald zum Aufgeben gezwungen.

Interessanterweise wurden sie nicht hingerichtet, wie es zuvor üblich gewesen war: Anscheinend betrachteten die Moslems die Templer nicht mehr als große Gefahr und ließen Gnade walten. Die übriggebliebenen Brüder wurden »in Schimpf und Schande nach Ägypten geführt«. So ruhmlos endete der letzte nennenswerte Militäreinsatz der Templer. An diesem Tag verabschiedeten sich die Mönchsritter für immer vom bewaffneten Kampf. Doch sollte es noch viel schlimmer kommen.

Nach der Niederlage in Ruad lagen die östlichsten Besitzungen des Ordens wieder in Zypern, wo der Tempel nach dem Verlust Palästinas Zuflucht gefunden hatte. Dort aber fühlten sich die Brüder zunehmend unwohl. Es gefiel ihnen überhaupt nicht, daß sie nur geduldet wurden auf der Insel, deren Herren sie bis 1192 selbst gewesen waren. Während sich die Deutschritter in Preußen einen eigenen Staat schafften und die Johanniter Rhodos eroberten, um dort ein selbständiges Fürstentum für sich zu errichten (1308), versuchten die Templer in Zypern ihr Glück. Offen unterstützten sie die Revolte Amalrichs gegen Heinrich, den König von Zypern. Wahrscheinlich hofften sie, Amalrich zum Thron zu verhelfen und als Gegenleistung eine ähnlich starke Stellung auf der Insel zu bekommen, wie sie der Orden in Jerusalem genossen hatte, nachdem Gerhard von Ridefort durch seine Intrige Guido von Lusignan zum Herrscher gemacht hatte. Doch die Entwicklung in Europa vereitelte diese Pläne.

2. Die sich verschlechternde Lage in Europa

Lange hatten die stolzen Ritter in Palästina ihre Kolonie im Abendland als Milchkuh betrachtet, als wichtig für ihren Wohlstand, aber zweitrangig. Doch die Lage hatte sich verändert: Nach dem Verlust des Heiligen Landes brauchte der Orden dringend Hilfe aus Outremer. Möglicherweise plante Jakob von Molay sogar, den Stammsitz nach Paris zu verlegen, um dort – quasi im Exil – neue

Kräfte zu sammeln und auf einen günstigen Zeitpunkt für neue Initiativen im Nahen Osten zu warten. Doch ein Umzug nach Europa schien nicht so ohne weiteres möglich, zu zwiespältig war das Verhältnis zwischen dem Orden und den Königshäusern Spaniens, Frankreichs und Englands: Die Monarchen Europas fürchteten nämlich den Reichtum und den Einfluß des Ordens, der keinen königlichen Befehlen gehorchte und jeweils einen eigenen Staat im Staate bildete. Im früheren Mittelalter hatte der Monarch nur eine schwache Stellung als *primus inter pares* gehabt, die Fürsten waren ihm zwar im Lehnssystem formal unterstellt gewesen, hatten aber in der Realität große Macht ausgeübt. Doch zu Anfang des 14. Jahrhunderts hatte sich diese Machtverteilung vor allem in Frankreich und Spanien gewandelt, der Monarch beanspruchte jetzt die alleinige Führungsgewalt in seinem Staat. Wer sich ihm in den Weg stellte, sei es ein Fürst, der Papst oder ein Ritterorden, bekam gewaltige Probleme. In Frankreich verlangten die Könige daher nun auch ein Mitspracherecht bei der Neubesetzung von wichtigen Posten im Tempel. Im Gegenzug erhielt der Orden eine gewisse Vertrauensstellung am Hof, wo er die Herrscher über die Lage im Heiligen Land beriet. In England und Frankreich übernahmen im 13. Jahrhundert einige Templer die Verwaltung der Staatsfinanzen. Zudem schickten die Herrscher Europas Templer oder Johanniter oft als Gesandte.

Am harmonischsten gestaltete sich das Verhältnis des Ordens zur englischen Monarchie, schlichtweg deswegen, weil er auf der Insel nie eine so starke Stellung innehatte, daß er die königliche Macht tatsächlich hätte gefährden können. Die größte Ehre widerfuhr dem Orden

durch das englische Königshaus nach dem dritten Kreuzzug: König Richard Löwenherz legte das weiße Habit der
Templer an. Man stelle sich das Bild vor – Richard, die
Lichtgestalt, die in zahlreichen Verfilmungen des Robin-
Hood-Stoffes als der Retter auftritt, auf dessen Rückkehr
ganz England wartet, steht, in seinen weißen Mantel
gehüllt, das rote Templerkreuz auf der Brust, an der
Reling eines Templerschiffes, das gerade aus Jaffa aus-
läuft. Allerdings war Richard nicht in den Orden eingetre-
ten, sondern hoffte lediglich, daß die Verkleidung ihm
eine sichere Heimfahrt garantierte.

Die Beziehungen des Ordens zum französischen Königshaus waren deutlich schwieriger als die zur englischen Krone. Eine Heimkehr des Ordens aus seinem Exil
in Zypern nach Frankreich wäre also nicht ohne weiteres
möglich gewesen. Doch ist bis heute noch gar nicht
geklärt, ob Jakob von Molay einen solchen Umzug nach
Europa überhaupt geplant hatte. Wenn ja, dann wäre
Paris wohl die nächstliegende Option gewesen. Nach wie
vor stammten die meisten Brüder aus Frankreich, hier
besaß der Orden den Großteil seiner Güter, und der
Pariser Templerbezirk – ein eigenständiger Bereich der
Hauptstadt – stellte die politische wie wirtschaftliche
Zentrale der Bruderschaft in Europa dar. Gegen einen
Umzug nach Paris hätte aber gesprochen, daß das französische Königshaus das Gedeihen des Templerbezirks
schon länger mit Argwohn beobachtete. Seit der Regierungszeit Ludwigs IX. (1226–1270) waren immer wieder
Spannungen zwischen dem König und dem Tempel auf-
getreten. Der Streit hatte sich meist um die Rechte und
Privilegien des Templerordens gedreht. Dennoch kann
das Verhältnis nicht allzu schlecht gewesen sein, denn

die Krone lagerte traditionell ihren Staatsschatz bei den Armen Brüdern.

Wie sah nun das Verhältnis zwischen König Philipp dem Schönen (Regierungszeit 1285–1314) und den Armen Brüdern aus? Im Jahr 1295 ordnete der Monarch – auf dessen Befehl später den Templern der Prozeß gemacht wurde – an, das Gold der Krone aus den Tresoren des Ordens abzuholen und zukünftig im Louvre unterzubringen. Viel wurde von den Historikern in diese Aktion hineininterpretiert: daß der Streit zwischen den zwei Parteien schon im 13. Jahrhundert offen ausgebrochen sei, die Spannungen unerträglich geworden seien und vieles mehr. Doch scheint jede Spekulation überflüssig, denn acht Jahre später übergab König Philipp sein Gold wieder den Templern zur Aufbewahrung.

Auch andere Geschehnisse aus dem frühen 14. Jahrhundert zeichnen ein zwiespältiges Bild vom Verhältnis zwischen Tempel und Krone. So führte ein Templer, Wilhelm von Boubein, die Revolte von Brügge (1302) an, die sich gegen Philipp den Schönen richtete. Andererseits aber ergriffen die französischen Templer im Streit zwischen Papst Bonifaz VIII. und König Philipp die Seite des Monarchen. Hugo von Peiraud, der Generalvisitator (Stellvertreter des Großmeisters im Abendland), soll auch gesagt haben, daß er »Frankreich sogar gegen den Papst verteidigen würde«.

Diese Parteinahme gegen Rom bedeutete eine dramatische Wende in der Politik des Ordens: Erstmals in ihrer Geschichte vertraten die Brüder nicht automatisch und hundertprozentig die Position des Heiligen Stuhls, dem sie alle ihre Privilegien verdanken. Der Orden – oder zumindest ein Teil davon – begann langsam, in nationalstaatlichen Kategorien zu denken, anstatt sich als länderübergreifende Bruderschaft von Christen zu sehen. Damit vollzog sich bei den Templern die gleiche geistesgeschichtliche Entwicklung, die sich in Europa seit etwa dem zehnten Jahrhundert allgemein abzeichnete: das langsame Erwachen des Nationalbewußtseins. Ein Mensch im Frankreich des neunten Jahrhunderts fühlte sich in erster Linie als Christ, in zweiter als Auvergner oder Bretone. Um 1300 hätte er sich als Franzose bezeichnet, der – natürlich – auch an Gott glaubt.

Die Unterstützung des Königs gegen den Papst stellte für die Templer ihren zweiten ideologischen Sündenfall dar. Der erste hatte darin bestanden, daß sie auf Geheiß des Papstes nicht am Kreuzzug Friedrichs II. teilnahmen. Damals hatte der Orden den Gehorsam gegenüber dem Papst höher gestellt als die Kreuzzugsidee. Jetzt verletzte er auch dieses höchste Prinzip und verweigerte erstmals dem Heiligen Stuhl die Gefolgschaft. Es mag vielleicht erstaunen, daß König Philipp keine besondere Begeisterung über diese Kehrtwendung zeigte. Möglicherweise fürchtete er, daß der Orden – der ja ohnehin nach dem Fall Palästinas seines Daseinszwecks beraubt war – nun nach der Loslösung vom Papsttum jede Orientierung verlieren und zum völlig unberechenbaren Machtfaktor in Frankreich werden könnte. Was auch immer seine genauen Gründe gewesen sein mögen, auf jeden Fall dankte Philipp den Templern ihre Hilfe schlecht. Zwar gewährte er im Jahr 1303 Hugo von Peiraud und der gesamten Bruderschaft einen umfassenden Schutzbrief, aber gleichzeitig begann er schon darüber nachzusinnen, wie er den Orden der Armen Brüder Christi auflösen könnte. Seine Propagandamaschine lief an; Pierre Dubois, einer der Hofpublizisten, schmähte die Templer und Johanniter und forderte, sie dem Befehl des Königs zu unterstellen.

Unheil braute sich über den Templern zusammen, denn nicht nur weltliche Würdenträger dachten über diese Frage nach, sondern auch höchste Kirchenkreise diskutierten, ob man denn noch mehrere kämpfende geistliche Orden brauchte, jetzt, da Jerusalem – vielleicht sogar durch deren Schuld – verlorengegangen war.

3. Die Pläne zur Zusammenlegung mit konkurrierenden Orden

Die Idee, Tempel und Hospital unter einem Dach zu vereinigen, stammte aus dem Jahr 1274, also noch aus der Zeit vor dem Verlust des Heiligen Landes. Zwar konnten beide Orden dieses Projekt zunächst verhindern, doch blieb die Idee im Raum stehen. 1292 kam sie wieder auf den Tisch, und diesmal sprach sich die Mehrheit der von Papst Nikolaus IV. befragten Provinzkonzilien für eine Zusammenlegung der Orden aus – trotz aller Unterschiede zwischen Templern und Johannitern.

Der Johanniterorden erhielt schon 1113 seine offizielle Anerkennung durch Papst Paschalis II., ist also älter als die Bruderschaft der Templer. Anfänglich widmeten sich die Johanniter ausschließlich der Betreuung der Reisenden und der Krankenpflege (daher auch die Bezeichnung Hospitaliter), erkannten aber bald, daß die Pilger im Heiligen Land auch mit der Waffe geschützt werden mußten. Im Jahr 1155 paßten sie ihre Satzungen an die speziellen Erfordernisse eines Ritterordens an, ohne jedoch ihre karitativen Ziele aus den Augen zu verlieren.

Die Johanniter hatten also einen noch höheren Anspruch an sich als die Templer: Sie wollten beten, kämpfen und Kranke versorgen. Die Armen und Siechen kamen dabei nicht als Bittsteller in die Hospitäler des Ordens, sondern als Herren, denen die Johanniter dienen mußten – so befahl es ausdrücklich die Satzung.

Stolz und Hochmut, der viele Mitglieder des Tempels befielen, waren den Johannitern fern. Sie dienten Gott und den Kranken, und auch die Hierarchie innerhalb des Ordens wurde nicht durch die Kleiderordnung unterstrichen wie bei den Templern – alle Johanniter trugen unabhängig vom Rang die gleiche Tracht, einen schwarzen Mantel mit einem weißen, seitlich eingekerbten Kreuz, das man noch heute auf zahlreichen Krankenwagen sieht.

Die Hospitaliter führten ein einfaches, der Gesellschaft nützliches Leben und umgaben sich nicht mit einer Aura des Geheimnisvollen, die zur Legendenbildung hätte einladen können. So blieben sie verschont von Verleumdung, Neid und Mißgunst, die den Templern zum Verderben wurden. Unbehelligt verrichten die Johanniter ihren Dienst an den Kranken bis zum heutigen Tag, während die Templer einem frühen, spektakulären Untergang entgegen gingen. Dabei waren die Gemeinsamkeiten zwischen den Orden viel größer als ihre Unterschiede. Sie ähnelten sich stark in ihrer Organisation und ihren Aufgaben, beide wollten das christliche Ideal verwirklichen, Ritter und Mönch in einer Person zu verbinden. Doch trotz – oder gerade wegen – dieser Ähnlichkeit waren die beiden Gemeinschaften schärfste Rivalen, die sich oft genug stritten und manchmal sogar gegeneinander kämpften, anstatt gemeinsam gegen die Moslems vorzugehen.

Der englische Chronist Matthäus Paris, ein gnadenloser Kritiker der Templer, behauptete sogar, daß nur wegen der ewigen Streitereien zwischen den beiden größten Ritterorden das Heilige Land verlorengegangen wäre. Hier übertrieb er allerdings ganz gewaltig, denn im Prinzip vertrugen sich die Bruderschaften bei aller Konkurrenz. So verboten die Statuten beider Orden, Ritter aufzunehmen, die gerade aus der anderen Gemeinschaft entlassen worden oder gar geflohen waren. Und Templer, die auf dem Schlachtfeld von ihren Kameraden getrennt wurden, sollten sich ersatzweise zur erstbesten Abteilung des Hospitals begeben.

Die Konflikte, die zwischen den beiden Vereinigungen immer wieder aufbrachen, stammten also wohl hauptsächlich aus ihrer Ähnlichkeit: Tempel wie Hospital strebten während ihrer gesamten Existenz nach Reichtum und Einfluß im Heiligen Land, und dabei kamen sie sich natürlich ins Gehege. Normalerweise stritten sie zivilisiert, doch manchmal kam es auch zu offenen Kampfhandlungen. Vorfälle wie die Straßenschlacht zwischen Templern und Johannitern in Akkon (1258) riefen im Abendland blankes Entsetzen hervor und ließen ernsthafte Diskussionen darüber aufkommen, ob man nicht die beiden Organisationen miteinander verschmelzen solle, um die ständige Rivalität endlich zu beenden. 1294 berief die Kirche ein Konzil in Lyon ein, um diese Frage zu erörtern. Hier aber waren sich beide Orden einig: Das kam nicht in Frage!

Im Grunde wäre eine Vereinigung des Tempels mit dem Deutschen Orden viel näher gelegen, denn diese beiden Gemeinschaften stimmten vom Charakter her besser überein: Der Deutsche Orden, im Jahr 1199 von Papst Innozenz III. offiziell anerkannt, nahm in seinen Anfangsjahren ganz offen die Templer zum Vorbild. Seine Statuten kopierten in allen militärischen und disziplinarischen Dingen genau die Templerregel. Die Ritter des Deutschen Ordens trugen sogar beinahe die gleiche Tracht, nämlich einen weißen Umhang, auf dem ein schwarzes Kreuz (statt dem roten der Templer) prangte. Verständlicherweise ärgerten sich die Armen Brüder über diese dreiste Kopie – wie sollte man denn überhaupt noch die Verdienste in einer Schlacht sicher zuordnen können, wenn sich die Orden zum Verwechseln ähnlich sahen? Am Ende verlangten diese Frischlinge auch noch einen Anteil an der Beute, die den Templern zustand! Doch ihr Protest nützte nichts, die Tracht der Deutschritter blieb, wie sie war. Es kam noch schlimmer: Papst Honorius III. (1216–1227) garantierte dem neuen Orden eine völlige rechtliche Gleichstellung mit den Templern und Johannitern, alle mühsam erkämpften Privilegien der Armen Brüder fielen den Deutschen einfach in den Schoß. Auf diese Weise gewann dieser Orden bald größten Einfluß im christlichen Orient, sehr zum Ärger der Templer und Johanniter.

Zumindest grundsätzlich hätte der Tempel auch mit dem Orden zum Heiligen Lazarus zusammengelegt werden können, doch auch das kam nicht in Frage. Denn ähnlich wie das Hospital pflegte der Lazarusorden zwar auch Kranke – daher übrigens der Ausdruck *Lazarett* –, allerdings ausschließlich Aussätzige. Der militärische Arm dieser Bruderschaft bestand ebenfalls aus Aussätzigen, die lieber im Kampf einen ehrenvollen Tod suchten als langsam von der Krankheit aufgefressen zu werden. Man kann sich gut vorstellen, in welchem Ausmaß die von der Lepra gezeichneten Ritter Angst und Schrecken verbreitet haben müssen – übrigens wohl auch auf christlicher Seite. Templer, die an diesem schrecklichen Leiden erkrankten, wurden von den Statuten gebeten, zum Lazarusorden zu wechseln.

Auch sonst hielten die beiden Bruderschaften herzlichen Kontakt, vermutlich weil die Aussätzigen zu unbedeutend waren, um den Armen Brüdern ernstlich Konkurrenz zu machen. 1291, in der letzten Schlacht um das Heilige Land, kämpften die beiden Gruppen bei der Verteidigung Akkons sogar im gleichen Armeekorps.

Obwohl die Kirche über Jahre ernsthaft die Vereinigung von Tempel und Hospital erwog, wurde dieses Projekt niemals verwirklicht – hauptsächlich deswegen, weil die Könige Europas der Idee überhaupt nichts abgewinnen konnten: Ein solcher zusammengeschlossener Ritterorden wäre ein zentraler Machtfaktor im Abendland gewesen, sprich eine massive Bedrohung der königlichen Autorität. Philipp der Schöne hätte sogar sein Reich gegen diesen neuen Superorden eingetauscht: Er erklärte sich bereit, als König abzudanken, um das Großmeisteramt der vereinigten Templer und Johanniter zu übernehmen. Mit Frömmigkeit hatte dieses Angebot freilich wenig zu tun: Philipp hoffte, auf diese Weise die immer noch beeindruckende militärische und finanzielle Macht der beiden Orden in seine Hand zu bekommen, während der französische Thron an einen nahen Verwandten gegangen wäre.

Um die Eigenständigkeit seiner Truppe besorgt, schrieb Jakob von Molay 1305 auf Anfrage des Papstes Clemens ein Gutachten, in dem er Für und Wider eines Zusammenschlusses abwägte und – wenig überraschend – die Idee letztendlich verwarf. Hier soll nur auf drei seiner zahlreichen Argumente eingegangen werden:

* »Konkurrenz belebt das Geschäft«, lautete Jakobs Devise (wenn er es auch in andere Worte kleidete). Nur solange die zwei Orden miteinander um Spenden und um die stärksten Männer rivalisierten, müßten sie ihr Bestes geben. Ein Zusammenschluß würde nur zu Behäbigkeit und Erstarrung führen.
* Bei Kampfhandlungen übernimmt jeweils ein Orden die Vorhut, der andere die Nachhut. Schlösse man jetzt beide Orden zusammen, so müßten die Heere in Zukunft entweder ohne Vorhut oder Nachhut auskommen, die Verluste wären schrecklich.
Allerdings täte man Jakob Unrecht, wenn man ihn wegen dieser absurden Beweisführung unterschätzte. Denn das wichtigste Argument gegen eine Fusion der Orden versteckte er sehr geschickt in einem Punkt, der scheinbar für den Zusammenschluß spricht:
* Der vereinigte Orden wird »so stark und mächtig sein, daß er seine Rechte gegen wen auch immer verteidigen wird und kann«.

Diese Warnung kam bei den Königen der Christenheit an, und sie hintertrieben den Zusammenschluß der zwei Orden, wo es nur ging. Diese Gefahr schien also vorerst abgewendet.

II. Der Prozeß
gegen den Orden

Doch noch während der Tempel den Angriff auf die Souveränität des Ordens abwehrte, näherte sich das Unheil aus einer völlig unerwarteten Richtung.

Spätestens seit dem Jahr 1305 kursierten merkwürdige Gerüchte über die Templer, in denen ihnen nicht die üblichen Dinge wie Neid, Habsucht und Geiz vorgeworfen wurden, sondern Ketzerei, Sodomie und Götzenkult. Auch ein Kronzeuge fand sich schnell: Esquieu von Floyran, ein aus dem Orden ausgeschlossener Ritter. Zunächst versuchte Esquieu sein Wissen an den aragonesischen Monarchen Jakob II. zu verkaufen, stieß dort aber auf taube Ohren: Jakob II. zeigte keine Lust, sich mit dem Ritterorden anzulegen, der ihm beim Kampf gegen die Mauren so bemerkenswerte Dienste geleistet hatte und dies auch weiterhin tun sollte. Daraufhin wandte sich der ehemalige Templer gegen Ende des Jahres 1306 an den französischen Königshof; er wüßte von »unerhörten Greueln« zu erzählen. Dort hörten einige Herren dieser zwielichtigen Gestalt höchst interessiert zu. Wilhelm von Nogaret und Wilhelm von Plaisians, zwei Berater des Königs, nahmen die Anschuldigungen für bare Münze und ordneten verdeckte Ermittlungen an. Sie ließen Spione in den Orden einschleusen; unzweifelhaft taten sie dies auf ausdrücklichen Befehl Philipps, dem der Verdacht gegen die Templer sehr gelegen kam. Der Historiker Alain Demurger nimmt sogar an, daß der König schon 1303, unmittelbar nach der Beilegung seines Streits mit dem Papst, erste Pläne erstellt hatte, wie er den Orden zerschlagen könnte. Es ist also keineswegs undenkbar, daß die Gerüchte von ihm selbst ausgestreut worden waren.

Im Morgengrauen des 13. Oktober 1307 verhafteten die Kräfte der königlichen Polizei alle Templer Frankreichs unter der Anschuldigung der Ketzerei. Die Überraschung war gelungen: Verblüfft und ohne Gegenwehr ließen sich die Brüder abführen, praktisch keiner entkam. Eine der größten Polizeiaktionen der Geschichte endete in einem vollständigen Triumph für den König. Aus den mehr als 1000 über das gesamte Land verstreuten Komtureien, in denen gleichzeitig Razzien stattfanden, wurden 546 Templer abgeführt. Offiziell entkamen gerade einmal zwölf Brüder, unter ihnen ein einziger Würdenträger, nämlich der Präzeptor von Frankreich, Gerhard von Villers. Die Führer des Ordens, die traditionell enge Verbindungen zum Königshaus unterhielten und normalerweise über beste Informationen verfügten, waren diesmal genauso ahnungslos wie das restliche Templervolk gewesen. Jakob von Molay besuchte sogar noch am Vorabend der Verhaftung gemeinsam mit König Philipp eine Messe.

Aus mehreren Gründen ist die gesamte Aktion absolut unerhört:

* Zunächst einmal war sie illegal, denn die Templer unterstanden keiner weltlichen Gerichtsbarkeit, sondern einzig und allein dem Papst.

* Darüber hinaus hatte sich der König in seinem Schutzbrief von 1303 persönlich für die Sicherheit der Armen Brüder verbürgt.
* Die Anklagepunkte gegen den Orden scheinen völlig aus der Luft gegriffen. Warum also der Prozeß?

1. Die Gründe für den Prozeß

Viel wurde und wird noch heute gerätselt, weshalb Philipp der Schöne dem Templerorden den Prozeß machen ließ. Denn egal, ob die Anschuldigungen gegen den Orden stichhaltig waren oder nicht, der Prozeß hätte niemals stattgefunden, wenn Philipp dies nicht mit aller Macht betrieben hätte. Doch was versprach sich »der rätselhafteste aller französischen Könige« (Pernoud, S. 97) davon? Die meisten Autoren vermuten Geldgier hinter der Aktion gegen die Templer. Denn »sein ständiges Streben nach Gold [wurde] im Laufe seiner Regierungszeit langsam zur Besessenheit« (ebd.). Schon im Jahr 1291 war der chronisch an Geldmangel leidende Philipp gegen die lombardischen Bankiers vorgegangen, im Jahr 1305 gegen die Juden. Dabei hatte er immer die gleiche Methode benutzt: Er ließ die Betroffenen verhaften, die dann ihre Freiheit gegen ein entsprechendes Lösegeld zurückkaufen durften. Allerdings stellt sich hier die Frage, wie reich der Templerorden zu Beginn des 14. Jahrhunderts überhaupt noch war. Die Angaben dazu widersprechen sich völlig, einige Autoren behaupten, daß die Templer ihr letztes Hab und Gut beim Kampf gegen die Moslems geopfert hätten, also überhaupt nichts mehr besaßen. Andere hingegen wissen angeblich von unermeßlichen Schätzen, die sich in den Händen der Ritter befanden. Die Wahrheit liegt wie fast immer in der Mitte: Vermutlich hatten die Templer tatsächlich nur noch wenig Gold in ihren Tresoren, doch immerhin gehörten ihnen noch über 1000 landwirtschaftliche Betriebe in ganz Frankreich.

Neben solchen finanziellen Erwägungen, die für Philipp sicherlich eine Rolle spielten, gab es noch wichtige innenpolitische Gründe für eine Zerschlagung des Templerordens. Denn der König vertrat einen universalen Machtanspruch im Reich; würde er den Orden auflösen, könnte ihm dieser keinesfalls mehr in die Quere kommen. Wollte der König Sicherheit, daß ihm die Templer keine Probleme mehr bereiten, mußte er den Orden restlos zerstreuen. Denn solange es die Bruderschaft gab, stellte sie ein nie ganz auszuschaltendes Gefahrenpotential dar – und wer wußte, wie es um ihre Loyalität bestellt war. Überdies hoffte Philipp, mit dem Prozeß den Papst zu schwächen. Mit welcher Brutalität Philipp im Machtkampf gegen den Heiligen Stuhl vorgehen konnte, hatte er bereits 1303 dem Papst Bonifaz VIII. gezeigt, den er auf dem Höhepunkt der Auseinandersetzung hatte verhaften lassen. Zwar hatte Bonifaz entkommen können, war jedoch drei Wochen später »zutiefst erschüttert« gestorben (Sippel, S. 211). Seinem Nachfolger erging es jetzt kaum besser: Machtlos mußte Clemens zusehen, wie Philipp den Templerorden wie eine ungedeckte Schachfigur schlug, um den Papst zu schwächen. Dabei war noch nicht einmal klar, auf wessen Seite die Armen Brüder überhaupt standen, hatte doch Hugo von Peiraud gerade erst verkündet, er würde Frankreich sogar gegen den Papst verteidigen.

Wenn man der Historikerin Monika Hauf glauben darf, dann spielte ein weiteres Motiv für den König eine wichtige Rolle: Haß. Haufs Theorie zufolge verweigerten die Templer Philipp eine Ehrenmitgliedschaft im Orden, wie sie Papst Innozenz III. und Richard Löwenherz genossen. Dies scheint aber ein schwacher Grund für einen abgrundtiefen Haß; die Geschichte, daß Philipp die Gebeine des templerischen Schatzmeisters, seines Vaters, aus dem Grab holen, sie zerstampfen und in alle Winde zerstreuen ließ (Hauf, S. 180 f.), gehört wohl ins Reich der Sage. Möglicherweise spielte tatsächlich verletzter Stolz eine Rolle: Im Jahr 1306 hatte Philipp vor einer erbosten Menschenmenge fliehen müssen – ausgerechnet in das Haupthaus des Pariser Tempels! Denkbar auch, daß die Brüder den König mit ihrer Impertinenz auf die Palme brachten; ihr Hochmut hatte schon andere Herrscher Europas provoziert. Der deutsche Kaiser Friedrich II. beschwerte sich Mitte des 13. Jahrhunderts in einem Brandbrief an die anderen Königshäuser des Abendlandes über ihren Stolz, wohl zu Recht, wie ein von Andrew Sinclair zitierter Auszug eines Templerschreibens an den englischen König Heinrich III. beweist: »oh würde doch Euer Mund nicht solchen unangenehmen Unsinn stammeln!« (Sinclair, S. 37).

Geldgier, Machtstreben und vielleicht sogar Haß waren also wahrscheinlich die Gründe, die Philipp dazu veranlaßten, den Prozeß gegen die Templer anzustrengen. Als nächstes mußte er die Verhaftung nachträglich legalisieren, indem er die Erlaubnis des Papstes dafür einholte. Clemens V. jedoch zögerte, bis etwas Unerwartetes passierte: Jakob von Molay persönlich bat ihn, ein Untersuchungsverfahren zu eröffnen. Mit dieser Flucht nach vorn probierte der Großmeister, die Verleumdungen gegen den Orden ein für allemal aus der Welt zu schaffen. Am 24. August 1307 also teilte der Papst dem König mit, daß er eine offizielle Untersuchung des Templerordens eingeleitet hätte. Spätestens seit diesem Zeitpunkt hätten die Armen Brüder eigentlich gewarnt sein müssen. Daß die Verhaftungswelle am 13. Oktober dennoch völlig überraschend kam, liegt erstens an der Ungeheuerlichkeit dieses Akts und zweitens an der minutiösen Planung und strikten Geheimhaltung. Schon lange vor dem Tag des Angriffs waren versiegelte Briefe an die *Baillis* (entspricht etwa den Polizeipräsidenten) der Provinzen gegangen. In diesen Depeschen hatte der König den Grund für die Verhaftungen erläutert und den genauen Zeitpunkt und das Vorgehen bei den Razzien befohlen. »Die Brüder des Ordens der Miliz vom Tempel, die die Wolfsnatur unter dem Schafspelz verbergen«, so der König, stünden unter dem »dringenden Verdacht, Christus zu verleugnen, auf das Kreuz zu spucken, sich bei der Aufnahme in den Orden obszönen Gesten hinzugeben«. Und weiter »verpflichteten sie sich durch ihren Schwur, sich einander hinzugeben (...), sobald es von ihnen verlangt wird«.

Nach der Auflistung der Anklagepunkte ging der Brief ganz scheinheilig weiter: Selbstverständlich bliebe es allein der Kirche vorbehalten, über die Templer zu richten; in der Zwischenzeit zöge der König ihre Güter ein und verwahre sie treu.

2. Der Verlauf des Verfahrens

Am Samstag, den 14. Oktober 1307, ließ Philipp die Gründe, die zur Verhaftung aller Ordensmitglieder geführt hatten, öffentlich anschlagen. Geschickt nahm er der allgemeinen Entrüstung den Wind aus den Segeln: Er beteuerte, daß er selbst den schändlichen Gerüchten zunächst nicht hätte glauben wollen, sich sein anfänglicher Zweifel allmählich jedoch zum heftigen Verdacht gewandelt hätte. Zwei Tage später schickte er Briefe an die Mächtigen der Christenheit, es ihm gleichzutun. Warum? Glaubte er tatsächlich an die Verdorbenheit des Ordens, oder wollte er zumindest den Anschein erwecken? Vielleicht hatte er aber auch Angst, daß ein in Spanien oder England weiterlebender Orden eines Tages Rache nehmen könnte am französischen König. Wie auch immer, Philipps Appell an die anderen Könige brachte nicht den gewünschten Erfolg: Eduard II. von England schickte sofort einen Brief an die Herren von Portugal, Kastilien, Aragon und Sizilien, in dem er sie davor warnte, den Verleumdungen zu glauben, die einzig aus Habsucht in die Welt gesetzt worden seien.

Der Papst war empört: Nicht nur, daß Philipp seine Schützlinge widerrechtlich hatte festsetzen lassen, jetzt rief er auch noch die anderen Herrscher Europas dazu auf, es ihm nachzumachen. Inzwischen gingen die Schergen des Königs daran, ihre Gefangenen zu verhören, »unter Anwendung der Folter, so sie sich als notwendig erweisen sollte« (Pernoud, S. 101). Mit dieser schändlichen Behandlung der Templer trat Philipp die Autorität des Papstes mit Füßen – ein sehr willkommener Neben-

Bernhard von Clairvaux, der wichtigste Förderer der Templer, labt sich an der Milch der Gottesmutter. Bernhards fanatische Marienverehrung wurde von den Mönchsrittern schon in den ersten Jahren des Ordens übernommen.

Eines der prächtigsten Bauwerke des Ordens hat in Tomar (Portugal) überlebt. Zur Christusritterburg gehören die frühgotischen Templerkirchen, die Christuskirche und mehrere Klostergebäude.

Über einem prunkvoll verzierten Fenster der Christusritterburg thront das Templerkreuz.

lische Darstellung soll die Brüderlichkeit im Orden unterstreichen. In Wirklichkeit hatte jeder Ritter nicht nur ein, sondern drei Pferde zu seiner Verfügung.

Aus der Chronik des Matthäus Paris: Christen und Sarazenen im Kampf um Damietta.

effekt, denn auf diese Weise konnte er dem Heiligen Stuhl demonstrieren, wer in Frankreich herrschte – und zwar allein!

Clemens V., ein kranker und schwacher Papst, schrieb zunächst nur einen Protestbrief (»Euer Vorgehen ist eine Beleidigung gegen Uns«) an den französischen König, den dieser einfach ignorierte. Doch am 22. November 1307 veröffentlichte Clemens eine Bulle, *Pastoralis praeeminentiae* (Über das Vorrecht der Kirche). Darin war überraschenderweise aber nicht mehr die Rede von der Unschuld der Armen Brüder. Statt dessen befahl Clemens, die Mitglieder des Ordens in ganz Europa und Zypern zu verhaften und ihre Güter im Namen der Kirche einzuziehen. Woher dieser Sinneswandel? Clemens behauptete, von den Geständnissen der Gefangenen überzeugt worden zu sein – obwohl er genau wußte, daß diese Aussagen unter der Folter erpreßt worden waren. Noch heute scheint die Entscheidung des Papstes merkwürdig.

* Hielt er die Anschuldigungen für absurd und erließ die Bulle nur, um den Prozeß gegen die Templer unter die Kontrolle der Kirche zu bringen? Aber warum weitete er die Anklage dann auf alle Templer Europas aus?
* Versuchte er, wenigstens die Güter des Ordens für die Kirche in Sicherheit zu bringen, weil er ahnte, daß die Armen Brüder den Prozeß verlieren würden? Doch auch hier stellt sich die Frage, warum Clemens das Verfahren auf alle Templer ausweitete, anstatt es auf Frankreich zu beschränken. Aus Habgier?
* Oder standen Clemens und Philipp in dieser Affäre gar auf derselben Seite? Unbestritten ist, daß die Wahl des

ehemaligen Erzbischofs von Bordeaux zum Papst überhaupt nur dank der massiven Unterstützung durch den französischen König zustande gekommen war. Bedankte sich der Papst jetzt, indem er die Templer opferte? Dante Alighieri, ein Zeitzeuge der Affäre, sah die Dinge so, und prophezeite in seiner *Göttlichen Komödie*, daß Clemens für »die Zerstörung des Tempels von Jerusalem« in der Hölle schmoren würde (Inferno, 19. Gesang). Wie bei den anderen Mutmaßungen stellt sich aber wiederum die gleiche Frage, warum er auch den Templern außerhalb Frankreichs den Prozeß machen ließ. Vermutlich wollte er dadurch die Initiative in diesem Verfahren wieder in seine Hände bringen und verhindern, daß auch in den anderen europäischen Ländern die weltlichen Herrscher die Anklage gegen den Orden zum Vorwand nehmen könnten, um sich dessen Besitz anzueignen. Doch Clemens erwies sich als zu schwach, und so passierte genau das Gegenteil: Die Könige, die vorher noch die Partei der Templer ergriffen hatten, verhafteten die Armen Brüder und beschlagnahmten ihr Hab und Gut – und zwar nicht in der Absicht, es jemals wieder herzugeben.

Mit seiner Bulle vom 22. November 1307 läutete Papst Clemens V. den Untergang der Templer ein. Denn in ihr wurde der Hauptvorwurf gegen sie, nämlich der der Ketzerei, wiederholt und damit offiziell von kirchlicher Seite anerkannt.

Hielt Clemens die Templer tatsächlich für schuldig? Denkbar ist es, denn einen Monat zuvor hatte der Großmeister höchstpersönlich alles gestanden: Am 25. Oktober 1307 hatte Jakob von Molay – der nicht gefoltert worden war! – öffentlich erklärt, alle Vorwürfe entsprächen der Wahrheit, und seine Mitbrüder aufgerufen, das Leugnen aufzugeben. Im Dezember allerdings widerrief er sein Geständnis, das er nur aus Angst vor der Folter abgegeben hätte. Aber da hatte der Papst seine Bulle schon veröffentlicht. Um sein Gesicht zu wahren, mußte Clemens den einmal eingeschlagenen Kurs bis zum bitteren Ende (des Ordens) beibehalten.

Haben die Templer sich nun wirklich des Götzenkultes, der Homosexualität und der Ketzerei schuldig gemacht? Diese Frage soll hier zunächst einmal zurückgestellt werden, denn für den Verlauf des Prozesses hat sie keinerlei Bedeutung: Philipp der Schöne wollte den Orden verurteilt und aufgelöst sehen und setzte seinen Willen mit aller seiner Macht durch. Selbst als die Untersuchung im August 1308 von kirchlichen Autoritäten übernommen wurde, lief sie im Grunde unverändert weiter. Clemens versuchte zwar, die Angelegenheit nach Kräften zu verschleppen, doch Philipp erwies sich einfach als zu stark: Der französische König setzte den Papst ganz massiv unter Druck, etwa indem er ihn in anonymen Flugblättern der Vetternwirtschaft beschuldigen ließ. Darüber hinaus hetzte er im gesamten Land gegen die Untätigkeit des Heiligen Stuhls den Templern gegenüber, dieser »verbrecherischen Pest, gegen die sich alles und jeder erheben« hätte müssen.

Die Reaktion der europäischen Könige auf den päpstlichen Befehl, die Templer zu verhaften, fiel sehr unterschiedlich aus und hing stark von der politischen Rolle des Ordens im jeweiligen Land ab. Auf der iberischen Halbinsel hielten die Brüder noch starke Burgen und erfüllten eine wichtige Aufgabe im Kampf gegen die

Moslems. Daher wurden sie dort allgemein mit Samt-handschuhen angefaßt; erst nach einer zweiten energi-schen Bulle des Papstes bequemten sich die Könige Kastiliens und Portugals zu Verhaftungen. Auch König Eduard von England, der nach wie vor von der Unschuld der Templer überzeugt war, gehorchte dem päpstlichen Befehl nur widerstrebend. Am 20. Dezember 1307 schickte er Depeschen an seine Bailiffs (Polizeipräsiden-ten) mit dem Befehl, am 8. Januar zuzuschlagen und alle Templer der Insel zu verhaften. In Irland fanden die Raz-zien erst Anfang Februar statt. In beiden Fällen sickerte die Nachricht von der unmittelbar bevorstehenden Aktion durch (vielleicht sogar absichtlich), so daß die Templer die Möglichkeit zur Flucht bekamen. Ob angesichts dieser Vorwarnung die Zahl von 135 Verhaftungen auf den Briti-schen Inseln hoch oder niedrig einzuschätzen ist, bleibt Ermessenssache. Die Güter der Templer jedenfalls kas-sierte König Eduard ein.

Sicher ist, daß dort (wie übrigens auch in Italien) etliche Brüder entkamen. Wo sie untertauchten, ob sie vielleicht sogar die Schätze und geheimen Dokumente des Ordens retteten, all das ist nicht bekannt.

Bemerkenswert scheint auf den ersten Blick, daß eine so kampfkräftige und stolze Bruderschaft sich praktisch widerstandslos festnehmen ließ. Gerade in Frankreich jedoch, wo energische Gegenwehr die Katastrophe viel-leicht noch hätte abwenden können, besaßen die Temp-ler nur Komtureien, aber keinerlei Burgen – ein Kampf wäre also sinnlos gewesen. Nur in Aragon und auf Zy-pern verschanzten sich die Tempelritter zunächst in ihren Festungen, gaben aber bald auf. Neun Monate dauerte es, bis der Befehl des Papstes europaweit ausgeführt war: Die Templer saßen in Kerkern, ihre Güter waren eingezogen.

Die Untersuchungen gegen den Orden schleppten sich hin. Obwohl das Verfahren offiziell ab August 1308 der Kirche unterstand, steuerte im Grunde nur ein Mensch alle Vorgänge: König Philipp. Er zwang den Papst zu einem Zugeständnis nach dem anderen – am Ende saßen in den kirchlichen Untersuchungsausschüssen hauptsächlich Bischöfe, die als strikte Anhänger Philipps bekannt waren. Clemens konnte nichts mehr für die Templer tun, außer das Verfahren zu verzögern, wo immer sich eine Möglichkeit bot. Denn darüber, wie der Prozeß ausgehen würde, gab es schon bald keinen Zweifel mehr: Die unter der Folter erlangten Geständnisse der Templer bestätigten alle Punkte der Anklage.

Das Verfahren wurde aufgespalten: In einem ersten Prozeß sollte die Schuld der einzelnen Mitglieder des Ordens ermittelt werden, ein zweites Verfahren vor einer Achterkommission richtete sich nicht gegen die Brüder, sondern gegen den Tempel als Organisation. Diese Anhörung schien zunächst günstig für den Orden zu laufen; bis April 1310 meldeten sich 600 gefangene Templer, die zur Verteidigung ihrer Bruderschaft aussagen wollten. Sie ernannten vier rechtskundige Brüder, die für die Gesamtheit der Ritter sprechen sollten. Plötzlich faßten die schwer angeschlagenen Männer wieder Mut, ihre Verteidigung gewann an Entschlossenheit und Überzeugungskraft.

Doch so kurz vor seinem Ziel ließ Philipp sich nicht mehr stoppen. Im Mai 1310 sorgte er dafür, daß 54 Gefangene, die in ihren ersten Vernehmungen gestanden, dann aber vor der Achterkommission widerrufen hatten, als rückfällige Ketzer auf dem Scheiterhaufen verbrannt wurden. Als König konnte er diese Männer zwar nicht selbst verurteilen, aber der Erzbischof der Kirchenprovinz Sens war ein treuer Anhänger Philipps und ihm in dieser Angelegenheit gerne gefällig. In den nächsten Tagen sah man Feuer über Senlis, Pont-de-l'Arche und später über Carcassonne. Die Botschaft war nur allzu klar: Jeder, der zugunsten des Tempels aussagt, stirbt den Feuertod. Um dem Nachdruck zu verleihen, ließ Philipp alle Zeugen vor ihrer Aussage durch seine Folterknechte behandeln; daß darüber hinaus die beiden wichtigsten Verteidiger der Templer auf einmal spurlos verschwanden, war schwerlich ein Zufall.

Damit endete der Widerstand der Brüder. Am Schluß des Prozesses sagten die Angeklagten willig alles, was von ihnen verlangt wurde. Etwa ein Jahr später, am 26. Mai 1311, erklärte der Papst die Ermittlungen für abgeschlossen; am 16. Oktober trat das Konzil von Vienne zusammen, um über das Schicksal des Ordens zu beschließen. Wieder zögerten die Kirchenfürsten, den Stab über die Templer zu brechen, und wieder setzte Philipp den Papst so massiv unter Druck, daß er nachgeben mußte: Am 20. März erklärte der französische König seine Geduld für erschöpft und verkündete, er werde mit seinem Heer nach Vienne ziehen. Clemens verstand die Drohung und handelte. Schon zwei Tage später beschloß er, »mit Trauer im Herzen« und über die Köpfe des Konzils hinweg, die Auflösung des Ordens der Armen Brüder Christi.

Noch bis zum 6. Mai 1312 berieten die versammelten Kirchenmänner über praktische Fragen bei der Liquidation des Ordens, insbesondere die Verteilung der Güter.

So ging sämtlicher Besitz des Tempels außerhalb der iberischen Halbinsel an den Johanniterorden. Für Spanien und Portugal fand die Kirche erst im Jahr 1317 eine Lösung: In Portugal trat der neue Christusorden das Erbe der Armen Brüder an, in Spanien wurden die Besitztümer von Templern und Johannitern vereinigt, teilweise unter dem Dach des Hospitals, teilweise in der Form des neugegründeten Ritterordens von Montesa.

3. Die Anklagepunkte und ihre Stichhaltigkeit

Die päpstlichen Ermittler stellten allen Angeklagten stets die gleichen 87 beziehungsweise 127 Fragen (für das Verfahren gegen die einzelnen Brüder beziehungsweise gegen den Orden als Ganzes), die in zwei genau ausgearbeiteten Katalogen festgehalten waren. Inhaltlich ließen sich diese Vorwürfe grob in sechs Kategorien einordnen:

* Verleugnung Christi
* Abhalten heimlicher Versammlungen, auf denen ein magisches Haupt verehrt wird.
* Mißachtung der Sakramente
* Obszöne Praktiken und Homosexualität
* Absolution durch Laien
* Habgier

Zunächst springt ins Auge, daß diese Liste ein wildes Sammelsurium verschiedenartigster Vergehen darstellt, die sämtlich zu den schlimmsten Verbrechen gegen die mittelalterliche Gesellschaft überhaupt gehören und sich daher bestens dazu eignen, die Reputation des Ordens in der Bevölkerung für immer zu zerstören. Die Verleugnung Christi und die Mißachtung der Sakramente waren bekannte Elemente aus der Anklage gegen die Katharer, die als Ketzer verfolgt und Anfang des 13. Jahrhunderts hingerichtet worden waren. Die angebliche Anbetung eines magischen Haupts (Idolatrie) sollte die Templer in die Nähe des Islam rücken; das christliche Europa hielt im 14. Jahrhundert die Moslems irrigerweise für Götzenanbeter. Wilhelm von Nogaret, der Verfasser der ursprünglichen Anklageschrift und einer der wichtigsten Berater des Königs, wendete hier übrigens seine altbewährte Methode an, die darin bestand, jeden Gegner der Ketzerei zu bezichtigen, und wäre es auch der Papst selbst – wie es Bonifaz VIII. im Jahr 1303 am eigenen Leib erlebt hatte, als er von Nogarets Schergen verhaftet worden war.

Und für den Fall, daß der Vorwurf der Ketzerei und der Hinwendung zum Islam nicht genügen sollte, hängte Wilhelm noch zwei Punkte dran, die sicherlich auch ihren Teil dazu beitrugen, die Templer in den Augen der Öffentlichkeit zu diskreditieren: Homosexualität und Geldgier. Die Habgier des Ordens mußte dabei überhaupt nicht mehr bewiesen werden, sie galt in den Augen des Volkes als offenkundig und fast schon sprichwörtlich; Habgier ist eine Hauptsünde und im Mittelalter ein Standardvorwurf. Auch den Johannitern und König Philipp wurde immer wieder übertriebene Gewinnsucht nachgesagt.

Aber wie steht es um den Wahrheitsgehalt der anderen Vorwürfe? Fast einmütig bestätigten fast alle Templer in ihren Vernehmungen den Hauptanklagepunkt: Sämtlich berichteten sie, daß sie bei ihrer Aufnahme in den Orden Christus verleugnet, das Kreuz bespuckt, es mit Füßen getreten oder sogar darauf uriniert hätten. Auch Jakob von Molay sagte in diesem Sinne aus: »Bruder Humbert ließ danach ein Bronzekreuz bringen, auf dem sich das Bild des Gekreuzigten befand, und verpflichtete mich, den Christus zu verleugnen, der auf dem Kreuz war. Ich tat es mit Widerwillen.« Gottfried von Charney, ein anderer hoher Würdenträger des Ordens, bezeugte, daß er Jesus Christus dreimal als falschen Propheten hätte bezeichnen müssen. Aus den Vernehmungsprotokollen entnimmt man zudem, daß diese Würdenträger einen solchen Eid nicht nur selbst abgelegt, sondern ihn auch bei der Aufnahme von allen neuen Brüdern verlangt hätten. Nicht nur in Frankreich, auch in England scheint eine solche Prozedur üblich gewesen zu sein. So erklärte John von Stokes, daß er eines Tages vom Großmeister selbst folgendermaßen geprüft worden sei: Jakob hätte auf ein Kruzifix gedeutet und gefragt, was es bedeute. John hätte geantwortet, daß es sich um das Bildnis Jesu Christi handele, der am Kreuz für die Erlösung der Menschheit gelitten habe. Darauf hätte Jakob von Molay gesagt: »Du redest falsch, und du irrst dich sehr, denn dieser ist der Sohn einer Frau, und er wurde gekreuzigt, weil er behauptete, der Sohn Gottes zu sein« (gesamte Darstellung nach Charpentier, S. 218 ff.).

Was steckt nun hinter diesen Aussagen? Louis Charpentier betont, daß die beiden obigen Zitate nicht unter der Folter entstanden sind, das zweite nicht einmal aus den Protokollen der Inquisition stammt. Daraus schließt er, daß sie der Wahrheit entsprechen. Allerdings sollte man an dieser Stelle bedenken, daß sowohl Jakob von Molay als auch Gottfried von Charney ihre Geständnisse widerriefen und dafür den Feuertod starben. Charpentier jedenfalls – ein großer Anhänger des Ordens – meint, daß die Templer tatsächlich den Gekreuzigten verleugnet hätten. Seine Erklärung dafür lautet folgendermaßen: Die Templer glaubten zu wissen, daß in den uns überlieferten Berichten über das Leben Jesu die Geschichten zweier verschiedener Personen miteinander vermischt worden sind. Ans Kreuz genagelt wurde nicht der Heiland, sondern ein Rebell, der sich gegen Rom erhoben hatte. Und so sehr die Templer den Heiland verehrten, so sehr verachteten sie den hingerichteten Verbrecher. Offenkundig, so Charpentier, spreche Johannes von einer anderen Person als die drei anderen Evangelisten. Matthäus, Markus und Lukas berichten seiner Ansicht nach vom Leben eines Revoluzzers, eines selbsternannten Königs der Juden, der sich gegen die Herrschaft Roms erhebt und dafür die gerechte Strafe erleidet. Welches Ende der echte Heiland nimmt, kann uns Charpentier allerdings nicht erzählen.

Und woher sollte dieses »Wissen« der Templer stammen? »Ist es nicht denkbar«, so Charpentier, »daß die Tempelritter, die die Grundmauern des Tempels Salomos freilegten, (...) dort Dokumente fanden, die das Rätsel um Jesus Christus aufklärten?« (Charpentier, S. 226). Denkbar ist alles. Aber warum offenbarten sie ihr Wissen nicht? Charpentier meint, daß diese Wahrheit die Allgemeinheit nur verwirrt hätte. Doch warum bezeugten Ordensmitglieder, daß sie selbst nicht wüßten, warum sie Christus verleugneten? Laut Charpentier kannten auch in der Bruderschaft nur wenige Eingeweihte das Geheimnis

202

um den echten und den falschen Jesus. Doch das würde ja bedeuten, daß die nicht eingeweihten Mitglieder das Kreuz bespucken mußten, ohne zu wissen, warum.

Möglicherweise stammt die Verleugnung Christi – so sie denn überhaupt praktiziert wurde – vom Kontakt des Tempels mit einigen gnostischen Sekten des Nahen Ostens. Schon die synkretistische Lehre des Basilides behauptet, daß es sich bei dem Gekreuzigten nicht um den Heiland handle, sondern um Simon von Kyrene. Die Manichäer und verwandte Sekten dagegen betrachten das Kreuz als Folterinstrument, an dem der Erlöser gelitten hat, und verdammen es deswegen als Zeichen Satans. Doch diese Ansichten widersprechen denen der Amtskirche und gelten als Häresie, damit wäre der Anklagepunkt also gerechtfertigt. Sollten die Templer tatsächlich ketzerischen Lehren erlegen sein? Wohl kaum. Zwar gab es zweifellos gewisse Einflüsse durch Sekten wie die der Katharer, von denen etliche in den Templerkomtureien Südfrankreichs Asyl fanden, als sie Anfang des 13. Jahrhunderts vor der päpstlichen Verfolgung flüchteten. Dennoch ist es völlig ausgeschlossen, daß die weltabgewandte Philosophie der Katharer großen Einfluß auf einen Ritterorden nehmen konnte, der im täglichen bewaffneten Kampf mit den Moslems stand.

Als letzte und vielleicht plausibelste Erklärung für das seltsame Aufnahmezeremoniell bietet sich folgende an: Bei dem Eintritt in eine enge Gemeinschaft muß sich der Bewerber oftmals einer Probe unterziehen, um seine Entschlossenheit und seinen Mut zu beweisen. Das Prinzip der Initiationsriten ist immer das gleiche, selbst wenn die Gruppen grundverschieden sind. Ob bei Studentenverbindungen, Freimaurerbünden oder der Mafia – immer muß der Bewerber sich überwinden, meist ein Tabu brechen. Sogar die zu brechenden Tabus sind heute noch oftmals die gleichen wie vor 700 Jahren: Gotteslästerung und Homosexualität. So berichten Mafia-Aussteiger, daß sie bei ihrem Eintritt vor der versammelten Gruppe Heiligenbildchen verbrennen mußten – was im tiefgläubigen Italien selbst einem Berufsverbrecher von Herzen weh tut. Und der Kuß auf den nackten Hintern des Zeremonienmeisters – der ja den Templern auch vorgeworfen wurde – ist auch heute noch eine höchst beliebte Mutprobe bei der Aufnahme in alle möglichen Zirkel. Der Grundgedanke bei diesen Riten besteht aber darin, daß der Bewerber sich tatsächlich überwinden muß, sprich ein Tabu bricht, das ihm heilig ist. Und auf einmal erscheint die Aufnahmezeremonie der Templer unter einem völlig anderen Licht: Die Verleugnung Christi könnte beweisen, daß die Brüder gläubig waren, der Kuß auf den Hintern könnte ihre Abscheu vor der Homosexualität bezeugen.

Doch wie auch immer die Erklärungen ausfallen – es ist überhaupt nicht sicher, daß es jemals derartige Initiationsriten bei den Templern gab. Wahrscheinlich kam es bei der Aufnahme neuer Brüder des öfteren zu – manchmal auch sehr derben – Soldatenscherzen; ein Abbé Petel sagt aus, daß nach einer solchen »Prüfung« die Templer dem Neuling lachend zugerufen hätten: »Geh beichten, du Dummkopf!« Sicherlich der Phantasie der Vernehmungsbeamten entsprang jedoch die angebliche Aussage Hugos von Peiraud, wonach er alle Brüder, die er empfangen hätte, in der gleichen Weise aufgenommen hätte, weil es »nach den Ordensstatuten so Brauch war«. Wie auch immer das Aufnahmezeremoniell ausgesehen haben mag, in der Templerregel steht davon keine Silbe.

Oder gab es eine zweite, geheime Version der Statuten? Viele der verhörten Brüder berichteten von heimlichen Zusammenkünften einiger Eingeweihter, die meist in der Ordenskapelle stattgefunden hätten. Während dieser Versammlungen wären die Türen und sogar das Dach streng bewacht worden, kein Wort wäre nach draußen gedrungen. Über diese Treffen erfahren wir allerdings nur von Leuten, die nicht an ihnen teilnehmen durften und daher auf Vermutungen angewiesen waren. Kein einziger verhörter Templer sagte aus, er wäre selbst dabeigewesen. Louis Charpentier ließ sich von diesem Mangel an echten Zeugen nicht entmutigen. Anstatt diese Treffen als reines Phantasieprodukt abzutun, schließt er aus der Tatsache, daß die Eingeweihten offenbar sogar unter der Folter keine Silbe von diesen Sitzungen verrieten, daß die Vorgänge dort so unfaßbar geheim waren, daß nur die treuesten und verschwiegensten Brüder davon wissen durften. Die angeblichen Zeugen beeideten, daß sie von diesen Stiftsversammlungen nur einige Dinge flüchtig gesehen hätten, nämlich ein Idol, das sie meist als die Büste eines bärtigen Mannes mit leuchtenden Augen schilderten. Durch ihre Fragebögen versuchten die Ankläger mehr über das Aussehen dieser merkwürdigen Statuetten zu erfahren. Dabei erhielten sie zwar zahlreiche Beschreibungen, die jedoch völlig voneinander abwichen. So bestanden die Figuren einmal aus Holz, dann wieder aus Metall, manche hatten zwei oder sogar drei Gesichter; Hugo von Peiraud sagte aus, daß das Idol von Montpellier vier Beine hätte, zwei neben (!) dem Gesicht und zwei hinten. Daß die armen Templer oft die wildesten

Dinge erfanden, nur um ihre Folterer zufriedenzustellen, beweist die von allem Gehörten abweichende Beschreibung des Idols als ein »kleines Löwenbild, wohl aus Gold, welches das Aussehen einer Frau hat« (nach Sippel, S. 240). Obwohl die Polizeikräfte in allen Niederlassungen der Templer nach solchen Figuren – egal, ob bärtiger Mann oder löwenförmige Frau – suchten, wurden sie nirgends fündig. Aus dieser Tatsache kann man nun zwei völlig unterschiedliche Schlüsse ziehen: Entweder hat es diese angeblich verehrten Köpfe nie gegeben und die »Beschreibungen« – die sich ja ständig widersprechen – waren reine Phantasieprodukte von Leuten, die das aussagten, was ihre Folterer hören wollten. Oder aber die Köpfe hatten so eine immense magische Bedeutung, daß die Templer sie kurz vor ihrer Verhaftung so gut verborgen hatten, daß sie unauffindbar blieben. Solche Verstecke würden auch erklären, warum in den Komtureien trotz intensiver Suche weder Gold noch Dokumente gefunden wurden.

Eine einzige Nachbildung eines Kopfes fanden die Ankläger: das berühmte *Caput LVIII*. Bis heute wird darüber gestritten, was dieses (wörtlich übersetzt) Haupt 58 bedeuten mag. Einige Autoren betrachten das silberne Kästchen in Form eines menschlichen Kopfes einfach als Reliquiar und weisen darauf hin, daß diese Art von Reliquienschrein im Mittelalter sehr gebräuchlich war.

Und tatsächlich befanden sich laut Charpentier im Caput LVIII angeblich zwei kleine menschliche Schädel. Aber welchen Heiligen stellt dieser Kopf 58 dar? Vielleicht sogar Christus selbst, wie Andrew Sinclair vermutet? Oder handelt es sich bei dem rätselhaften Caput 58 ganz im Gegenteil um eine Abbildung des Teufels? Denn einer der Templer sprach im Verhör von einem bärtigen Männerkopf »in der Gestalt des Baphomet« (Sippel, S. 235). Wer ist Baphomet? Manche Autoren glauben, daß die Templer damit den Propheten Mohammed meinten, dessen französischer Name *Mahomet* zu *Baphomet* verballhornt worden wäre. Auch die Ankläger neigten zu dieser Interpretation, bewies sie doch scheinbar, daß der Orden insgeheim zum Islam übergetreten war. Natürlich scheidet diese Möglichkeit aus, weil der mohammedanische Glaube jede bildliche Darstellung strikt verbietet. Das wußte man aber im Mittelalter noch nicht.

Also muß man sich auf die Suche nach anderen Erklärungen für den Kopf 58 machen. Kommt Baphomet vielleicht von *Bafh* (Taufe) und *Meteos* (Weihe) und verweist damit auf Johannes den Täufer? Oder – noch abstruser – ist Baphomet eine Zusammenziehung von *Baptiste* (Johannes der Täufer) und *Mahomet?* Oder spielt der Name auf den zypriotischen Hafen Baffo an, in der es einen berühmten Tempel (!) gab? Gérard de Sède und Louis Charpentier jedenfalls sind sich sicher, daß sie die einzig wahre Interpretation gefunden haben: Baphomet komme von *Bapheus mété*, was man als »Färber des Mondes« übersetzen könne (Charpentier, S. 241). Und mit »Mondfärber« seien Alchimisten gemeint. Die nämlich verwandeln Silber (die Farbe des Mondes) in Gold, und zwar mit Hilfe des Steins der Weisen. Der *Baphomet* beweise also, daß die Templer das geheime Wissen um den Stein der Weisen besaßen.

Die offizielle Begründung für die Verhaftung der Templer vom 14. September 1307 erwähnte jedoch keine Baphomet-Figur, sondern sprach nur ganz allgemein von

Idolen. Angeblich »weihten« die Brüder Schnüre, indem sie sie um den Hals dieser verehrten Figuren legten; diese Schnüre trugen sie dann unter der Kutte um die Hüfte gewickelt. Dieser Anklagepunkt sollte die Templer in die Nähe der Katharer rücken, bei denen solche um die Hüfte getragenen Schnüre bedeuteten, daß der Betreffende das *Consolamentum* (das höchste Sakrament der Tröstung) erhalten hatte. Da im gesamten Prozeß kein einziger Beweis für die Geschichte mit den geweihten Schnüren erbracht wurde, kann man sie getrost als Unfug abtun.

Völlig haltlos scheint auch der Vorwurf, die Priester des Ordens hätten bei der Messe die Weiheformel nicht gesprochen, so daß die Wandlung der Hostie und des Weins zu Fleisch und Blut Christi in den Gottesdiensten der Templer nicht vollzogen worden wäre. Auch dieser Anklagepunkt diente einzig dazu, den Orden in die Nähe der Katharer zu rücken, die die Wirksamkeit aller Sakramente leugneten und sich damit einer unverzeihlichen Häresie schuldig machten.

Zahlreiche Aussagen von Templern scheinen zu belegen, daß homosexuelle Handlungen im Orden an der Tagesordnung waren. Schon bei der Aufnahme (s. o.) hatten die Bewerber angeblich geloben müssen, daß sie den Wünschen ihrer Mitbrüder in vollem Umfang und ohne Zögern nachkommen würden. Der Kuß, den sie zur Bestätigung ihres Schwurs hatten abgeben müssen, rutschte im Verlauf des Prozesses immer tiefer; anfänglich (1307) küßt der Rekrut den Meister »in obszöner Weise« auf den Mund, spätere Vernehmungsprotokolle sprachen von einem Kuß auf den Nabel und auf das »Ende des Rückgrats«. Vier Jahre später wanderten die

Küsse nochmals weiter: Jetzt wurden die Templer beschuldigt, sich zwischen den Schenkeln, auf den Anus und auf die Geschlechtsteile geküßt zu haben.

Es scheint überhaupt kein Zweifel daran möglich, daß der Vorwurf der sexuellen Ausschweifung für den Orden als Ganzes an den Haaren herbeigezogen war. Natürlich hatten einige Brüder ihr Keuschheitsgelübde gebrochen, und sicher war es auch zu homosexuellen Handlungen gekommen. Doch den ganzen Orden der Homosexualität zu bezichtigen, war ein reiner Kunstgriff der Anklage, um das Ansehen der Templer in der Öffentlichkeit zu ruinieren. Denn die mittelalterliche Gesellschaft brachte zwar noch im zwölften Jahrhundert der Homosexualität weitgehend Toleranz entgegen, im 14. Jahrhundert jedoch galt die Liebe zwischen Männern als absolut widernatürliche Sünde.

Nach all diesen mehr oder weniger aus der Luft gegriffenen Anschuldigungen mag es vielleicht überraschen, daß ein letzter Vorwurf, der der Laienabsolution, wohl durchaus gerechtfertigt war. Zwar unterschied die Templerregel strikt: Die Brüder sollten Vergehen gegen die Gemeinschaft vor der Kapitelversammlung öffentlich gestehen und ihre Strafe vom Meister in Empfang nehmen. Ihre Sünden gegen Gottes Gebote jedoch beichteten sie einem Priester, der über das Gehörte Stillschweigen bewahren mußte; er allein konnte die Absolution erteilen, also die Vergebung der Sünden durch Gott erwirken.

In vielen Komtureien der Templer scheint es aber zu einer »mehr oder weniger absichtlichen Vermischung dieser beiden Beichten gekommen zu sein« (Pernoud, S. 31). Etliche Aussagen, auch von Templern in England, die nie mit der Folter bedroht wurden, bestätigen diese Praxis. Manche Kommandeure von Komtureien, Präzeptoren von Ordensprovinzen und sogar Großmeister – sämtlich Laien – hätten demnach Brüdern die Beichte abgenommen, obwohl nur geweihte Priester das konnten. Sowohl die Öffentlichkeit der Beichte als auch natürlich die Absolution durch Laien stellte einen schlimmen Verstoß gegen kirchliches Recht dar, alle unter solchen Umständen abgelegten Beichten waren ungültig, die Sünden unvergeben.

Im Prozeß beriefen die Würdenträger des Ordens sich auf Unwissenheit, ihnen wäre nicht bewußt gewesen, daß sie keine Beichte abnehmen durften. Es stellt sich natürlich die Frage, ob sie wirklich so ungebildet gewesen sein konnten, wie sie vorschützten. Es ist nur schwer vorstellbar, daß die Kriegermönche auf theologischem Gebiet so unsicher waren, doch man muß es fast annehmen. Bei den Durchsuchungen der Komtureien hatten die Ordnungskräfte kaum Bücher gefunden, Jakob von Molay brauchte beim Prozeß einen Übersetzer für die lateinischen Akten, und ganz allgemein scheint der Bildungsstand in der Brüderschaft mit dem anderer religiöser Orden nicht vergleichbar gewesen zu sein: Die Templer fühlten sich als Krieger, Gelehrsamkeit war ihre Sache nicht.

Alles in allem stellen die gegen die Templer angeführten Punkte eine komplette Sammlung der schlimmstmöglichen Vorwürfe dar, die sich ein Mensch des 14. Jahrhunderts ausdenken konnte. Im Katalog der Schandtaten war für jeden Geschmack etwas dabei: Häresie, Magie, Geldgier, Unzucht und Gotteslästerung. Eigentlich fehlte nur der Vorwurf, daß die Templer schwarze Katzen angebetet hätten – aus Gründen der Vollständigkeit (so scheint es zumindest) fügten die *Grandes Chroniques de France* diesen Punkt nachträglich noch hinzu, obwohl er im Prozeß nirgends auftaucht. In ihrer Gesamtheit und einzeln sind die angeblichen Verbrechen so schändlich, daß selbst der Papst in allergrößte Schwierigkeiten gekommen wäre, hätte er versucht, den Armen Brüdern zu Hilfe zu eilen – was er dann auch nur sehr halbherzig tat. Die Anklage war also wenig stichhaltig, aber trotzdem traf das Strafgericht die Templer auch nicht gänzlich unverdient.

Der Orden ging durch eigene Schuld zugrunde. Seine moralische Schuld bestand darin, daß er spätestens seit Mitte des 13. Jahrhunderts tatsächlich vom rechten Kurs abgekommen war und in seiner Orientierungslosigkeit nach außen ein schlimmes Bild abgegeben hatte: Die Templer demonstrierten unerträglichen Stolz, hingen untätig herum, schlemmten und intrigierten gegen die anderen Ritterorden, gegen Kirche und König. So machten sie es König Philipp leicht, sie in der Öffentlichkeit völlig zu diskreditieren.

4. Das Ende der Ordens

Der Prozeß gegen die Templer und ihren Orden war von Anfang an eine Farce, das Urteil stand von vornherein fest. Nur allzu offensichtlich hatte Philipp IV. von Frankreich diesen »größten Justizmord des Mittelalters« (Beck, S. 7) mit dem alleinigen Ziel angezettelt, die Armen Brüder zu beseitigen. Wie erläutert, kennen wir zwar seine genauen Gründe dafür nicht, aber das ändert nichts an der Tatsache.

Vor allem die angewandten Methoden der Wahrheitsfindung unterscheiden sich so radikal von den heutigen Vorstellungen von einem fairen Prozeß, daß man alle Geständnisse mit gutem Grund für wertlos halten kann. Denn den Gefangenen boten sich nur zwei Möglichkeiten: Wer gestand – was auch immer –, der fand Vergebung. Doch wer selbst im Angesicht der Folter schwieg, der endete als verstockter Ketzer auf dem Scheiterhaufen. Bezeichnenderweise existieren zumindest in Frankreich praktisch keine Aussagen von Zeugen, die nicht dem Orden angehörten – denn nur Angeklagten konnte man mit der Folter drohen, unbeteiligten Zeugen nicht.

In seiner letzten Bulle zu den Templern wies Clemens nach dem Konzil von Vienne die Behörden an, wie sie mit den Angeklagten verfahren sollten:

* Diejenigen, die unschuldig waren oder gestanden und so ihren Frieden mit der Kirche gemacht hatten, erhielten eine Pension und durften ihr Leben in einem Kloster ihrer Wahl beenden, da das Mönchsgelübde weiter galt, das sie beim Eintritt in den Templerorden abgelegt hatten.
* Diejenigen jedoch, die leugneten oder ihr Geständnis widerrufen hatten, sollten als verstockte beziehungsweise rückfällige Ketzer strengstens bestraft werden.

Das Urteil über die vier höchsten Würdenträger des Ordens behielt sich Clemens selbst vor. Am 18. März des

Jahres 1314 wurden sie öffentlich zu lebenslanger Kerkerhaft verurteilt. Doch beim Urteilsspruch erhoben sich Jakob von Molay und Gottfried von Charney plötzlich und verkündeten der versammelten Menge, daß der Orden und seine Regeln heilig wären und daß sie allein aus Angst vor der Folter gestanden hätten. Die Konsequenz ihres Widerrufs war ihnen natürlich klar: Noch am selben Tag starben sie als Ketzer den Feuertod. Dieses grausame Ende wurde sehr schnell im Volk durch Mythen verklärt und mit einem hellen Glorienschein umgeben. So zitiert Charpentier Berichte, nach denen Jakob seinen Tod »mit gefalteten Händen erwartete, den Blick auf die Jungfrau Maria gerichtet, und das Feuer so gelassen ertrug, daß jeder in höchste Verwunderung versetzt wurde« (Charpentier, S. 269 f.).

Schon auf dem Scheiterhaufen stehend, verwünschte Jakob angeblich seine Verfolger und drohte ihnen, daß sie noch im selben Jahr vor Gottes Thron berufen würden, um sich für ihre Verbrechen zu rechtfertigen. Tatsächlich starb Clemens nur einen Monat später an der Ruhr, und Philipp der Schöne erlag im Dezember den Folgen eines Reitunfalls. Auch den anderen zentralen Figuren des Prozesses erging es schlecht: Wilhelm von Nogaret (der Verfasser der Anklageschrift) starb noch während des Verfahrens, die Hauptdenunzianten wurden laut Charpentier erdolcht oder starben am Strick. Reiner Zufall? Michael Baigent zumindest glaubt das keineswegs: Schließlich wußten die Templer, wie man Menschen tötet, und entkommene Brüder, die ihren Großmeister rächen wollten, gab es sicher genug.

Existiert der Orden vielleicht sogar im Verborgenen weiter? Ist also das, was die Geschichtsschreibung für das Ende der Templer hält, in Wirklichkeit ein Neubeginn? Warum fanden die Polizeikräfte in keiner Komturei größere Reichtümer oder wichtige Dokumente des Ordens? Und wohin flohen die Ritter, die den Verhaftungen entkommen waren? Fragen über Fragen, denen der nächste Teil nachgehen wird.

Teil 5:
Das Ende?

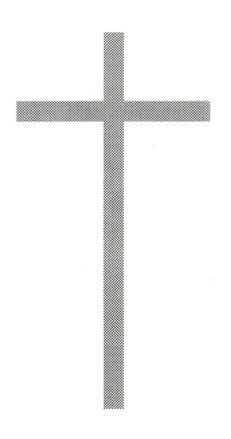

Für die offizielle Geschichtsschreibung fand der Templerorden mit der Aufteilung seiner Güter und dem Feuertod des letzten Großmeisters sein trauriges Ende, doch im Volksglauben blieb er lebendig. Die Mythen, die sich schon zu Lebzeiten um die Armen Brüder gerankt hatten und die auch an ihrem Niedergang mitschuldig waren, gediehen jetzt erst recht. Zwei Fragen stellen sich hier: Warum ziehen die Armen Brüder die Mythen geradezu magisch an? Und warum verschwendet heutzutage niemand mehr einen Gedanken an die Johanniter, obwohl sie doch den Templern im Grunde so ähnlich sind, während der Tempel die Menschen noch immer fasziniert?

Zunächst zur ersten Frage: Von Beginn an vereinigte der Orden einige Merkmale, die die Neugier der Massen entzündeten – die völlig neuartige Kombination von Mönch und Ritter, Todesverachtung und schier unerschöpflichem Reichtum. Zur Gerüchtebildung trug natürlich bei, daß die Brüder sich nach außen sehr stolz und hochmütig gaben, sich meist aber vollständig von der Außenwelt abschlossen; sie fühlten sich als Angehörige einer Elite und pflegten nur ungern Umgang mit dem

Pöbel. Und dann versuchten die Templer auch nie, irgendeinen Volksglauben richtigzustellen, meistens schienen sie es geradezu zu genießen, daß ein Schleier des Mysteriums sie umgab. Lincoln/Baigent/Leigh zufolge glaubten sogar die Oberherren des Ordens, die Päpste, daß innerhalb der Templerhäuser merkwürdige Dinge vorgingen. Nach ihrer Darstellung soll Papst Innozenz III. im Jahr 1208 den Orden wegen »unchristlicher Umtriebe zur Ordnung gerufen« haben, wobei er »ausdrücklich von Geisterbeschwörung gesprochen« habe (Lincoln/Baigent/Leigh, S. 68). Daß die Templer Ketzerei, Homosexualität und Magie betrieben, argwöhnte im Grunde jeder Franzose schon lange, die königliche Anklage schien nur der endgültige Beweis für die Schuld des Ordens. Die italienische Öffentlichkeit – damals anscheinend genauso wenig obrigkeitshörig wie heute – glaubte im Gegensatz zu den Franzosen allerdings kein Wort der Anschuldigungen, sie betrachtete den Prozeß als das, was er war: eine Farce. Doch wie unterschiedlich auch die unmittelbaren Reaktionen auf die Zerschlagung des Ordens ausfielen, am Ende des 14. Jahrhunderts waren der Prozeß und sogar die Templer selbst in ganz Europa vergessen. Bis zur Reformation galt der Orden als obskure Fußnote der Kreuzzugsgeschichte, erst danach fand das Schicksal der Armen Brüder wieder mehr Beachtung, die sich in der Aufklärung und im 20. Jahrhundert sogar zu einer richtiggehenden Faszination steigerte. Woher kam dieses große Interesse an einer längst schon untergegangenen Bruderschaft? Sie gründet wohl hauptsächlich darauf, daß der Orden ein so tragisches und schnelles Ende nahm, das von vielen ungeklärten Fragen begleitet ist. Hier liegt der zentrale Unterschied zum Johanniterorden, und der

Grund dafür, daß die Johanniter als Kreuzritter heute praktisch vergessen sind: Kein Hospitaliter landete je auf dem Scheiterhaufen, der Orden wurde nie Opfer einer politischen Intrige, und man kann den Johanniterbund noch heute täglich bei der Arbeit sehen: Das ist nicht der Stoff, aus dem Mythen gestrickt werden. Die Geheimniskrämerei der Templer führte also zu ihrem Tod – und zu ihrem Weiterleben. In den Köpfen und Herzen vieler Menschen ist der Orden noch lebendig, mehr als 600 Jahre nachdem der letzte Großmeister auf dem Scheiterhaufen starb.

I. Überlebte der Orden den Prozeß?

Viele glauben sogar, daß die Templer nicht nur in unserer Phantasie weiterexistieren, sondern daß der Orden den Vernichtungsschlag überlebt hat und im geheimen noch heute gedeiht. Zahllose Bücher und Theorien sind zu diesem Thema veröffentlicht worden, viele Autoren haben Jahre investiert, um zu beweisen, daß Tempelritter unglaubliche Dinge vollbracht haben: So sollen sie 100 Jahre vor Kolumbus Nordamerika entdeckt, dazu die Gotik erfunden haben und unermeßlichen Reichtum aus den Silberminen Südamerikas oder aus der Anwendung des Steins der Weisen gewonnen haben, den sie vor den Häschern Philipps an einem bis heute unbekannten Ort in Sicherheit brachten. Andere wieder sehen sie als die Hüter des Heiligen Grals, die überdies die Fähigkeiten besitzen, die Zukunft vorherzusagen. Zahlreiche Organisationen, zumeist Freimaurerbünde, behaupten, direkte Weiterführungen des unterdrückten Ordens zu sein – und immer liefern sie historische Dokumente als Beweis.

Unabhängig davon, wie man den Realitätsgehalt der einzelnen Behauptungen einschätzt, sollte man die Anstrengungen ihrer Urheber würdigen, denn sehr viel Phantasie wurde aufgewendet, um die einzelnen Theorien zu entwickeln und zu beweisen. Als Warnung sei vorausgeschickt, daß dieser Teil den festen Boden der wissenschaftlich nachprüfbaren Aussagen verläßt und sich in den ungesicherten Bereich der Spekulation begibt.

Es soll gar nicht versucht werden, ein Urteil über die Ideen zu fällen, die im folgenden vorgestellt werden – das würde an Anmaßung grenzen. Schon die offizielle Geschichte der Templer ist an vielen Stellen nur sehr schlecht mit Dokumenten oder anderen Beweisen belegt und bleibt daher in gewissem Umfang immer spekulativ. Doch für die »Beweise« der in diesem Teil vorgestellten Thesen gelten radikal andere Maßstäbe. Als akzeptabel gilt hier eine These, solange sie nicht vollständig widerlegt werden kann. Die Forschergruppe Lincoln/Baigent/Leigh, wahre Meister im Aufstellen von Theorien, die weder bewiesen noch widerlegt werden können, nennt ihre Methode »interdisziplinäre Forschung, die sich nicht auf Tatsachen beschränkt, sondern auch Sagen einbezieht« (Lincoln/Baigent/Leigh, S. 293), denn schließlich ist »jede Form der Geschichtsschreibung eine Form des Mythos« (Baigent/Leigh, S. 111). Was die nun folgenden Geschichten angeht, hat der Leser die freie Wahl, welche er glauben will und welche er als immerhin unterhaltsamen Humbug verwirft.

1. Löste sich der Orden selbst auf?

Der Historikerin Monika Hauf zufolge plante Jakob von Molay höchstpersönlich die Zerschlagung des Ordens; zumindest billigte er sie und unternahm nichts, um König Philipp aufzuhalten (Hauf, S. 331 ff.). Sie verweist auf die sehr merkwürdige Tatsache, daß der Orden, der sonst überall seine Finger im Spiel hatte und über ausgezeichnete Kontakte zum französischen Königshof verfügte – angeblich soll Jakob von Molay sogar Taufpate der Tochter König Philipps gewesen sein (de Sède, S. 59) –, durch die Verhaftung völlig überrascht wurde. In Wirklichkeit, so Hauf, wußte Jakob schon lange von den Plänen des Monarchen und ließ den Schatz und die wichtigsten Dokumente des Ordens vor dem 14. Oktober 1307 verschwinden. Warum aber hätte der Großmeister einen Prozeß in Gang setzen sollen, an dessen Ende der Orden aufgelöst wurde und er selbst den Feuertod starb? Monika Hauf vermutet, daß Jakob sich und die gesamte Bruderschaft opferte, weil er darin den einzigen Weg sah, den geistigen und moralischen Verfall des Ordens aufzuhalten. Wie aus den Prozeßakten deutlich hervorgeht, machten die Ritter, die sich erst nach dem Fall Akkons 1291 den Templern angeschlossen hatten, einen großen Teil der Mitglieder aus. Diese neuen Rekruten wußten sehr wohl, daß Palästina wohl endgültig verlorengegangen war und daß es angesichts der schwindenden Kreuzzugsbegeisterung im Abendland auch nie mehr zu größeren Schlachten mit den Moslems kommen würde. Hauf zeichnet also ein deprimierendes Bild vom Leben in den

Templerhäusern nach 1291: Die Veteranen erzählen immer wieder die gleichen Geschichten von ihren Heldentaten in einem fremden und weit entfernten Land, während die neuen Rekruten überhaupt nicht mehr an Krieg denken, sondern nur versuchen, sich das Leben so angenehm wie möglich zu gestalten. Die wirklich abenteuerlustigen Ritter habe es in dieser Zeit nicht mehr in den alten und verbrauchten Templerorden gezogen, sondern auf die iberische Halbinsel, wo der Konflikt mit den Moslems noch in vollem Gange war. Während die Armen Brüder gelangweilt herumsaßen, wuchs ihr Reichtum gewaltig an: Ihre Einnahmequellen, die Komtureien, hatten sie ja nicht eingebüßt, aber die enormen Ausgaben für die Kriegführung fielen weg. Entsetzt beobachtete Jakob von Molay, wie der Orden zusehends reicher, bequemer und dekadenter wurde. Da der Tempel inzwischen nicht mehr die Kraft hatte, sich selbst zu reformieren, mußte der Anstoß für eine völlige Erneuerung von außen kommen. Der Angriff Philipps paßte Jakob laut Monika Hauf daher sehr gut ins Konzept, und als seine Kontaktleute ihn über die Pläne des Königs informierten, ließ er zwar heimlich die wichtigsten Dokumente und die Schätze in Sicherheit bringen, unternahm aber darüber hinaus nichts, um den Orden zu schützen. Doch die Zerschlagung der alten Organisation allein nützte ihm nichts, es mußte auch Überlebende geben, die den reformierten Tempel wieder errichten und die ursprünglichen Ideale weiter hochhalten würden. Also beauftragte er heimlich einige Stellvertreter, noch vor der Verhaftungswelle zu fliehen und an einem sicheren Ort eine Nachfolgeorganisation zu gründen. Er selbst hielt die Ermittlungsbehörden dann bis 1314 mit Geständnissen, Widerrufen und absichtlich verwirrenden Aussagen hin, bis ihm die Nachricht hinterbracht wurde, daß der Orden heimlich in Schottland Fuß gefaßt habe. Als Jakob von Molay dann am 18. März 1314 öffentlich die Reinheit des Tempels verkündete und dafür auf dem Scheiterhaufen landete, sprach er die Wahrheit: Die unwürdigen Elemente im Orden waren ausgemerzt, Reichtum, Dekadenz und Hochmut wieder durch die ursprünglichen Ideale der Armut, der Keuschheit und des Gehorsams ersetzt worden. Jakob opferte sich für diese Ideale auf dem Scheiterhaufen, aber als Templer verachtete er den Tod ohnehin. Daß bei der Ausführung dieses Plans Hunderte Brüder der Folter unterzogen wurden und etliche den Feuertod starben, scheint dabei lediglich ein unangenehmer Nebeneffekt der Reinigung gewesen zu sein – Hauf sieht dieses schreckliche Leid reichlich kaltschnäuzig: Manchmal müsse man eben Ballast abwerfen, um an Höhe zu gewinnen (Hauf, S. 337).

So weit Monika Haufs Deutung der Vorfälle um den Templerprozeß. Diese Interpretation hat den Vorteil, daß damit einige Fragen geklärt werden, wie etwa die, warum der Orden sich nirgends gegen die Verhaftung wehrte oder warum die Untersuchungsbeamten kein Gold und keine Dokumente in den Komtureien fanden. Leider wirft diese Version aber gleichzeitig neue Fragen auf: Handelte Philipp gar im Auftrag des Großmeisters? Man erinnere sich an die Tatsache, daß die Brüder ihm 1306 das Leben gerettet hatten, als er sich auf der Flucht vor dem Mob im Pariser Tempel verschanzt hatte. Warum ließ Jakob die Schätze des Ordens in Sicherheit bringen, wo doch gerade der unmäßige Reichtum erst zu der Dekadenz und dem Hochmut der Brüder geführt hatte? Wessen Gehirn

hatte diesen ebenso wagemutigen wie subtilen Plan aus-
geheckt? Jakob war – wie im Geschichtsteil gezeigt – ein
schlichter Geist, dem man die Intelligenz für solch einen
Plan nicht recht zutraut. Und die wichtigste Frage: Finden
sich irgendwelche Spuren dafür, daß einige Brüder tatsächlich erfolgreich nach Schottland geflohen sind, um
den Orden dort fortzuführen?

2. Flüchteten die Templer nach Schottland?

Praktisch alle Autoren, die von einem Weiterleben des
Tempels nach dem Prozeß überzeugt sind, versuchen
nachzuweisen, daß eine Verbindung nach Schottland besteht. Etwa ab Mitte des 18. Jahrhunderts kursierten
Geschichten, die die Details einer Flucht dorthin erzählten. So soll Peter von Aumont, der sich der Verhaftung
entziehen konnte, vom eingekerkerten Jakob von Molay
den Auftrag erhalten haben, den Orden unter allen Umständen fortzuführen. Als Maurer verkleidet, floh Peter
mit etwa zehn Getreuen über Irland nach Schottland, wo
er bei den dortigen Ordensbrüdern unterschlüpfte. Die
Kapitelversammlung wählte ihn 1312 zum neuen Großmeister – zu einer Zeit also, als Jakob von Molay noch
lebte! Im Angedenken an ihre waghalsige Flucht aus
Frankreich beschlossen die Brüder angeblich, die Sitten
und Gebräuche der Maurer anzunehmen. Am Ende der
Erzählung folgt eine lückenlose Liste der Großmeister,
sämtlich hochgestellte und bekannte Persönlichkeiten ih-

rer jeweiligen Zeit. Nur die Meister der letzten 90 Jahre trugen Decknamen wie *Ritter vom schwarzen Pferd* oder *Ritter vom goldenen Löwen* – sonst hätte das Publikum ja am Ende die Geschichte nachprüfen können! Und einer Nachprüfung hält die Version nicht stand. Der äußerst merkwürdige Teil der Erzählung, wonach die Mönchsritter die Gebräuche der Maurer annahmen, nur weil ihnen in dieser Verkleidung die Flucht gelungen war, zeigt dem aufmerksamen Leser, woher der Wind weht: Offenkundig handelt es sich bei dieser Geschichte um eine Erfindung aus dem Umfeld der schottischen Freimaurer, die im 18. Jahrhundert einen ungeheuren Boom erlebten und die sich auf diese Weise rückwirkend eine ruhmreiche Vergangenheit andichten wollten.

Doch obwohl im Grunde niemand diese Geschichte für wahr hält, hat sich die Idee vom Überleben des Ordens in Schottland in vielen Köpfen festgesetzt. Kein Rauch ohne Feuer – nach dieser Devise wurden Beweise für die These gesucht und gefunden.

Baigent/Leigh gehen ganz systematisch vor, indem sie die Fluchtpunkte, die den Templern 1307 überhaupt offenstanden, einzeln untersuchen und alle außer Schottland verwerfen (Baigent/Leigh, S. 90 f.). Drei Regionen boten sich grundsätzlich als Zuflucht an: Die islamische Welt, Skandinavien und eben Schottland. Da sich die Templer entgegen allen Verleumdungen niemals heimlich mit den Moslems verbündet hatten, schied die erste Möglichkeit aus. Weder hätten die Ritter das geringste Interesse daran gehabt, bei ihren Erzfeinden Asyl zu erbitten, noch hätte ein muslimischer Herrscher es ihnen gewährt. Von den skandinavischen Ländern wäre wohl das sehr dünn besiedelte Norwegen am ehesten in Betracht gekommen, doch fanden die Geflohenen in Schottland noch bessere Bedingungen vor: Schottland liegt in sicherer Entfernung zum zentralen Europa, ist aber trotzdem gut und vor allem sicher zu erreichen – entweder direkt per Schiff von Frankreich aus oder auf dem Landweg über England, wohin sich viele Templer während der Verfolgung in Frankreich geflüchtet hatten. Zudem existierten dort schon Ordenshäuser, in denen die Fliehenden unterschlüpfen konnten – die päpstliche Bulle, die die Auflösung des Ordens befahl, wurde in Schottland nie verkündet. Zumindest halboffiziell existierte laut Baigent/Leigh der Tempel dort unbehelligt weiter. Und zweitens genoß der Orden dort sogar Unterstützung von ganz oben, denn Robert Bruce, der exkommunizierte Kronprätendent Schottlands, brauchte dringend militärischen Beistand im Kampf gegen die Engländer. Baigent/Leigh versuchen sogar, genau die Route zu rekonstruieren, auf der die Templerflotte die Westküste Schottlands erreichte. Nach ihrer Theorie segelten die Templer westlich um Irland herum und legten wahrscheinlich dort auch an, um flüchtige Brüder, Waffen und anderes Gerät aufzunehmen (Baigent/Leigh, S. 95).

Vor Ort in Schottland habe die gesamte führende Klasse die Templer heimlich unterstützt; geheime Absprachen, Tarnung und Manipulation hätten dafür gesorgt, daß die Ordensbesitzungen in Schottland nicht angetastet und möglicherweise zumindest eine Zeitlang als separate Einheit von »verweltlichten« Templern verwaltet wurden. Später leiteten dann angeblich inoffizielle Vertreter des Ordens diese Güter treuhänderisch weiter, so als sollten sie den ursprünglichen Besitzern irgendwann zurückgegeben werden (Baigent/Leigh, S. 117). Diese Treuhänder stammten aus einigen wenigen Großfamilien, die auch das kulturelle Erbe der Templer bewahrten und später sogar eine militärische Nachfolgeorganisation gründeten, die Schottische Garde. Angesichts dieser entschlossenen Übernahme der Güter, so Baigent/Leigh, hätten die rechtmäßigen Nachfolger, die Hospitaliter, keinen ernsthaften Versuch angestellt, ihre legitimen Besitzansprüche anzumelden. Es gebe nur eine einzige Eintragung darüber, daß ein Außenstehender Templerbesitz erhalten hätte. Allerdings scheine man eine Art Kompromiß gefunden zu haben, denn bis Mitte des 16. Jahrhunderts könne man häufige Hinweise auf einen gemeinsamen *Orden der Ritter des heiligen Johannes und des Tempels* finden, in dessen Besitz ehemaliges Templereigentum übergegangen sei. Dem Forscher Andrew Sinclair zufolge gingen die schottischen Komtureien der Armen Brüder sehr wohl in die Hände der Johanniter über, was aber nichts geändert hätte. Denn die geflohenen Templer hätten sich in so großer Anzahl bei den Johannitern versteckt, daß sie im Grunde ihr ursprüngliches Eigentum weiter verwalteten, wenn auch offiziell im Rahmen der Hospitaliter. Dieser Etikettenschwindel sei nötig gewesen, weil Robert Bruce sich in seinem Kampf gegen England den Rücken freihalten wollte und daher den Befehl des Papstes, den Orden aufzulösen, zum Schein befolgen mußte (Sinclair, S. 48).

Harte Beweise für ein geheimes Weiterleben des Ordens in Schottland gibt es nicht, nur Indizien, und die sind allesamt umstritten. Der gerade erwähnte Andrew Sinclair macht es sich am leichtesten: Er behauptet, daß der erste Großmeister nach 1307 William de Saint Clair war – sein direkter Vorfahr! Das Amt wurde dann angeblich bis zum Ende des 18. Jahrhunderts immer innerhalb der Familie weitervererbt, daher beziehe Sinclair sein Wissen über das Weiterleben des Tempels.

Einige eifrige Forscher wollen Templerfriedhöfe in Schottland entdeckt haben, die angeblich eine Verbindung zwischen dem Tempel und der Freimaurerei belegen. Lincoln/Baigent/Leigh haben einen in Argyllshire (also an der südwestlichen Küste Schottlands) ausfindig gemacht, dessen ältestes Grab aus dem 13. und dessen neuestes aus dem 18. Jahrhundert stammt. Die ältesten Grabsteine zeigen – so Lincoln/Baigent/Leigh – templerische Motive, wie man sie auch an den Kirchenbauten des Ordens auf der britischen Insel findet. Auf den etwas späteren mischten sich dann templerische und freimaurerische Symbole, was in ihren Augen deutlich beweist, daß die letzten der Armen Brüder ihr Wissen und ihre Traditionen unmittelbar an die Freimaurer weitergegeben haben. An drei weiteren Stellen Schottlands stehen Grabsteine, die möglicherweise an Tempelritter erinnern, die nach 1314 begraben wurden, doch bleibt die Datierung immer unsicher.

Zweimal scheinen die im Untergrund verschwundenen Ritter jedoch wieder aufgetaucht zu sein. Das erste Mal war bei der Schlacht von Bannockburn im Jahr 1314. Drei Monate nach dem Feuertod des Jakob von Molay fand ein Gefecht zwischen Robert Bruce, dem selbsternannten König von Schottland, und Eduard II., dem englischen König, statt. Den 6000 Schotten, die für ihre Unabhängigkeit stritten, standen 20 000 Engländer gegenüber – die Sache schien aussichtslos. Doch auf dem Höhepunkt der Schlacht tauchte laut Sinclair aus dem Nichts eine bisher zurückgehaltene Reserve der Schotten auf: Eine Horde

Ritter sei plötzlich auf die Engländer eingestürmt, habe die Bogenschützen attackiert und König Eduard und 500 Ritter in wilde Flucht getrieben. So mancher der entsetzten Engländer will das Banner erkannt haben, unter dem dieser Angriff geführt wurde: den schwarz-weißen Beauceant, die Fahne der Templer (Sinclair, S. 46). Nach dem historischen Sieg für die Freiheit Schottlands verschwand die Geisterkavallerie spurlos, erst über 300 Jahre später tauchte ein Beweis dafür auf, daß sie die ganze Zeit über weiterexistiert haben muß: Am 27. Juli 1689 fand eine Schlacht statt, bei der Iren und Schotten gegen das neue Herrschergeschlecht in Großbritannien, die Oranier, die Waffen erhoben. Der Anführer der Rebellen gegen England ließ im Kampf das Leben, und als er entkleidet wurde, entdeckte man an seinem Körper – ein Templerkreuz! (Hauf, S. 290).

Diese zwei Kriegsberichte sind allerdings mit Vorsicht zu genießen, echte Belege für diese Vorfälle gibt es nicht. Möglicherweise existiert aber ein Dokument, das beweist, daß der schottische Freimaurerbund tatsächlich direkt von überlebenden Templern gegründet wurde. Der Reichsfreiherr Karl Gotthelf von Hund versuchte um die Mitte des 18. Jahrhunderts, ein neues System der Freimaurerei einzuführen, die *Strikte Observanz*, eine Erweiterung des *Schottischen Ritus*. Er behauptete, von unbekannten Oberen damit beauftragt worden zu sein, das System einzuführen. Dieses stamme direkt von den Tempelrittern, die die blutige Auflösung des Ordens überlebten, indem sie nach Schottland geflohen waren. Seine Behauptungen versuchte von Hund durch ein höchst merkwürdiges Dokument zu stützen, nämlich durch eine Liste aller Großmeister des Templerordens, die an mehreren Stellen von der Liste abwich, welche die damalige Geschichtsschreibung für gültig hielt. Lincoln/Baigent/Leigh sind überzeugt, daß von Hunds Liste die richtigere ist (Lincoln/Baigent/Leigh, S. 139), und dann liegt der Schluß nahe, daß von Hund sie nur von den Templern selbst erhalten haben konnte! Doch seine Zeitgenossen konnten das natürlich nicht wissen, deshalb blieb die Zahl seiner Gefolgsleute – sie nannten sich »Tempelritter« – gering, zeit seines Lebens wurde von Hund als Scharlatan verspottet (Baigent/Leigh, S. 253).

3. Gab es ein Weiterleben in Frankreich?

Auch die französischen Neutempler verfochten den Anspruch, die einzigen legitimen Nachfolger des 1312 aufgelösten Ordens zu sein. Das Dokument, auf das sie sich stützten, ist die *Charta Transmissionis* (Charta der Weitergabe). Sie bestätigt indirekt den Wahrheitsgehalt der Legende von der Flucht nach Schottland, denn sie verdammt die nach Schottland entkommenen Brüder als Deserteure und schließt sie aus dem *Ordre du Temple* aus. Laut der Charta dürfen ausschließlich diejenigen als die wahren Erben des Ordens gelten, die die Organisation in Frankreich heimlich weitergeführt und nicht feige die Flucht ergriffen hätten. Die Charta Transmissionis trägt das Datum des 13. Februar 1324, bezeugt also scheinbar, daß der Orden zwölf Jahre nach seiner offiziellen Auflösung noch quicklebendig war. Der Großmeister Jean Marc Larmenius, unmittelbarer Nachfolger Jakobs von Molay, schreibt, daß er nun alt und müde sei und daher sein Amt an einen Jüngeren abgebe. Um in Zukunft den Kreis der ehrwürdigen Templer von den fahnenflüchtigen Schotten oder von den Johannitern, jenen »Verderbern der Ritterschaft«, abzugrenzen, führe er Geheimzeichen ein, »für alle Zeit unbekannte Symbole, auf mündlichem Weg zu übermitteln, in der Art, wie ich es bereits dem Generalkapitel mitgeteilt habe« (Sippel, S. 306 f.). Diesen Brief des Larmenius haben über die Jahrhunderte alle Großmeister des Ordens unterschrieben, bis zu Bernhard-Raimund Fabré-Palaprat, der zum Zeitpunkt der Veröffentlichung am 4. November 1804 an der Spitze der Templer stand. Auch eine Version der Statuten von 1705 ist uns überliefert, wie sie auf dem Generalkapitel beschlossen wurden, das angeblich im gleichen Jahr in Versailles stattgefunden haben soll. Diese Regeln spiegeln wider, daß der Orden inzwischen auf den Segen der Kirche verzichten mußte und sich daher aus Laien zusammensetzte. Obwohl die Zeiten sich verändert hatten, leisteten neue Rekruten trotzdem noch den Eid, sich »den Regeln unseres heiligen Vaters Bernhard unterzuordnen«, »die Pilger im Heiligen Land zu schützen« und ganz allgemein mit dem Schwert in der Hand »für das Kreuz und gegen die Gottlosen« zu kämpfen (Sippel, S. 315).

Was soll man von dieser angeblichen Fortführung des Tempels halten? Hartwig Sippel weist darauf hin, daß der Ordre du Temple natürlich nicht mehr genau mit der untergegangenen Bruderschaft vergleichbar sei, schon wegen der fehlenden Anerkennung durch die Kirche und der erzwungenen Heimlichtuerei. Er vergleicht den Ordre mit einer Auffanggesellschaft für ein in Konkurs gegangenes Großunternehmen, das von einigen ehemaligen Miteigentümern in einer anderen Rechtsform weitergeführt werde. Anfänglich nur eine Selbsthilfeorganisation für verfolgte Brüder, entwickelte sich der Ordre laut Sippel im Laufe der Jahre zu einer elitären Geheimgesellschaft, die den ersten Familien vorbehalten gewesen sei und die heimlich, still und leise einen starken Einfluß auf die französische Politik genommen habe – nur zum Besten des Landes natürlich, wie der Aufschwung Frankreichs zur kulturellen und politischen Großmacht beweise (S. 312 f.).

Apropos Beweis: Die Charta des Larmenius, auf die sich übrigens nicht nur der Ordre du Temple, sondern auch der um 1900 gegründete Ordo Novi Templi beruft, gilt unter Historikern als plumpe Fälschung aus dem frühen 18. Jahrhundert, was beide Vereinigungen natürlich vehement bestreiten.

Die Echtheit der Geschichten und Dokumente, die beweisen sollen, daß dieser oder jener Bund den einzig rechtmäßigen Nachfolger der Armen Brüder darstelle, sind alle mehr oder weniger umstritten. Wenn man aber boshaft sein will, kann man trotzdem behaupten, daß diese Geheimbünde sich als würdige Erben des Tempels zeigten – aber nur im schlechtesten Sinn. Nicht die Ideale des Ordens, nämlich Demut, Keuschheit und Kampfkraft, lebten in ihnen weiter, sondern die schlimmen Unsitten, die sich in den fast 100 Jahren der Untätigkeit eingebürgert hatten: der Hochmut, die Geheimniskrämerei, die absolute Nichtsnutzigkeit. Auch heute noch tauchen immer wieder neue Gruppierungen auf, die so phantasievolle Namen tragen wie »Souveräner Orden der Tempelritter von Jerusalem«, »Ordo Militiae Crucis Templi«, »Der Kreuzherren-Orden von Montfort« oder »Jacob-Molay-Collegium«. Diese Bünde verfolgen offiziell meist löbliche Ziele wie die Linderung von Armut oder die Völkerverständigung. In der Realität aber streiten sie ständig untereinander über die Frage, welcher Orden nun der legitime Nachfolger des Tempels sei. Und meist verschwinden sie ebenso schnell wieder, wie sie gegründet wurden (Lock, S. 47 ff.). Mit den Ur-Templern hat das alles natürlich nichts zu tun; die gesündeste Art der Völkerverständigung war nach Ansicht der Armen Brüder eine Kavallerieattacke, und auch von Mildtätigkeit hielten sie wenig, weil jedes dafür ausgegebene Gramm Silber im Kampf gegen den Islam gefehlt hätte. Hier soll kein pauschales Urteil über die angeblichen Erben des Tempels gefällt werden – das ist schon deshalb unmöglich, weil die Bünde, die sich auf dieses Erbe berufen, zahlreich sind und sich stark voneinander unterscheiden – aber man muß doch anmerken, daß die Idee einer Fortführung des Ordens im geheimen völlig absurd anmutet: Man kann nicht heimlich die Pilger schützen! Selbst wenn eine oder gar alle dieser Organisationen direkt von den Mönchsrittern abstammten, könnten sie sich dennoch nicht rechtmäßig auf ihr Erbe berufen: Ihre Mitglieder verfolgen andere Ziele, haben andere Ideale und leben weder als Mönche noch als Ritter.

Von Gérard de Sède haben wir einen überaus boshaften Bericht über den Tag, an dem Mitglieder des Ordre du Temple erstmals wieder an die Öffentlichkeit traten (de Sède, S. 124 ff.). Am 18. März 1808 herrschte demnach buntes Treiben um die Kirche Saint-Paul in Paris, deren Wände von weißem Stoff mit roten Kreuzen bedeckt waren. Vor dem Portal standen einige Bataillone der kaiserlichen Ehrengarde Spalier, die Kirche barst schon vor Gläubigen und Schaulustigen, und im Chor saßen prächtig gewandete Leute in ihren Pelzmänteln, auf deren linker Schulter ein rotes Kreuz prangte. Ihre Häupter bedeckten edle Hermelinbaretts, die mit goldenen Spangen geschmückt waren. Aber einer übertraf in seinem Glanz alle anderen: Bernard-Raymond Fabré-Palaprat, Nachfolger des Apostels Johannes, oberster Priester, Patriarch und Großmeister des Ordre du Temple, hielt in der einen Hand das Zepter, während die andere auf einem rubinbesetzten Schwertgriff ruhte.

Was für ein Augenblick für einen Mann, der noch vor wenigen Jahren als Hühneraugendoktor aus den Pyrenäen allen Menschen zu Füßen gesessen hatte! Was für ein Augenblick für einen Orden, der erst ein paar Jahre zuvor unter dem prosaischen Namen der *Gesellschaft zum Lendenbraten* gegründet worden war! Bei einer der Sitzungen im Jahr 1804 scheint dann der Lendenbraten mit etwas zu viel Wein heruntergespült worden zu sein, denn die Mitglieder beschlossen, sich einen Riesenspaß zu machen. Sie wählten Radix de Chevillon zu demjenigen, der der Welt die freudige Nachricht verkünden durfte, daß der Templerorden in Gestalt des *Lendenbratens* weiterlebe. Der Schwank lief prächtig, Fabré-Palaprat übernahm die Leitung der Gesellschaft, gab ihr einen seriösen Namen (Ordre du Temple) und trieb Reliquien auf, die den Anspruch des Ordre du Temple belegen sollten: Die oben erwähnte *Charta Transmissionis,* eine schwarzweiße Fahne, Sturmhaube, Schwert und sogar einige Knochen Jakobs von Molay. Und siehe – aus dem Jux entwickelte sich ein florierendes Geschäft. Der Orden verkaufte Ritterurkunden, Titel, Abzeichen, Medaillen und Insignien, die im nachrevolutionären Frankreich sehr gefragt waren; wieviel Geld der glückliche neue Großprior von Monomatapa und andere Würdenträger für ihre Titel anlegen mußten, ist aber leider nicht überliefert. Der Orden existiert übrigens noch heute; voller Spott schildert de Sède eine festliche Aufnahme in diese Gemeinschaft, der er um 1960 beiwohnen durfte: Über 100 Journalisten wohnten der Zeremonie bei, in der Don Jaime de Mora y Aragon, der Bruder der Königin von Belgien, dem Orden beitrat. Don Jaime, der aussehe wie Salvador Dalì, habe über die Auerhahnjagd parliert und eine Lobrede auf General Franco gehalten, während er huldvoll die Insignien entgegennahm (de Sède, S. 131). Unnötig zu erwähnen, daß er nicht aufs Kreuz spuckte und auch nicht den Hintern des Großmeisters küßte.

II. Der Schatz der Templer

Nach wie vor beschäftigen die verschwundenen Reichtümer des Tempels die Phantasie, und die Unsicherheit darüber, worin der Schatz besteht, ob er überhaupt existiert und wo er verborgen liegen könnte, scheint den Reiz nur zu verstärken. Aus der Tatsache, daß niemand das Versteck kennt, folgt, daß er überall sein könnte. Gerade in Frankreich liegt er vielleicht vor aller Augen; jede ehemalige Komturei kommt da in Frage. Mit Wünschelruten, Pendeln und genauester Analyse der alten Dokumente haben zahllose Schatzsucher in den vergangenen Jahrhunderten ihr Glück versucht, aber bisher haben nur die Urheber der Flut von Büchern und Fernsehfilmen über den Schatz der Templer auch Geld an ihm verdient. Denn bisher konnte ihn noch niemand aufspüren. Oder doch?

1. Die Grabungen auf Burg Gisors

Gérard de Sède erzählt in seinem Buch *Die Templer sind unter uns* eine faszinierende Geschichte über die jahrhundertelange Suche nach dem Gold der Templer. Dieses sei in jener Nacht vor den Verhaftungen auf drei mit Stroh bedeckten Karren aus dem Pariser Templerbezirk fortgeschafft worden. De Sède stützt diese Version auf Dokumente aus den Geheimarchiven des Vatikan. In ihnen fänden sich, so de Sède, die Aussagen von 72 Templern, die in Poitiers direkt von Clemens V. und seinen Kardinälen verhört worden seien. Einer der Verhörten, Johann von Chalon, habe dem Papst verraten, was er den Folterknechten des Königs verschwiegen hätte: Er gab zu Protokoll, daß er mit eigenen Augen gesehen hätte, wie am 12. Oktober 1307 drei Wagen unter der Führung von Gerhard von Villers und Hugo von Châlons den Pariser Tempel verlassen hätten, auf denen der gesamte Schatz des Generalvisitators verborgen gewesen wäre. Diese Karren wären in Richtung Meer gefahren, wo ihr Inhalt – auf 18 Schiffe verladen – das Land verlassen sollte. Obwohl de Sède die genaue Signatur dieses Protokolls in den Vatikanischen Archiven angibt, leugnet der Vatikan, im Besitz dieser Blätter zu sein. Um seine Geschichte zu beweisen, zitiert de Sède einen Brief aus der Feder von Clemens V., in dem der Papst die Namen von zwölf Würdenträgern des Ordens nannte, die den Häschern entkommen wären, unter ihnen die in der Aussage erwähnten Hugo von Châlons und Gerhard von Villers, der 40 bewaffnete Männer mit sich geführt hätte (de Sède, S. 138).

Der Schatz verließ also den Tempel, doch wo landete er schließlich? De Sède bezweifelt, daß die 18 Schiffe unbemerkt hätten auslaufen können, außerdem hätten Straßensperren, die König Philipp schon in der Nacht vor den Razzien in ganz Frankreich errichten ließ, dafür gesorgt, daß das Gold die Küste nie erreichte. Gewiß aber fiel es auch nicht den Polizeikräften der Krone in die Hände, denn einen solchen Erfolg hätte Philipp in vollen Zügen und öffentlich genossen. Die Bewahrer des Schatzes konnten ihn also an einem geheimen Ort in Sicherheit bringen. Aber wo? Und aufgepaßt, jetzt kommt der geniale Einfall de Sèdes: Erscheint es nicht absurd, daß der Inhalt von lächerlichen drei Karren auf 18 Schiffe verladen werden sollte? Nein, die Aussage mit den drei Karren war nicht wörtlich gemeint, sondern verbarg einen geheimen Hinweis auf den Ort, wo die letzten Templer ihren Schatz versteckt hatten: in Gisors, die de Sède die »Burg der drei Wagen« nennt! In der Erbauungszeit der Festung nämlich, von 1090 bis 1184, standen jeweils am 24. Dezember um Mitternacht »der Große und der Kleine Wagen einerseits, das Schiff [Argo] oder der Wagen der Meere andererseits von Gisors aus gesehen in Opposition« (de Sède, S. 182), das heißt Großer und Kleiner Wagen sind direkt am Nachthimmel sichtbar, der Wagen der Meere steht genau gegenüber am unsichtbaren Teil des Himmels, der unter der Erdscheibe liegt. Diese außergewöhnliche Konstellation, die sich nur einmal im Jahr ergibt, hatte nach de Sède den Grundriß der ganzen Burg bestimmt, ihre Baumeister waren sich der Positionen der Sterne am Himmel also bewußt gewesen und hatten die Burg nach dem Vorbild von Stonehenge nach dem Lauf der Gestirne ausgerichtet. Wie aber könnte der Templerschatz dorthin gelangt sein? Um ihr Gold sicher zu verschiffen, benötigten die Hüter des Schatzes einen kleinen Hafen, der von den königlichen Polizisten weniger genau überwacht würde. De Sède glaubt, daß sich das ziemlich genau nördlich von Paris liegende Eu dafür hervorragend geeignet hätte. Und Gisors liegt genau an der alten Römerstraße von Paris nach Eu. Spät in der Nacht des 12. Oktober 1307, so de Sède, erkannten die Templer, denen der Schatz anvertraut war, daß es angesichts der Polizeikontrollen zu riskant wäre, bis zur Küste weiterzureisen. Statt dessen versteckten sie das Gold in einer ihrer Burgen auf der Strecke: in Gisors. Damit das Wissen über den Verbleib des Schatzes nicht verlorenginge, verschlüsselten die Ritter den Namen des Orts. Selbst wenn ein Bruder unter der Folter ausplauderte, daß das Gold »in drei Wagen« wäre, konnte niemand etwas mit dieser Information anfangen – außer es handelte sich um einen Eingeweihten.

Nun könnte man das alles schlichtweg für an den Haaren herbeigezogen halten, wenn es da nicht die Geschichte Roger Lhomoys gäbe, der in Gisors tatsächlich einen Schatz gefunden haben will. Lhomoy wurde 1904 in Gisors geboren. Fasziniert lauschte er den Sagen, die sich die Leute über die Burg erzählten, die hoch über dem Städtchen thront. Dort soll einmal eine Königin Blanka gelebt haben. Feinde hatten sie belagert, doch sie durchbrach ihre Reihen und floh auf die nahegelegene Burg Neaufles, die aber sofort von den gegnerischen Truppen umstellt wurde. Als diese am nächsten Morgen Neaufles stürmten, fand sich keine Spur von Blanka, die kurz darauf wieder in Gisors auftauchte und von dort ihre Feinde in die Flucht schlug. Anscheinend gab es einen geheimen Verbindungsgang zwischen den zwei Burgen. In ihm – so der Volksmund – läge ein Schatz, von einem undurchdringlichen Tor geschützt, das sich nur einmal im Jahr auftat: während der Christmette, also am 24. Dezember um Mitternacht!

Eine Königin Blanka gab es übrigens wirklich, und sie erhielt die Burgen Gisors und Neaufles als Witwensitz; von 1359 bis zu ihrem Tod 1398 lebte sie dort, also nur wenige Jahre, nachdem die Templer die Burg geräumt hatten. Dies hatten sie übrigens nur sehr widerwillig getan: Über ein Jahr nach der Verhaftungswelle ermahnte König Philipp seine Polizeikräfte, doch endlich die Besatzung von Gisors zu arretieren (de Sède, S. 176).

Lhomoy war besessen von der Idee des Schatzes. Er ließ sich als Führer und Gärtner für die Burg anstellen und begann 1944 mit ersten, heimlichen Grabungen. Und zwei Jahre später entdeckte er tatsächlich etwas: In 16 Metern Tiefe, am Ende eines 13 Meter langen Querstollens, lag eine romanische Kapelle, 30 Meter lang, neun Meter breit, 4,5 Meter hoch. Dort fand er 19 Steinsarkophage und 30 Truhen aus kostbarem Metall, 2,5 Meter lang, 1,8 hoch und 1,6 tief.

Gleich am nächsten Tag erstattete Lhomoy bei der Gemeindeverwaltung Bericht von seinem Fund. Doch dann geschah etwas Merkwürdiges: Es fand sich keiner, der Lhomoys Geschichte nachprüfen wollte. Niemand wagte es, sich durch die engen und hochgradig einsturzgefährdeten unterirdischen Gänge zu quetschen. Der Bürgermeister veranlaßte sogar, daß ein Trupp deutscher Kriegsgefangener (damit niemand etwas ausplaudern konnte?) das Loch sofort zuschüttete. So verschwand – angeblich – der Templerschatz wieder in der Erde, wo er schon 600 Jahre gelegen war. Aber Lhomoy gab nicht auf. Sofort stellte er einen Antrag, weitergraben zu dürfen. Unfaßbare 16 Jahre mußte er warten, bis ihm die Genehmigung erteilt wurde. Als er endlich seine Arbeit wiederaufnehmen konnte, fand er die Kapelle zwar schnell wieder – doch sie war leer! 1964, also zwei Jahre später, erklärte das französische Militär die Burg zum Sperrbezirk. (Gesamte Schilderung nach de Sède, S. 12 ff.) Was die Armee dort suchte oder gar fand, weiß niemand. Und als de Sède begann, den Geheimnissen um Gisors nachzugehen, wurde er immer wieder in seiner Arbeit behindert. Die einschlägigen Dokumente sind aus den öffentlichen Bibliotheken und Archiven auf unerklärliche Weise verschwunden, und in manchen Büchern fehlen genau die Seiten, die sich mit dem Thema beschäftigen (de Sède, S. 32).

Eine faszinierende Geschichte, die bei weitem noch nicht zu Ende geschrieben ist. Fragen über Fragen bleiben: Was wußten der Bürgermeister, das Kultur- und das Verteidigungsministerium? Waren sie in irgend etwas eingeweiht, oder handelten sie auf Befehl von oben? Was steckt hinter der Geheimniskrämerei um die Burg, die bis heute anhält, obwohl der Schatz doch schon entfernt wurde? Warum hat nie jemand die Kapelle gesehen, auch bei der zweiten Ausgrabung nicht? Was befand sich in den Truhen? Warum hat Lhomoy nicht sofort nachgesehen und irgendein Beweisstück nach oben gebracht? Warum hatten schon damals, nach 1314, die überlebenden Templer den Schatz nicht gehoben, nachdem sich die Wogen ein wenig geglättet hatten? Oder waren die späteren Eigentümer der Burg vielleicht sogar heimlich mit den Templern im Bunde? Was hatte Wilhelm von

Gisors, der geheimnisvolle Großmeister der Prieuré de Sion, mit dem Untergang des Tempels und der Rettung des Schatzes zu tun? Und wo kam der Schatz überhaupt her, woraus bestand er? All diese Fragen müssen aufgrund mangelnder Informationen unbeantwortet bleiben. Freilich läßt sich bezweifeln, ob die Fragen selbst sinnvoll sind – denn de Sède liefert für seine Version ebensowenige Beweise wie Lhomoy. Man kann ihnen ihre spannenden Geschichten zwar glauben, muß es aber keineswegs.

Laut de Sède jedenfalls darf man die Geschichte mit den drei Karren nicht wörtlich nehmen, zumal angeblich die Polizei im Pariser Temple durchaus noch Gold fand. Nur konnte niemand sagen, ob dieses Gold tatsächlich den gesamten Reichtum des Ordens ausmachte, denn alle Unterlagen zu den Finanztransaktionen der Brüder waren verschwunden. Ebenso verhielt es sich mit den Kultgegenständen, deren Pracht Jakob von Molay in seinen Aussagen so rühmte: Wer weiß, ob nicht der allergrößte Teil in Sicherheit gebracht worden war und die wenigen Objekte, die dem König in die Hände fielen, nur der traurige Rest eines riesigen Schatzes waren? Sicherlich ins Reich der Fabel gehört jedoch der Bericht, wonach Jakob von Molay allein zwölf Pferde benötigte, um sein Gold und Silber 1307 auf der Reise von Zypern nach Frankreich mitzuführen (Hauf, S. 275). Wofür hätte er diesen Schatz denn gebraucht? Und wieso hätte er ihn ausgerechnet aus dem armen Zypern nach Frankreich mitgebracht, wo doch das Gold typischerweise immer von den Komtureien ostwärts an die Front mit den Moslems verschickt wurde und nicht umgekehrt?

2. Das Geheimnis von Rennes-le-Château

Schauplatz einer mindestens ebenso faszinierenden Schatzsuche wie in Gisors wurde auch Rennes-le-Château, ein verschlafenes Provinznest im tiefsten Süden Frankreichs. Was dort für die Forscher Lincoln/Baigent/Leigh als reine Schatzsuche begann, führte sie – nach eigener Aussage – bald immer tiefer in ein Labyrinth von Geheimnissen, deren Enthüllung ihrer Ansicht nach so revolutionäre Folgen haben könnte, daß ganze Kapitel der abendländischen Geschichte neu geschrieben werden müßten.

Alles hatte laut dem Autorentrio 1885 begonnen, als ein gewisser Bérenger de Saunière das Amt des Dorfpfarrers in Rennes-le-Château antrat. Obwohl er nur über das sehr geringe Einkommen eines Landpfarrers verfügte und kein privates Vermögen besaß, warf er seit dem Jahr 1896 mit Geld nur so um sich. Allein für Briefmarken gab er mehr aus, als er offiziell im ganzen Jahr verdiente. Er ließ die Kirche renovieren, baute sich eine Villa und legte ein Vermögen in Porzellan, antiken Skulpturen und seltenen Büchern an (Lincoln/Baigent/Leigh, S. 25). Unbestreitbar war er also zu plötzlichem Wohlstand gekommen. Darüber, woher dieser Reichtum stammte, wurde viel Tinte vergossen. So unterschiedlich die Spekulationen auch ausfallen, praktisch in jeder Theorie tauchen die Templer auf, und zwar an zentraler Stelle. Das liegt daran, daß das unwegsame und abgelegene Bergland Rennes-le-Château ein Kerngebiet des Ordens war; auf 52 Quadratkilometern lagen sechs Niederlassungen der Armen

Brüder, die wohl hauptsächlich dazu dienten, die Pilger-
straße nach Santiago de Compostela zu überwachen, die
durch das Gebiet führt. Es liegt also nahe, daß die Templer
1307, als sie schon ahnten, daß die Verhaftungen
unmittelbar bevorstanden, ihren Reichtum in der Region
in Sicherheit brachten, wo sie am stärksten vertreten
waren und wo sie am meisten Rückhalt in der Bevölkerung hatten. Im zwölften und 13. Jahrhundert war das
unwegsame Bergland um Rennes-le-Château eine Bastion der Katharer gewesen. Während der gnadenlosen
Ausrottung der Katharer in den »Kreuzzügen« von Papst
Innozenz III. hatten viele der Verfolgten Asyl in den Templerburgen des Languedoc gefunden, viele Katharer waren
dem Orden sogar beigetreten. Standhaft nämlich wider-
setzten sich die Templer Frankreichs dem päpstlichen
Befehl, gegen Christen – und seien sie auch Ketzer – das
Schwert zu erheben. Während dieser Periode der Verfolgung wurden die Templer und die Bewohner der Gegend
zu einer festen Gemeinschaft verschweißt, die gesamte
Region entwickelte sich zu einem einzigen Nest des
Widerstands gegen den französischen König und die
Amtskirche. Und tatsächlich konnten die Templer, die in
dem Ordenshaus auf dem Bézu lebten, einem Berg ganz
in der Nähe von Rennes-le-Château, 1307 ihren Häschern
entkommen. Egal, ob sie nun vorgewarnt worden waren
oder ob vielleicht sogar die örtliche Polizei sie absichtlich
entwischen ließ – klar ist jedenfalls, daß die Templer sich
hier wie Fische im Wasser bewegen und nach Belieben
verschwinden oder auftauchen konnten. Hier wäre der
Schatz des Tempels auf Jahrhunderte sicher verwahrt
gewesen. (Gesamte Darstellung nach Lincoln/Bai-
gent/Leigh, S. 18 ff., Anm. d. Autors.)

Woraus aber besteht nun der Schatz? Mehrere Legenden des Languedoc ranken sich um diese Frage. Eine Geschichte lautet zum Beispiel, daß in der Region tatsächlich der Tempelschatz ruht, der 70 n. Chr vom römischen Kaiser Titus aus Jerusalem entwendet wurde. Der Ausgangspunkt für diese Legende liegt im Jahr 1156, als der Großmeister Bertrand von Blanchefort, dessen Geburtshaus nur eineinhalb Kilometer entfernt lag, umfangreiche Grabungen in alten Goldminen um Rennes-le-Château veranlaßte (Hauf, S. 266). Dies geschah unter mysteriösen Umständen: Die Arbeiter holte Bertrand extra aus Deutschland, vermutlich, damit sie nichts darüber ausplaudern konnten, was sie unten in den Schächten suchten oder fanden. Die Gerüchte, die bald um diese merkwürdigen Aktivitäten entstanden, besagten, daß die Templer dort unten Gold schürften, doch das ist eher unwahrscheinlich: Schon die Römer hatten in dieser Mine nach Gold gegraben, bis es sich nicht mehr lohnte. Ingenieure, die im 17. Jahrhundert die Schächte untersuchten, schlossen aus, daß dort in den letzten tausend Jahren in größerem Stil Erz abgebaut wurde. Doch wozu brauchte Bertrand dann die eigens hergebrachten deutschen Minenarbeiter? César d'Arcons aus dem Ingenieursteam windet sich in seinem Bericht; er schreibt, vielleicht hätten sie Erz verhüttet, Gegenstände aus Metall gefertigt oder möglicherweise sogar eine Gruft ausgehoben und eine Art Safe angelegt (Lincoln/Baigent/Leigh, S. 84). Wollte Bertrand in dieser alten Mine vielleicht den Tempelschatz verstecken, der 70 n. Chr. aus Jerusalem geraubt worden war? Doch wie wäre der Schatz überhaupt in den Besitz des Ordens gekommen? Im Jahr 410 hatten die Westgoten ihn den Römern entrissen und an einem unbekannten Ort versteckt. Der merowingische König des Frankenreichs Dagobert II. heiratete eine westgotische Prinzessin und erfuhr vielleicht von ihr das Versteck des Schatzes. Doch er konnte daraus keinen Profit schlagen, denn im Jahr 678 (oder 679) wurde er im Alter von 26 Jahren ermordet.

Wie hängt das nun mit Bérenger de Saunière zusammen? Bei der Renovierung der Dorfkirche stieß der Pfarrer auf einige verschlüsselte Dokumente, die ihn auf ein Geheimnis hinwiesen. Eines davon trug den Text A DAGOBERT II ROI ET A SION EST CE TRESOR ET IL EST LA MORT. Zwei Übersetzungen sind möglich, und beide werfen mehr Fragen auf, als sie beantworten. Die erste lautet *Dieser Schatz gehört dem König Dagobert II. und Zion, und dort liegt er, tot*. Wer oder was aber verbirgt sich hinter Zion? Alternativ könnte man den Text auch mit *Das ist der Schatz von König Dagobert II. und Zion, und er ist der Tod*, das heißt er *bedeutet* den Tod, übersetzen. Von Hauf stammt die Interpretation, daß die Templer (oder ihre Vorgänger) möglicherweise in den Bergwerken einen Stoff gefunden hatten, der außerordentlich großen Wert besaß, der aber auch den Tod bringen konnte: Uran. Dies würde den Einsatz fremder Arbeitskräfte in den Minen erklären; sollten verdächtige Anzeichen für eine Verstrahlung auftauchen, konnte man die betroffenen Männer in ihre Heimat zurückschicken oder sie vor Ort sterben und verschwinden lassen. Auch, was die Templer mit dem Uran anstellten, will Hauf wissen: Sie mordeten damit langsam und heimtückisch. So erklärt sich, daß die Feinde des Ordens sämtlich noch im gleichen Jahr wie Jakob von Molay starben – oft aus nie geklärten Gründen. Sicher, Philipp der Schöne verunglückte bei einem Jagdunfall, aber ist es nicht denkbar, daß er nur vom Pferd fiel, weil die radioaktive Strahlung ihn schon so geschwächt hatte?

Eine nette Theorie, doch leider in höchstem Maß unwahrscheinlich: Hätte es in den Minen jemals Uranvorkommen gegeben, könnte man das heute problemlos nachweisen.

Der Haupteinwand liegt aber darin, daß es für das Uran bis ins 20. Jahrhundert hinein keine Verwendungsmöglichkeit gab – außer eben für Giftmord, und da scheint die Methode doch etwas arg aufwendig. Bis zur Entdeckung der Kernspaltung hatte Uran nur geringen materiellen Wert, der plötzliche Reichtum des Bérenger de Saunière bleibt mit der Hypothese vom Uranfund weiter unerklärt.

Lincoln/Baigent/Leigh stellen eine völlig andere Theorie auf; sie glauben, der Schatz sei immaterieller Natur, nämlich ein Geheimnis, das so gefährlich sei, daß interessierte Stellen jeden Preis dafür bezahlen würden, damit es nicht an die Öffentlichkeit gelangt. Ihrer Ansicht nach handelt es sich dabei um den unwiderlegbaren Beweis dafür, daß Jesus Christus nicht gekreuzigt wurde und mindestens bis ins Jahr 45 lebte. (Natürlich kann es so etwas wie einen unwiderlegbaren Beweis nicht geben; die Echtheit jedes Dokuments oder Belegs kann angezweifelt werden, Anm. d. Autors.) Doch wer sollte bereit sein, Unsummen dafür auszugeben, damit ein solcher Beweis niemals an die Öffentlichkeit gelangt? Die Antwort lautet: der Vatikan. Denn wenn Jesus nicht den Sühnetod für die Menschheit starb und nicht von den Toten auferstand, was bleibt dann von den zentralen Dogmen der katholischen Kirche? Angesichts dieser Hy-

248

pothese erscheinen einige Aussagen der Templer während des Prozesses in völlig neuem Licht: Bespuckten die Armen Brüder das Kruzifix, weil sie genau wußten, daß es Symbol für eine riesige Geschichtsfälschung war? Hielten die Oberen des Tempels den unwiderlegbaren Beweis dafür in ihren Tresoren versteckt?

Doch wie wären sie in seinen Besitz gelangt? Lincoln/Baigent/Leigh stellen eine direkte Verbindung zu den Katharern her, deren wichtigste Festung, Montségur, am 15. März 1244 fiel. Auch hier weiß die Legende von einem Schatz, genauer sogar von zwei Schätzen, die noch kurz zuvor weggeschafft wurden. Ihr Gold und Silber hatten die Katharer schon im Januar 1244 in Sicherheit gebracht, doch erst unmittelbar vor dem Fall der Festung retteten sie etwas, das offenkundig höchsten Wert für sie hatte, wenn auch nicht unbedingt materiellen Wert. Doch wohin konnten sie diesen Schatz überhaupt noch bringen, jetzt da ihre letzte Bastion gestürmt wurde? Möglicherweise zu den Templern in Rennes-le-Château, das nur eine halbe Tagesreise entfernt lag, und wo angeblich mehr als die Hälfte der Brüder selbst Katharer waren. Noch scheinen diese Zusammenhänge vielleicht konstruiert. Wenn man aber einen genaueren Blick auf den Glauben der Katharer werfe, würden, so Lincoln/Baigent/Leigh, einige Dinge klarer. Die Katharer glaubten an die Existenz von zwei Göttern, von denen der erste ein ausschließlich geistiges Wesen ist, das die reine Liebe repräsentiert. Der zweite Gott erschuf die gesamte Welt, die aber voller Fehler und unrein und daher verdammenswert ist. Aus dieser Zweiteilung folgte für die Katharer, daß Jesus nicht gleichzeitig der Gott der reinen Liebe sein und stoffliche Gestalt annehmen, geschweige denn gekreuzigt werden konnte. Auch die Katharer leugneten also, daß der Erlöser am Kreuz gestorben war. Stammte ihre Gewißheit vielleicht von »unwiderlegbaren Beweisen«, die im Jahre 1244 dann in die Hände der Templer übergingen? Es gibt noch andere Parallelen zwischen den Katharern und dem Ritterorden: Zum Beispiel zogen die Eingeweihten der Katharer immer nur zu zweit durch das Land, um sich – wie die Templer – gegenseitig vor der Versuchung zu schützen. Darüber hinaus verabscheuten die Katharer die Zeugung, nicht aber die Sexualität. Diese beiden Indizien sah man als ausreichend an, um die Katharer der kollektiven Homosexualität zu bezichtigen – ein Vorwurf, den man ja auch den Templern machte.

Trotz gewisser Gemeinsamkeiten darf man aber kaum annehmen, daß die Katharer wirklichen Einfluß auf den Ritterorden nahmen; ganz im Gegenteil steht zu vermuten, daß die beiden Gruppen sich herzlich zuwider waren: Zu stark unterschieden sie sich vom Charakter her. Einfach, bescheiden, weltabgewandt lebten die Katharer, ehrgeizig, stolz und in Wohlstand die Templer. Wenn die Katharer wirklich einen Schatz besessen hätten, hätten sie ihn wohl niemals den Rabauken vom Tempel überlassen.

3. Andere Orte, andere Schätze

Zwei letzte Geschichten über einen sagenhaften Schatz der Armen Brüder sollen hier noch erzählt werden, stellvertretend für eine ganze Anzahl von modernen Templerlegenden. Maurice Guinguand will seinen Lesern beweisen, daß die Templer ihr Gold nach Tomar in Portugal verschifft hätten, wo es bis heute ruhe. Bei näherer Betrachtung spricht tatsächlich einiges für diese Hypothese. Auf der iberischen Halbinsel brauchten die Herrscher 1307 dringend auch weiterhin die Kampfkraft der Ritterorden, weshalb die Templer dort während des gesamten Verfahrens mit Samthandschuhen angefaßt wurden. Und wirklich blieb der Orden in Portugal fast unbeschädigt erhalten; zwar gingen seine Güter in den neuen Christusorden über, doch im Grunde wurde so lediglich das alte Unternehmen unter neuem Namen fortgeführt. Und die Festung von Tomar, deren Bau 1160 begonnen worden war, fungierte als Hauptquartier der Templer in Portugal – was wäre naheliegender gewesen, als die geretteten Schätze dorthin zu bringen (Guinguand, S. 213)? Eine solch logische Erklärung stellt den Autor aber nicht zufrieden, er versucht zu beweisen, daß das Gold der Templer in Tomar ruht. Zunächst legt er dar, daß die Armen Brüder ganz herausragende Astronomen gewesen seien, die alle ihre Gebäude nach den Sternen orientiert und all ihre Handlungen danach ausrichtet hätten, was die Gestirne ihnen zu bestimmten Zeiten mitteilten. Auch die Zahlenmystik habe angeblich eine bedeutende Rolle im Leben der Templer gespielt: Die 13 und die 17 tauchten immer wieder auf. Laut Guinguand brachten die Fliehenden ihren Schatz von Paris zunächst in die Kirche Notre Dame de Sées (ausgesprochen »Se«), was für Guinguand schon einen wichtigen Hinweis auf das endgültige Ziel der Reise gibt: *Se* heißt nämlich auf portugiesisch *Kathedrale* – und in Tomar steht eine! Von Sées verfrachteten die Templer ihren Schatz nach Mont St. Michel, das genau 34 (zwei mal 17) Meilen entfernt liegt.

Dort luden sie ihn auf ein Schiff und setzten einen Kurs von 34 (!) Grad, der sie nach Serra d'El Reis in Portugal brachte, von wo der Rest des Wegs ein Kinderspiel war. In Gisors, so der Autor, brauche man gar nicht erst zu suchen, da es zwar 13 (!) Grad nördlich der tellurischen Linie Carcassonne-Bourges-Paris liege, doch ein wahrer Templer würde einen Schatz nur 13 Grad östlich der Linie verstecken (*Treize Ori*ent; die kursiven Buchstaben spricht man genau wie »Trésor«, französisch für Schatz, aus). In Rennes-le-Château hätten die Templer zwar ursprünglich einen Teil ihres Reichtums versteckt, doch sei eine Suche leider zwecklos, denn Bérenger de Saunière sei schneller gewesen (Guinguand, S. 140).

Obwohl Guinguand, wie auch zahlreiche andere Autoren, den Templern eine intime Kenntnis der Astronomie bescheinigt, deutet überhaupt nichts darauf hin, daß die Armen Brüder den Himmel erforscht hätten; in den Komtureien fand sich keine Spur von astronomischen Büchern, Tafeln oder Beobachtungsinstrumenten. Entweder hatten die Brüder also vor den Verhaftungen restlos alles in Sicherheit gebracht oder – viel wahrscheinlicher – es hat diese Bücher und dieses Wissen nie gegeben.

Mehr Erfolg verspricht deswegen vielleicht die Suche nach einem Schatz, der nicht nach esoterischen oder astronomischen Überlegungen versteckt ist, sondern der einfach innerhalb einer Familie weitergereicht wurde: Wenn man einer im *Guide de la France Mystérieuse* (Führer in das verborgene Frankreich; Wiedergabe der Quelle nach Guinguand, S. 98) zitierten Legende glauben darf, konnte Jakob von Molay nach seiner Verhaftung dem Fürsten von Beaujeu ein Geheimnis anvertrauen: Fabelhafte Reichtümer, unschätzbar wertvolle Dokumente und wunderbare Reliquien wie der rechte Zeigefinger von Johannes dem Täufer seien in einem Gewölbe unterhalb der Grabstätte der Templergroßmeister verborgen. Der Fürst bat, so die Legende, König Philipp um Erlaubnis, den Leichnam seines Onkels, eines Großmeisters, aus dieser Krypta zu entfernen. Statt des Sarkophags barg er aber die wichtigsten Stücke des Templerschatzes, um sie in seiner Heimat bei Lyon in Sicherheit zu bringen: die Geheimdokumente des Ordens, die Krone des Königreichs Jerusalem, den siebenarmigen Leuchter aus dem Tempelschatz Salomos und die vier goldenen Evangelisten aus der Grabeskirche in Jerusalem (Pernoud, S. 111). Wo genau er dort die Reichtümer versteckt hat, und was aus dem in der Krypta verbliebenen Teil geworden ist, erfährt man leider nicht.

III. Das Fortwirken der Templer

Wenn die Armen Brüder tatsächlich den Vernichtungsschlag überlebt haben und im Untergrund weiterexistierten, stellt sich natürlich sofort die Frage, was sie dort den ganzen Tag lang taten. Auch dazu gibt es die verschiedensten Theorien, von denen hier eine kleine Auswahl vorgestellt werden soll. Aus dem Umfeld der Freimaurerei stammt beispielsweise die Behauptung, die Tempelbrüder hätten die Gotik erfunden.

1. Waren die Templer die Baumeister der Gotik?

Nach Ansicht von Hartwig Sippel hat Europa den Templern die gotische Bauweise zu verdanken, eine Stilrichtung, die urplötzlich vollständig entwickelt und perfektioniert aufgetaucht sei. Als wichtigen Hinweis auf die Richtigkeit seiner Theorie führt Sippel an, daß die Rippenbögen, das zentrale neue Stilelement, zum ersten Mal etwa um 1130 im nordöstlichen Frankreich auftauchten, der Gegend, aus der alle Gründungsmitglieder des Tempels stammen (Sippel, S. 248). Die hellen, himmelwärts strebenden Kathedralen der Gotik seien nur aufgrund neuer Erkenntnisse in der Statik möglich geworden, die es vorher noch nicht in Europa gegeben habe. Sie seien vielmehr zufällig gerade damals aufgetaucht, als die Gründungsmitglieder des Templerordens zum Konzil von Troyes aus dem Orient angereist wären. Doch die Gotik beruht nicht nur auf einer neuen Technik, sondern ist für Sippel auch Ausdruck einer neuen, ans Mystische grenzenden Hinwendung zu Gott, wie sie vor allem Bernhard von Clairvaux gepredigt und gelebt hat: Die Pfeiler der gotischen Kirche streben dynamisch nach oben, als ob sie den Himmel berühren wollten. Nun war aber Bernhard ein Mann des Worts und nicht der Tat. Beauftragte er vielleicht die Templer damit, Bauwerke zu schaffen, die auch im Volk das Gefühl erwecken sollten, Gott, das Licht, sei gegenwärtig und mit den Händen zu greifen? Zwei Dinge hätten die Armen Brüder benötigt, um diesen Auftrag erfüllen zu können: sehr viel Gold – Louis Charpentier zählt über zwei Dutzend Großbaustellen auf, die die Templer angeblich allein zwischen 1140 und 1277 organisierten und finanzierten (Charpentier, S. 192) – und ein erstaunliches, ausgereiftes architektonisches Wissen. De Sède führt zwei mögliche Quellen im Orient an, aus denen sie die Geheimnisse der Statik erfahren haben könnten. Erstens gäbe es in Byzanz die Geheimkollegien der Baumeister, in denen seit der Römerzeit die Kenntnisse von Generation zu Generation weitergegeben worden seien, und zweitens die *Tarouq*, Kooperationen, in denen sich die Baumeister der Assassinen zusammengeschlossen hätten. Allein in der Provinz Tyrus hätten zehn

Burgen gestanden, die von dieser muslimischen Sekte gebaut worden seien und die den Templern als wichtige Lehrbeispiele für Statik gedient haben könnten (de Sède, S. 108 f.).

So oft und so gerne die Theorie auch wiederholt wird, die Templer hätten die Gotik erfunden, muß man sie doch – vorsichtig ausgedrückt – als kaum haltbar bezeichnen. Zu viele Fragen bleiben offen: Warum sollten die Moslems oder die Byzantiner irgendeinem gerade erst gegründeten Mönchsritterorden ihr geheimes Wissen verraten? Wo finden sich bei Byzantinern und Assassinen überhaupt Bauwerke, die als Vorläufer der Gotik gelten könnten? Warum sollten die Templer ihre Energien darauf verschwenden, im Abendland Kathedralen zu bauen, anstatt im Orient gegen den Islam zu kämpfen? Warum ging die Bautätigkeit nach der Zerschlagung des Ordens ohne Unterbrechung weiter? Insgesamt kann man mit ziemlicher Sicherheit behaupten, daß die Darstellung der Tempelritter als Baumeister völlig abwegig ist und offenkundig dem Versuch entspringt, über die Architektur eine Verbindung zwischen Tempel und Freimaurerei zu konstruieren.

2. Wer entdeckte Nordamerika?

Wenn man Andrew Sinclair glaubt, dann brachte ihre Suche nach einem sicheren Zufluchtsort die Templer sogar bis nach Nordamerika, und zwar knapp 100 Jahre vor Christoph Kolumbus. Sinclair führt in seinem Buch *The*

Sword and the Grail angebliche Beweise dafür an, daß einige der Armen Brüder 1307 nach Schottland entkommen seien, wo sie sich aber immer noch nicht sicher fühlen konnten, bestand doch weiterhin eine gewisse Bedrohung durch den Papst und den englischen König. Deswegen seien sie in Richtung Westen gesegelt, auf der Suche nach einem neuen Paradies außerhalb der Reichweite des Papstes. Die zentrale Figur hinter dieser Expedition nach Grönland und schließlich Nordamerika habe Prinz Henry von Saint-Clair, Earl von Orkney, geheißen. Ein hochgebildeter Mann, der den Nahen Osten besucht und gute Kontakte zu den Templern gepflegt habe – die natürlich genau die richtigen Männer für ein solch gewagtes Unternehmen waren. Erstens hatten sie gute Gründe, Europa zu verlassen, zweitens waren sie es ohnehin gewohnt, ihr Leben ständig aufs Spiel zu setzen, und drittens verfügten sie laut Sinclair über ein unerreichtes Spezialistenwissen auf nautischem Gebiet. Sinclair nennt sie die führenden Seeleute ihrer Zeit, die von den Arabern sowohl im Schiffsbau als auch bei der Navigation Dinge gelernt hätten, die im Abendland bis dahin unbekannt gewesen seien. Schon während ihrer Zeit im Heiligen Land hätten sich die Templer notgedrungen zu erfahrenen Seeleuten entwickelt, denn sie hätten ihren Nachschub aus Europa nur auf dem Seeweg sicherstellen können. Die Pilgerburg – eine der beiden Großfestungen der Templer – hatte nicht nur ihren eigenen Hafen, sondern verfügte sogar über eine eigene Werft. Als das Heilige Land dann endgültig verlorengegangen war und die letzten Templer nach Zypern ausgewichen waren, habe die Schiffahrt für sie natürlich nochmals an Bedeutung gewonnen, da man die Moslems ja nunmehr nur noch von der See her angreifen konnte. Mehr oder weniger gezwungen, hätten die Ritter das Pferd also gegen das Ruder eingetauscht. Den Hauptbeweis dafür, daß die Templerbrüder auf See tatsächlich allen anderen Christen deutlich voraus waren, sieht Sinclair in den waghalsigen Entdeckungsfahrten des Christusordens, der ja eine unmittelbare Fortführung des Tempels in Portugal darstellt. Vasco da Gama, der im Jahr 1497 den Seeweg nach Indien entdeckte, segelte unter dem Templerkreuz – das der Christusorden als Symbol übernommen hatte. Andere Autoren gehen noch weiter: Nach ihrer Ansicht war der Schwiegervater von Christoph Kolumbus ein Angehöriger, wenn nicht sogar Großmeister des Christusordens; von ihm soll Kolumbus die Karten für den Seeweg nach Westen erhalten haben (Hauf, S. 320). Allerdings widerspricht diese Geschichte der Version von Sinclair, denn Kolumbus segelte ja nicht über Grönland und Neufundland an die Ostküste des heutigen Kanada, sondern er landete etliche tausend Kilometer weiter südlich in der Karibik. Doch zurück zu Sinclairs Version der Reise: Die Suche der Templer nach einem neuen Jerusalem im Westen hat ihm zufolge insgesamt 14 Jahre gedauert, die Entdecker hätten sogar einige Kolonien gegründet. Jedoch habe keine von ihnen überlebt; die Gründe dafür seien bis heute unbekannt. Mögliche Spuren dieser Siedlungen fänden sich laut Sinclair an mehreren Orten des nordamerikanischen Kontinents: Bei Westford im US-Bundesstaat Massachusetts seien die Umrisse eines mittelalterlichen Ritters in einen Stein gebohrt – wegen der Verwitterung könne man sie allerdings nur noch mit viel Phantasie erkennen. Für eine andere Siedlung weiter im Süden gebe es bessere Beweise: Der noch heute existierende Turm von Newport auf Rhode Island sei von den Templern erbaut worden und habe ihnen als Leucht- und Wachturm gedient. Der runde Steinbau sei offenkundig nach einem Plan erstellt worden, der auf der Schottischen Elle beruhte und deutlich romanische Züge aufwies – ein Stil, in dem im 16. und 17. Jahrhundert, als Newport von den Europäern besiedelt wurde, kein Mensch mehr baute. Zu denken gebe auch das merkwürdige Aussehen und Verhalten der Einheimischen: Große, bronzefarbene, kultivierte Menschen hätten die Siedler begrüßt, die 1639 Newport gründeten.

Als Beleg für die Wahrhaftigkeit seiner Schilderung zitiert Sinclair den Reisebericht der Zeitzeugen Nicolò und Antonio Zeno. In ihrem Buch *Die Fahrten durch die Inseln unter dem Arktischen Pol und die Entdeckungen von 1390* schildern sie, was sie auf dieser Expedition mit eigenen Augen gesehen haben. Das Werk, das aus der *Erzählung des Zeno* und der *Karte des Zeno* besteht, sei über ein Jahrhundert lang verschollen gewesen und erst 1558 in Venedig teilweise wieder aufgefunden und veröffentlicht worden – so die Legende. Der Text bestätigt in etwa die Indizien, die Sinclair für eine Entdeckung Amerikas im 14. Jahrhundert fand, die Karte zeigt in *Estotiland* (heute Nova Scotia, Kanada) zwei Gebäude, die als Burg oder als Kirche interpretiert werden könnten. Nicht nur, daß dieser letzte »Beweis« ziemlich schwach ist, er ist noch dazu fast mit Sicherheit gefälscht. Die Karte und die Geschichte der Zenos stammen nämlich in Wahrheit aus der Mitte des 16. Jahrhunderts und wurden dann einfach rückdatiert. Auf diese Weise wollte der (venezianische) Autor des »Berichts« den Ruhm für die Entdeckung der Neuen Welt rückwirkend für Venedig beanspruchen, anstatt sie den verhaßten Genuesern mit ihrem Helden Christoph Kolumbus zuzugestehen.

Auch die anderen Belege, die Sinclair für seine These anbringt, können nicht überzeugen. So benötigt man schon eine ganze Menge Phantasie, wenn man im *Ritter von Westford* das Abbild eines Templers erkennen will. Und was die seemännischen Fähigkeiten der Armen Brüder betrifft, muß man Sinclairs Aussagen auch stark einschränken: Das Lateinersegel und den Kompaß brachten entgegen seinen Darstellungen nicht die Templer ins Abendland. Schiffe mit Lateinersegel waren schon seit dem achten Jahrhundert im Mittelmeer unterwegs, und den Kompaß in seiner heutigen Form kopierten italienische Seeleute des 13. Jahrhunderts bei ihren arabischen Kollegen.

Doch selbst wenn man die Geschichte genau so glaubt, wie Sinclair sie darstellt, bleiben etliche Fragen offen. So zum Beispiel, warum die Templersiedlungen alle untergingen. Warum gaben die geflohenen Brüder ein Land auf, in dem sie ungestört und in Wohlstand hätte leben können? Haben diese hervorragenden Verwalter und zähen Männer im milden Klima von Newport nicht überlebt? Schließlich waren sie Krieger und Mönche, aber ganz gewiß keine Bauern. Oder gewöhnten sie sich ein und starben dann schlicht wegen des Mangels an Nachwuchs aus? Zwar hätten sie vielleicht mit einheimischen Frauen Kinder zeugen können, doch das Keuschheitsgelübde der Brüder schloß eine solche Möglichkeit aus. So wie die Templerbesitzungen im Heiligen Land immer an der Nabelschnur der Komtureien im Westen gehangen waren, so hätten auch die Siedlungen in Amerika ständig von Europa aus versorgt werden müssen – zuvorderst mit jungen Männern. So erklärt auch Sinclair, warum die Kolonien zugrunde gingen: Als der Krieg zwischen England und Schottland wieder voll ausbrach, waren alle Brüder in Großbritannien zu stark eingespannt, um eine neuerliche Expedition auszurüsten und die Teilnehmer der letzten Reise abzulösen (Sinclair, S. 149). Aber dennoch stellt sich die Frage, was die Templer dann überhaupt in Amerika suchten. Schließlich scheint es unsinnig, in riesiger Entfernung von der Heimat eine Kolonie zu gründen, die keinen Zweck erfüllt, aber ständig versorgt werden muß.

3. Gab es Ordenskolonien in Südamerika?

Auch Louis Charpentier meint, eine enge Verbindung der Templer mit dem amerikanischen Kontinent nachweisen zu können. Er glaubt aber, daß die Armen Brüder deutlich weiter südlich gelandet sind, und auch erheblich früher. Andere Autoren sprechen sogar davon, daß die Templer schon seit 1269 Handel mit Südamerika getrieben hätten – also über 200 Jahre vor der sogenannten Entdeckung durch Kolumbus (Lincoln/Baigent/Leigh, S. 70). Stammte der sagenhafte Reichtum der Templer vielleicht sogar aus den Silberminen Südamerikas? Charpentier glaubt dies unbedingt, und er verweist darauf, daß Silbergeld im hohen Mittelalter sehr selten war, am Ende der Epoche jedoch das gängigste Zahlungsmittel überhaupt. Innerhalb dieser Periode muß also Silber in großer Menge produziert oder gefördert worden sein. Hier knüpft Charpentier an den Roman eines Schriftstellers namens Jean de la Varende an, der in seinem Buch *Die Edelmänner* schildert, wie die Templer regelmäßig nach Amerika segelten, um dort Silberminen auszubeuten. Wenn de la Varende – so Charpentier – seine Geschichte frei erfunden hätte, dann hätte er die Templer doch sicher spektakulärere Schätze nach Hause bringen lassen, also Gold und Edelsteine. Von der mexikanischen Halbinsel Yucatan brachten sie laut de la Varende ihre Schätze zu dem französischen Atlantikhafen La Rochelle, in dem ein wichtiger Teil der Templermarine ihren Stützpunkt hatte. In diesem Zusammenhang sollte zu denken geben, daß La Rochelle eine der wichtigsten Templerniederlassungen des Abendlandes war, obwohl denkbar ungeeignet für die Versorgung des Heiligen Landes – schließlich konnte man Palästina von jedem Mittelmeerhafen deutlich schneller erreichen. Sechs Hauptstraßen führten von La Rochelle strahlenförmig in alle Teile Frankreichs – eine ideale Voraussetzung dafür, das Silber auf die Komtureien im ganzen Land unauffällig zu verteilen und dann in Umlauf zu bringen. Denn die Templer hätten natürlich versucht, das Geheimnis ihres Reichtums so gut wie möglich zu bewahren und alle Spuren zu verwischen. Alle Belege für die Verbindung nach Südamerika hätten die Templer systematisch vernichtet – deswegen, so Charpentier, könne er auch keine echten Beweise für seine These liefern. Nur einige Merkwürdigkeiten seien ihm aufgefallen. Zum Beispiel wundert er sich darüber, wie die Azteken sich verhielten, als die ersten spanischen Eroberer in Yucatan landeten: Sie zeigten sich nicht erstaunt über den Besuch der bärtigen weißen Männer, sondern feierten die Wiederkehr des Gottes Quetzalcoatl, der örtlichen Legenden zufolge vom Meer her erschienen war, sie ihre Kultur gelehrt hatte, und schließlich wieder auf das Meer hinaus verschwunden war. Dieser Gott hatte zwar Menschengestalt, wurde aber von den Azteken – und den Mayas, die ihn Kukulkan nannten – oftmals als gefiederte Schlange dargestellt. Sowohl Quetzalcoatl als auch Kukulkan bedeutet wörtlich »Vogelschlange«. Und die Darstellung einer solchen Figur, die einen Schlangenkörper hat und den Kopf eines Hahns trägt, findet man auch auf dem Siegel des Großhofmeisters der Templer in Frankreich! Die Inschrift des Siegels stellt für Charpentier den endgültigen Beweis für die Richtigkeit seiner These dar: Sie lautet *Secretum Templi* – was man als *Geheimnis des Tempels*, aber auch als *Zufluchtsort des Tempels* übersetzen könne (Charpentier, S. 129). Weist dieses Siegel also nicht nur darauf hin, woher der wunderbare Reichtum des Ordens stammte, sondern auch darauf, wo die Brüder sich schon längst ein Refugium aufgebaut hatten, in das sie sich notfalls zurückziehen konnten? Flohen sie 1307 gar nicht nach Schottland oder Portugal, sondern nach Yucatan, wo sie schon eine Basis und gute Kontakte zu den Einheimischen hatten? So gut dem einen oder anderen Leser die Vorstellung gefallen mag, daß die letzten Templer irgendwo in der Nähe des heutigen Cancun in einem Liegestuhl am Meer saßen, eine Piña Colada schlürften und sich die alten Geschichten vom Kampf gegen die Moslems immer wieder neu erzählten, wahrscheinlich ist diese Möglichkeit nicht: Auf ganz Yucatan hat es nie Silber im Boden gegeben, die einzigen nennenswerten Silbervorkommen Mexikos liegen in der Nähe der heutigen Hauptstadt,

263

über 1000 Kilometer Luftlinie entfernt. Doch wenn man diesen kleinen mineralogischen Fehler korrigiert und annimmt, daß der Hafen deutlich nördlicher auf der Höhe des heutigen Veracruz lag, dann vereinigt diese Geschichte alle Zutaten eines wirklich gut gestrickten Mythos: Sie ist faszinierend und dabei nicht völlig unglaubhaft. Vor allem ist es praktisch unmöglich, zu beweisen, daß sie möglicherweise nicht der Wahrheit entspricht. Selbstverständlich findet sich in keinem Templerdokument auch nur der geringste Hinweis auf Amerika, denn verständlicherweise unterlag die Quelle des templerischen Reichtums allerschärfster Geheimhaltung. Natürlich fanden sich in Mexiko keine Überbleibsel der Armen Brüder: Die Konquistadoren trafen dort keine Mischlinge, weil die nach Amerika abkommandierten Templer weiterhin an ihr Keuschheitsgelübde gebunden gewesen waren und daher keinen Nachwuchs in die Welt gesetzt hatten. Aus dem gleichen Grund konnte auch keine Templerkolonie in Mexiko langfristig überleben. Als die ersten Spanier eintrafen, war der letzte der 1307 geflohenen Brüder schon vor über 100 Jahren gestorben.

Was die Templer übrigens nach Ansicht von Charpentier mit dem Silber anstellen, soll hier nicht verschwiegen werden: Sie wandelten es in Gold um.

4. Waren die Templer Alchimisten und Propheten?

Wie schon in Teil 4 kurz erwähnt, glaubt de Sède, daß der merkwürdige Name des von den Templern verehrten Kopfes *Baphomet* aus dem Griechischen abgeleitet ist und *Färber des Mondes* bedeutet. Alchimisten bezeichnen so die Menschen, denen es gelungen ist, den silbernen Mond golden zu färben, also Silber in Gold zu verwandeln. Woher aber hatten die Templer das Wissen? Direkt von Salomo, sagt Charpentier. Denn es sei bekannt, daß Salomo Gold im Überfluß besaß, doch die Quellen seines Reichtums blieben im dunklen; Legenden zufolge habe er sein Gold selbst gemacht und im *Hohenlied Salomos* sein Wissen über diesen Prozeß weitergegeben. Man erinnere sich, daß schon in den ersten Jahren des Templerordens umfangreiche Grabungen in dem Fundament des Tempels Salomos stattgefunden haben sollen. Fanden die armen Brüder dort das Rezept, wie man unedle Metalle in Gold umwandelt? Ja, glaubt de Sède, aber sie wendeten keine schwarze Magie an, wie ihnen während des Prozesses vorgeworfen wurde. Ganz im Gegenteil stelle die Alchimie eine zutiefst christliche Beschäftigung dar, denn nur Scharfsinn und eine übermenschliche Geduld führten zum Ziel. Alle Dinge strebten aus sich heraus der vollkommenen Form entgegen, Silber »wolle« also Gold werden, der Alchimist suche nur nach einem Katalysator, der diesen Prozeß beschleunige. Und in diesem Prozeß läutere der Alchimist nicht nur das Metall, sondern sich selbst, auch er gehe in einen vollkommeneren Zustand des Seins über (de Sède, S. 98).

Das Endprodukt des Vorgangs sei der Stein der Weisen, die Substanz, mit deren Hilfe unedle Stoffe in Gold verwandelt werden könnten. Dennoch scheine es eher nebensächlich, ob die Templer diesen Stein der Weisen tatsächlich gefunden haben, denn allein durch den Prozeß der Suche erhebe sich der Alchimist in eine höhere Bewußtseinsebene. Eine Ebene möglicherweise, auf der der Forscher aufhöre, Gefangener der Zeit zu sein.

Nach Piobb trifft genau das für die Templer zu. In seinem Buch *Nostradamus* versucht er nachzuweisen, daß die *Prophezeiungen* gar nicht aus der Feder des Astrologen stammen, sondern in Wirklichkeit von den Templern geschrieben wurden, und zwar nach der offiziellen Auflösung des Ordens. Einige der Brüder hätten die Zukunft voraussehen können, denn sie hätten eine Bewußtseinsebene erreicht, auf der die normale Richtung der Zeit und die Trennung in Vergangenheit und Zukunft nicht mehr gelte. Dies vermöge nur der Alchimist, der das ursprüngliche Eine schon beinahe erreicht habe, denn das »steht außerhalb der Zeit und enthält alles, was gewesen ist, was ist und was sein wird« (de Sède, S. 93). Wir alle betrachten es als selbstverständlich, daß wir in die Vergangenheit blicken können und genau »sehen«, was vorgefallen ist. Doch wer sagt, daß man nicht genausogut die Zukunft sehen kann, wenn man in die entgegengesetzte Richtung blickt? Offenkundig ist das nicht so einfach, doch laut Piobb und de Sède haben einige Templer herausgefunden, wie man es macht. Nach Piobb muß man das Buch von Nostradamus als eine Historie der Zukunft betrachten – als ein gewöhnliches Geschichtsbuch, mit dem einzigen Unterschied, daß es gedruckt wurde, bevor die Ereignisse tatsächlich stattfanden. Doch Nostradamus (oder wer immer dieses Buch schrieb) habe natürlich nicht gewollt, daß jedermann von diesem unfaßbar wertvollen Wissen über die Zukunft profitieren könne. Nur die legitimen Nachfolger des Tempels, nur die Eingeweihten sollten Nutzen daraus ziehen. Deswegen habe er den Text so geschickt verschlüsselt, daß wir selbst heute noch rätseln, was er gemeint haben könnte. Derjenige jedoch, so Piobb, der die mysteriösen Sprüche von Nostradamus zu deuten wisse, entnehme aus dem Buch nicht nur das Wissen über die Zukunft, sondern auch eine genaue Anweisung, was genau er wann zu tun habe. Der Eingeweihte erfahre also nicht nur, was er tun müsse, sondern auch gleichzeitig, was das Ergebnis seines Handelns sein werde.

Wie schon im vorhergehenden Teil kurz erwähnt, findet man in den Prozeßakten die Aussagen, daß geheime Versammlungen stattgefunden hätten, auf denen einige Brüder Figuren mit zwei Gesichtern verehrten. Auch auf etlichen Templerbauten tauchen Abbildungen eines Wesens mit zwei Gesichtern auf. Sippel nimmt an, daß es sich dabei um Janus handelt, den römischen Gott des Jahreswechsels, der mit dem einen Gesicht auf die Vergangenheit zurückblickt und mit dem anderen in die Zukunft schaut (Sippel, S. 262). Warum aber ziert ein heidnischer Gott viele Templerkirchen? Symbolisieren diese Reliefs vielleicht die Fähigkeit mancher Ordensmitglieder, wie Janus in die Vergangenheit und in die Zukunft zu blicken?

Selbst der Name des angeblichen Autors der *Prophezeiungen* kann als versteckter Hinweis auf die Templer gedeutet werden: Nostradamus, eigentlich Michel de

Notredame. Notre Dame jedoch ist die Bezeichnung der Gottesmutter Maria, die die Schutzpatronin des Ordens war!

Doch damit nicht genug; es gibt auch eine enge Verbindung zwischen den Templern und einem anderen berühmten Seher, dem irischen Mönch Malachias. Aufgrund von Visionen erstellte Malachias eine Liste von Beinamen für alle zukünftigen Päpste. Er starb 1148 – in den Armen von Bernhard von Clairvaux, dem geistigen Vater des Tempels. Bernhard zeigte sich von der Heiligkeit des irischen Mönchs so fasziniert, daß er sogar eine Biographie über ihn schrieb. Sind das alles nur Zufälle, oder gibt es tatsächlich ein geheimes Wissen, das auf ungeklärtem Weg in den Orden gelangte? Wie sonst könnte man einige unglaubliche Zufälle in der Geschichte der Templer um 1307 und danach erklären? Wieso entkamen einige Templer dem völlig überraschenden und hervorragend geplanten Schlag des Königs Philipp? Wie konnten sie sogar noch den Schatz und die Dokumente rechtzeitig in Sicherheit bringen? Waren die letzten Worte des Jakob von Molay auf dem Scheiterhaufen gar kein Fluch, sondern eine Prophezeiung? Schließlich wußte Jakob zu diesem Zeitpunkt vielleicht schon, daß sowohl der König als auch der Papst innerhalb eines Jahres sterben würden.

In ihrem Buch *Der Tempel und die Loge* vertreten Baigent/Leigh die Ansicht, daß zumindest eine Weissagung des Nostradamus direkt als Handlungsanweisung verstanden wurde: Der gewaltsame Tod, den er dem französischen König Heinrich II. prophezeite, trat 1559 dadurch ein, daß ein Offizier der Schottischen Garde, Gabriel de Montgomery, Heinrich II. während eines Turniers »versehentlich« so schwer verletzte, daß dieser an seinen Wunden starb. Baigent und Leigh glauben nicht an einen tragischen Unfall, denn die Schottische Garde, ein Eliteregiment des französischen Königs, setzte sich hauptsächlich aus Söhnen des schottischen Adels zusammen, bei dem die aus Frankreich geflohenen Templer nach 1307 mit offenen Armen empfangen worden waren. Auch 250 Jahre nach ihrer Vertreibung hätten die Nachkommen der Templer noch einen starken Groll gegen das französische Königshaus gehegt – möglicherweise hätten sie 1789 sogar für den Sturz der Monarchie in Frankreich gesorgt (Baigent/Leigh, S. 133 ff.).

5. Steckte der Orden hinter der Französischen Revolution?

Egal, ob die Erben des Tempels nun nach den Anweisungen von Nostradamus handelten oder nicht, etliche Autoren sind fest davon überzeugt, daß die Templer letztendlich die Monarchie in Frankreich zu Fall gebracht haben. Kann es denn Zufall sein, daß während der Französischen Revolution die königliche Familie ausgerechnet im Temple gefangengesetzt wurde, dem ehemaligen Hauptquartier des Ordens? Nannten sich die Mitglieder der Gruppe, die das Zentrum der Opposition gegen die Monarchie bildete, vielleicht in Anlehnung an den letzten Großmeister die *Jakobiner?* (Nach der offiziellen Geschichtsschreibung benannte man die Jakobiner nach ihrem Versammlungsort, dem Kloster Saint-Jacques in

Paris, Anm. d. Autors.) Und nach der Hinrichtung Ludwigs XVI. sprang angeblich ein Mann aufs Schafott, tauchte seine Hand in das Blut des Geköpften und zeigte sie der Menge mit dem Schrei: »Jakob von Molay, du bist gerächt!« (Baigent/Leigh, S. 70).

Louis Cadet, der während der Zeiten des *terreur*, der Schreckensherrschaft, im Gefängnis landete, war überzeugt, daß allein die Templer hinter der gesamten französischen Revolution standen. In seinem Buch *Das Grab des Jakob von Molay* entwickelte er eine wilde Theorie über eine Linie von geheimen anarchistischen Verschwörern, die bei den Assassinen in Syrien begänne. Die Templer seien früh mit dieser Sekte in Berührung gekommen, die vor allem dafür bekannt war, daß sie politische Gegner hinterrücks ermordete – das französische Wort für Mörder, assassin, stammt daher. Von deren anarchistischen Ideen infiziert, hätten die Templer Verschwörung und Meuchelmord nach Europa getragen, wo sie deswegen natürlich bald verboten worden seien – doch umsonst. Vier Logen hätten nach 1314 von Neapel, Paris, Edinburgh und Stockholm aus im geheimen weitergearbeitet, bis sie die französische Monarchie zu Fall gebracht hätten und das Land im Blut des *terreur* versunken sei. Diese Version wurde populär – was an der Zweifelhaftigkeit ihres Wahrheitsgehalts jedoch wenig ändert.

Abschließend muß noch einer der frühesten Mythen erläutert werden: die Gleichsetzung der Templern mit den legendären Gralshütern. Auch die Armen Brüder hieben gern in dieser Kerbe, konnten sie sich doch so als Orden mit göttlichem Auftrag stilisieren.

6. Behüteten die Templer den Heiligen Gral?

Etwa seit Mitte des zwölften Jahrhunderts, also kurz nach der offiziellen Gründung des Templerordens, faszinierte eine Geschichte das gesamte christliche Abendland: die Gralslegende. Der *Perceval* des Chrétien de Troyes stellte die erste, noch unvollendete Version des Stoffes dar; es folgten zahlreiche andere Romane ähnlichen Inhalts, deren wohl berühmtester, der *Parzival* des Wolfram von Eschenbach, zwischen 1195 und 1219 entstand.

Immer ging es in diesen Werken um den Heiligen Gral, ein Objekt von ungeheurer mystischer Bedeutung. Doch was der Gral überhaupt ist, davon vermitteln die Romane unterschiedliche Vorstellungen. Für manche Autoren war es der Kelch des letzten Abendmahls, für andere das Gefäß, in dem Joseph von Arimathäa das Blut des Gekreuzigten aufgefangen hatte. Wolfram von Eschenbach benutzte in seinem *Parzival* sowohl den Ausdruck *Gral* als auch *lapsit exillis* – ein kryptischer Ausdruck, der wohl lateinisch sein sollte und mit dem Wolfram möglicherweise *lapsit ex coelis* (lateinisch für »er fiel vom Himmel«) oder *lapis elixir* (»Stein der Weisen«) meinte. Ebenso unklar blieb, welche Eigenschaften und Kräfte der Gral hat. Meistens wurde ihm zugeschrieben, denen Gesundheit und ewiges Leben zu spenden, die ihn schauen dürfen. Seine Nähe bringe die Bäume zum Blühen und die Pflanzen zum Sprießen; wer ihn besitze, dem schaffe er unermeßlichen Reichtum. Doch in den meisten Epen ist der Gral verloren, und nur die tüchtigsten und gottesfürchtigsten Ritter können ihn wiederentdecken. Kein Wunder also, daß die Gralsepen die Phantasie bis heute beschäftigen! Wer wüßte nicht gerne, wo er diesen Gegenstand finden kann, der den Betrachter näher zu Gott führt, länger leben läßt und ihn – quasi als Dreingabe – mit Gold überschüttet.

Etliche Forscher glauben zwischen den Versionen des Parzivalstoffes und der Geschichte des Templerordens so viele Parallelen zu erkennen, daß sie von einem tieferen Zusammenhang überzeugt sind. Warum, so fragen sie, fanden die Gralsepen genau zu der Zeit solche Verbreitung, in der die Armen Brüder den Höhepunkt ihres Ruhmes erklommen? Hatte ihr sagenhafter Reichtum, hatte ihre Geheimniskrämerei damit zu tun, daß sie den Heiligen Gral entdeckt hatten? Die Hüter des Grals jedenfalls nannte Wolfram von Eschenbach *Templeisen*, sie trugen weiße Gewänder und waren ganz offensichtlich nach dem Vorbild der Templer geschaffen, die der Autor des *Parzival* bei einer Reise ins Heilige Land in Aktion gesehen hatte. Im *Perlesvaus*, einem Roman des frühen 13. Jahrhunderts, trugen die weißgekleideten Hüter des Grals sogar ein rotes Kreuz auf der Brust! Im Volk begann man tatsächlich zu glauben, der Tempel hielte den Gral in Händen, und die einzelnen Brüder taten nichts dazu, diese Spekulationen zu entkräften, sondern hüllten sich in vielsagendes Schweigen.

Ein Zusammenhang zwischen Gralslegende und Templerorden muß übrigens gar nicht erst konstruiert werden, er ist ganz offenkundig. In die Gralsepen und die Gründung des Tempels sind nämlich genau dieselben zisterziensischen Reformideen eingeflossen: Zumeist stellten die Epen ein weltliches, verrohtes Rittertum dar, das erst durch Läuterung und Hinwendung zu Gott einen Weg einschlug, der sowohl den Rittern als auch der Bevölkerung zum Heil gereichte. Die Gralshüter trugen deswegen weiße Gewänder, weil die Autoren der Gralsromane sich am Vorbild der Zisterzienser orientierten, und nicht etwa wegen der Templer (die ja ihr weißes Habit auch von den Zisterziensern übernommen hatten). In der Legende steht die Suche nach dem Gral im Vordergrund, der Gral als Objekt an sich hat geringere Bedeutung: Diese Idee erinnert stark an den Mystizismus Bernhards von Clairvaux, der sein Leben der Suche nach Gott widmete, obwohl er wußte, daß er ihn zu Lebzeiten niemals finden konnte. Der Weg ist das Ziel. Nur der Ritter, der sich ganz in seine Aufgabe versenkt, der sich im wahrsten Sinne des Wortes aufgibt, kann das finden, was der Gral symbolisiert, nämlich die ekstatische Vereinigung mit Gott – oder das himmlische Jerusalem, wie Bernhard von Clairvaux es genannt hätte. Haben die Templer nun dieses himmlische Jerusalem gefunden? Manche Autoren glauben tatsächlich, daß die Templer noch heute den Heiligen Gral halten. Diesen unkritischen Verehrern des Ordens muß man den Vorwurf machen, daß sie den mystischen Gehalt der Legende nicht verstanden haben: Das Heil liegt nicht im bloßen Besitz des Grals. Wolfram von Eschenbach zeigt eindrucksvoll, was mit denjenigen passiert, die ihn zwar gefunden haben, sich seiner aber nicht als würdig erweisen: Rast- und ziellos zieht Parzival durch die Lande, immer auf der Suche nach neuen Abenteuern, wobei ihm aber Sieg oder Niederlage gleichgültig sind. Das scheinbar unerreichbare Ziel ist es, den Gral wiederzusehen. Die Gralsgesellschaft selbst rekrutiert sich zwar aus den Edelsten und Besten und darf auch einmal täglich den Gral schauen. Dennoch ist sie weit entfernt von der Vollkommenheit: Ihr Gralskönig Amfortas leidet an einer unheilbaren Wunde im Unterleib, die ihm mit einer Lanze beigebracht wurde – ein offensichtlicher Hinweis auf sexuelle Verfehlungen. Seine Umgebung kann ihm jedoch nicht helfen, sondern ist zur Untätigkeit verdammt. Die »Templeisen«, die eigentlich Länder regieren und im göttlichen Auftrag als Schutzmacht der Hilfsbedürftigen wirken sollen, leben an ihre Gralsburg und ihren siechen König gefesselt. Nur die göttliche Gnade kann sie aus diesem Zustand der Agonie erlösen. Die Gralsgesellschaft bei Wolfram ist also alles andere als ein mythisches Ideal, sondern vielmehr heruntergekommen, in ihrer Tatkraft gelähmt und schuldverstrickt.

Im *Parzival* begegnet man bekannten Motiven aus der Geschichte der Templer. Tatsächlich scheint es, als ob Wolfram mit seinem Roman den Auf- und Abstieg des Ordens beschrieben hätte. Alles begann mit einem höchst löblichen Aufbruch, dem Projekt eines neuen, besseren Menschen. Diese harte Suche nach dem Göttlichen in jedem Menschen zog zunächst starke, gläubige und demütige Ritter an. Doch irgendwann einmal ging der Anfangsschwung verloren, die Aufgabe – die Verteidigung des Heiligen Landes – verschwand aus den Augen, bald lebten die Ritter ohne Ziel und Zweck, kaserniert in ihren Burgen. Selbstzufriedenheit und Dekadenz machten sich breit und führten zum unvermeidlichen Abstieg und Verfall; König Philipp versetzte dem Tempel nur den Gnadenstoß, das Ideal des Mönchsritters war im Orden schon lange tot.

Schlußwort

Das Ziel, Mönch und Ritter in einer Person zu vereinigen, war äußerst ehrgeizig, fast utopisch. Es bedurfte außerordentlicher Fähigkeiten, nach den Idealen der Templerregel zu leben. Nur wenige Menschen mit bewundernswerter Stärke schafften das. Doch der Großteil der Rekruten besaß diese Größe nicht. Die Situation verschärfte sich nach dem Verlust Jerusalems 1187, der die Ritter angesichts der neuen Übermacht der Moslems zur Untätigkeit verdammte. Im 13. Jahrhundert gerieten die strengen Vorschriften der Templerregel zunehmend in Vergessenheit, und die Mönchsritter lebten auf eine Weise, die ihrem Gründer Hugo von Payens Tränen des Zorns ins Gesicht getrieben hätte: unnütz und unheilig; weder als Mönche noch als Ritter.

In historischen Dimensionen betrachtet, ist der Templerorden nicht mehr als eine unbedeutende Fußnote der mittelalterlichen Geschichte. Selbst die Kreuzzüge, so der berühmte Mediävist Jacques Le Goff, seien nur eine unwichtige Episode gewesen, deren einziger Nutzen in der Einführung der Aprikose bestanden habe (Le Goff, S. 77). Nichts Greifbares ist von den Templern übriggeblieben, alle ihre Burgen liegen in Trümmern – ganz im Gegensatz zu den Festungen der Johanniter: Deren prächtigste Burg, Krak des Chevaliers, erhebt noch heute ihre stolzen Mauern über das südliche Syrien und verlacht das Schicksal der Templer. Gestehen wir es uns ein: Die Armen Brüder Christi haben keine Geschichte gemacht. Aber sie haben uns Geschichten gegeben. Der hehre Anspruch der Ordensgründer, die Utopie vom heiligen Krieger, der Wahnsinn Gerhards von Ridefort, der ungleiche Kampf zwischen dem listenreichen König Philipp und dem schlichten Jakob von Molay; all dies sind Kapitel einer bewegenden, zutiefst menschlichen Tragödie.

Allein die historisch verbürgte Geschichte ist schon faszinierend. Aber noch mehr beschäftigen die Löcher in der offiziellen Geschichte des Ordens bis heute unsere Phantasie. Was taten die »neun armen Ritter« in den Jahren von 1119 bis 1126, als sie zwar schon zu einem Orden vereinigt waren, aber nicht nach außen traten? Wie würde Europa heute aussehen, wenn die geistlichen Ritterorden in Aragon ihren eigenen Staat gegründet hätten? Wohin verschwanden die Dokumente und die Schätze der Templer – oder hat es diese Schätze gar nie gegeben? Entsprachen die von König Philipp erhobenen Anschuldigungen vielleicht teilweise doch der Wahrheit? Warum sonst verteidigte der Papst Clemens den Orden nicht vehementer? Was geschah mit den Templern, die sich einer Verhaftung entziehen konnten? Haben sie den Orden heimlich weitergeführt? Dies sind die wichtigsten Fragen, sich bis heute um die Templer ranken.

Die Lücken in der Geschichte des Ordens werden nie endgültig geschlossen werden – dafür gibt es einfach zu wenige schlüssige Dokumente oder andere Quellen. Je nach Ge-

schmack kann man also die Armen Brüder als Ketzer, Gottes-
lästerer, Weltverschwörer, Hüter des Heiligen Grals, Alchimisten und/oder Wahrsager betrachten, wie es die Autoren getan haben, deren Thesen in diesem Teil vorgestellt wurden.
Fast immer schwelgen diese Mythen in Extremen: Nie sind
die Templer mittelmäßig, durchschnittlich oder langweilig,
sondern immer unglaublich gut oder unfaßbar böse, heilig
oder dämonisch. Bei der Beschreibung der Ritter scheint es
nur zwei Farben zu geben, Schwarz und Weiß: die Farben
des Ordensbanners. Die Wahrheit liegt natürlich wie immer
in der Mitte. Die Tempelritter waren weder Dämonen noch
Heilige, sondern einfach Menschen mit Stärken und Schwächen. Aber sie haben Großes gewagt. Historisch mögen sie
aufgrund ihres Scheiterns bedeutungslos sein, aber als
menschliches Drama ist der Aufstieg und Fall des Ordens
eine große Geschichte.

Doch noch ein letztes Mal zurück zur Lieblingsfrage der
Forschung: Haben Teile des Ordens überlebt? Im Grunde
kann jeder sie nach eigenem Gusto beantworten. Denn
es wird sich nie beweisen lassen, daß der Orden nicht im
geheimen weitergewirkt hat. Daher dürften auch immer
wieder neue Theorien zum Weiterleben der Templer auftauchen. Und solange diese Geschichten den bekannten
Tatsachen nicht widersprechen und damit nicht nachweislich falsch sind, bleibt es dem einzelnen überlassen,
ob er sie plausibel oder auch nur unterhaltsam genug
findet, um ihnen Glauben zu schenken. Sie allesamt ohne
Prüfung in Bausch und Bogen zu verwerfen, ist unwis-
senschaftlich und führt zudem nur in eine Sackgasse:
denn ein sicheres Wissen über das Schicksal der Templer
gibt es nicht und wird es nie geben. Die Spuren der Ritter
sind im Dunkel der Geschichte verlorengegangen.

Literaturverzeichnis

Baigent, Michael/Leigh, Richard: *Der Tempel und die Loge.* Bergisch-Gladbach 1990.

Beck, Andreas: *Der Untergang der Templer.* Freiburg 1992.

Boockmann, Hartmut: *Der Deutsche Orden.* München 1994.

Bordonove, Georges: *La vie quotidienne des templiers.* Paris 1979.

Charpentier, Louis: *Macht und Geheimnis der Templer.* Olten 1986.

Dailliez, Laurent: *Les templiers.* Nizza 1980.

Demurger, Alain: *Die Templer.* München 1995.

Desgris, Alain: *L'ordre des templiers: les sécrets dévoilés.* Paris 1995.

Guinguand, Maurice: *L'or des templiers.* Paris 1973.

Hauf, Monika: *Der Mythos der Templer.* Solothurn 1993.

Keen, Maurice: *Das Rittertum.* Reinbek bei Hamburg 1991.

Le Goff, Jacques: *Das alte Europa und die Welt der Moderne.* München 1996.

Lincoln, Henry/Baigent, Michael/Leigh, Richard: *Der Heilige Gral und seine Erben.* Bergisch-Gladbach 1990.

Lock, Karl-Heinz: *Stichwort Geheimbünde.* München 1994.

Mahieu, Jacques de: *Die Templer in Amerika.* Tübingen 1979.

Mayer, Hans Eberhard: *Geschichte der Kreuzzüge.* Stuttgart 1985.

Partner, Peter: *The Knights Templar and Their Myth.* Rochester 1990.

Pernoud, Régine: *Les Templiers.* Paris, 1974.

Sède, Gérard de: *Die Templer sind unter uns.* Berlin 1963.

Sinclair, Andrew: *The Sword and the Grail.* New York 1992.

Sippel, Hartwig: *Die Templer.* München 1996.

Bildnachweis

1   British Library, London. Signatur: Man. Add. 28681 f. 9.

2   Schedelsche Weltchronik (Nürnberg, 1493), f. 17.

3   Israelisches Verkehrsbüro.

4 oben: Syrisches Ministerium für Tourismus.

4 unten: British Library, London. Signatur: Royal MS 19B XV f. 37.

5   Bodleian Library, Oxford. Signatur MS Douce 264 f. 38 v.

6 und 7 Portugiesisches Touristikbüro, Fotografien von A. Sacchetti.

8   Chronica Maiora des Matthäus Paris. Parker Library, Corpus Christi College, Cambridge. Signaturen: CCC MS 26 p.220, CCC MS 16 f. 58v.

Danksagung

Für die Bereitstellung von Bildmaterial danken wir dem staatlichen israelischen Verkehrsbüro, Frankfurt, der Kulturabteilung der Syrischen Botschaft in Bonn, der Syrian Arab Airline, München, dem portugiesischen Touristikbüro, Frankfurt, der Parker Library, Corpus Christi College, Cambridge, der Bodleian Library, Oxford, sowie der British Library, London.

Besonderen Dank möchte ich den Mitarbeitern der genannten Tourismusbüros und Bibliotheken aussprechen, insbesondere Frau Maxeiner und Mrs. Cannell. Ein besonderer Gruß an dieser Stelle auch an die charmanten Damen der Syrian Arab Airline. Herzlichen Dank den außerordentlich hilfsbereiten und fachkundigen Mitarbeitern der Handschriftenabteilung in der Bayrischen Staatsbibliothek, München.

Besonderen Dank schulde ich Gertrud Bauer für stilistische und Julia Bauer für stilistische wie fachliche Korrekturen.

Personenregister

Aldalbert von Leon 29
Alexander III., Papst 57
Alfons I., König von Aragon und
  Navarra 66 f.
Alfons VII., König von Kastilien
  und Leon 67 f.
Amalrich I., König von Jerusalem
  142, 144 ff., 175
Anaklet II., Gegenpapst 51 f., 67
Andreas von Montbard 51
d'Arcons, César 246
Arnold von Torroge 151
Augustinus, Kirchenvater 35 f.

Baigent, Michael 53 f., 64, 113,
  118, 213, 218, 221, 226–229,
  231, 244, 246, 248 f., 261, 268 ff.
Balduin I., König von Jerusalem
  15, 121
Balduin II., König von Jerusalem
  18 f., 22, 25, 29, 121
Balduin III., König von Jerusalem
  133–136, 141 f.
Balduin V., König von Jerusalem
  147

Basilides, Gnostiker 203
Beaujeu, Wilhelm von 166, 172,
  252
Beck, Andreas 211
Benedikt von Nursia 19
Bernhard von Clairvaux 23,
  33–36, 39, 41, 44, 46–55, 124 f.,
  134 f., 163, 232, 255, 268, 273
Bernhard von Trémelay 136 f.
Bertrand von Blanquefort 143 f.,
  246
Blanka von Kastilien, Königin
  240 f.
Bohemund III. von Antiochia
  164
Bonifaz VIII., Papst 178, 189, 200
Brian von Jay 138

Cadet, Louis 270
Charpentier, Louis 19 f., 23, 42,
  53 f., 63 ff., 201 f., 205 ff., 213,
  255, 261–265
Chrétien de Troyes 271
Clemens V., Papst 185, 189–198,
  212 f., 222, 238, 268, 276

Dagobert II., König des Franken-
landes 247
Dante Alighieri 194
Demurger, Alain 51, 105, 126,
128, 130, 143, 146 f., 153, 163,
187
Dubois, Pierre 179

Eberhard von Barres 126, 128,
130, 135
Eduard II., König von England
192, 196, 229 f.
Ernoul, Chronist 147
Esquieu von Floyran 186
Eudes von Deuil 128, 130
Eugen III., Papst 33, 38, 57, 124 ff.

Fabré-Palaprat, Bernhard-Raimund
232, 235
Friedrich I. Barbarossa, Kaiser 154
Friedrich II., Kaiser 161 f., 179, 190
Fulko von Chartres, Chronist 22
Fulko, König von Jerusalem 121 f.

Garimond, Patriarch von Jerusa-
lem 16
Gerhard von Caux 76, 79
Gerhard von Ridefort 146–151,
153, 175, 276
Gerhard von Sidon 136
Gerhard von Villers 187, 238
Gilbert von Assalit 143
Gilbert, Templer 129
Gottfried von Bouillon 127
Gottfried von Charney 201 f., 213
Gottfried von Rancogne 128
Gregor IX., Papst 161, 171, 179
Guido von Lusignan, König von Je-
rusalem 147–150, 155 f., 175

Guillaume de Clerc 160
Guinguand, Maurice 250 ff.

Hadrian IV., Papst 57
Hauf, Monika 190, 223 f., 230,
246 f., 258
Heinrich II., König von Frankreich
268
Heinrich III., König von England
190
Heinrich von der Champagne,
König von Jerusalem 155,
163
Heinrich, König von Zypern 175
Henry von Saint-Clair, Earl of
Orkney 257
Honorius II., Papst 32, 35
Honorius III., Papst 160, 183
Hugo Ribaud 62, 66
Hugo von Châlons 238
Hugo von der Champagne, Graf
21, 23, 25, 34, 51, 53 f., 118
Hugo von Mâcon, Abt von
Pontigny 33
Hugo von Payens 10, 15, 18 f.,
21–26, 30 ff., 34, 36, 40 f.,
44–47, 54, 57, 61 ff., 113 f., 116,
275
Hugo von Peiraud 178 f., 189,
204 f.
Hund, Karl Gotthelf von 230 f.
Huo Peccator 45, 61

Ibn Shaddad, Chronist 152
Innozenz II., Papst 51 f., 55 ff., 72,
98
Innozenz III., Papst 33, 58, 158 f.,
171, 183, 190, 218, 245
Ivo von Chartres 21, 23

Jaime de Mora y Aragon, Don 236

Jakob II., König von Aragon 186

Jakob Vitry, Bischof von Akkon 16 f., 20, 160

Jakob von Molay 173 ff., 177, 185, 187, 191, 194, 201 f., 210, 213, 222–225, 229, 235, 243, 247, 252, 268, 270, 276

Johann von Chalon 238

Johann von Würzburg 132

Johannes II. Komnenos, Kaiser von Byzanz 121 f.

Johannes, Evangelist 202

Johannes der Täufer 207, 235, 253

John von Stokes 201

Joscelin II., Graf von Edessa 122

Joseph von Arimathäa 271

Keen, Maurice 90

Kolumbus, Christoph 220, 256, 258, 260 f.

Konrad III., deutscher König 124 f., 130–134

Larmenius, Jean Marc 232 f.

Le Goff, Jacques 275

Leigh, Richard 53 f., 64, 113, 118, 218, 221, 226–229, 231, 244, 246, 248 f., 261, 268 ff.

Lhomoys, Roger 240–243

Lincoln, Henry 53 f., 64, 133, 118, 218, 221, 229, 231, 244, 246, 248 f., 261

Lock, Karl-Heinz 234

Ludwig VII., König von Frankreich 124, 131 ff.

Ludwig IX., König von Frankreich 177

Ludwig XV., König von Frankreich 270

Lukas, Evangelist 202

Malachias, Mönch 268

Markus, Evangelist 202

Matthäus Paris 182

Matthäus, Evangelist 202

Matthias, Kardinal von Albano 32

Mayer, Hans Eberhard 163

Melisende von Jerusalem 133, 135, 141

Milo von Plancy 143

Mohammed, Prophet 207

Montgomery, Gabriel de 268

Nikolaus IV., Papst 180

Nostradamus, eigentl. Michel de Notredame 266–269

Nuredin, Gouverneur von Mossul und Aleppo 131, 141 f.

Odo von Saint-Amand 139, 146 f., 151

Pagan von Montdidier 62

Paschalis II., Papst 180

Paulus, Apostel 21

Pelagius von Albano 160

Pernoud, Régine 117, 188, 192, 209, 253

Petel, Abbé 204

Peter von Aumont 225

Petrus Venerabilis, Abt von Cluny 162

Philipp IV., der Schöne, König von Frankreich 58, 178 f., 184,

187–193, 195, 197 f., 200, 211,
213, 220, 223 f., 239, 241, 247,
253, 268, 274, 276
Piobb, Autor 266 f.

Radix de Chevillon 235
Raimund Bernard 62, 64
Raimund Ropen, von Antiochia
164
Raimund, Fürst von Antiochia 123
Raimund, Fürst von Tripolis 148
Rainald von Châtillon 148
Ramiro von Aragon 67
Richard I. Löwenherz, König von
England 156, 177, 190
Riley-Smith, J. 143
Robert I. Bruce, König von Schott-
land 227 ff.
Robert von Craon 116, 130
Robert von Sablé 156 f.

Saladin, Sultan von Ägypten und
Syrien 139, 145, 148–151,
153 ff., 157, 162, 164
Salomo, israelitischer König 18,
118, 202, 253, 265
Saunière, Bérenger de 244,
247 f., 252
Schawar, Großwesir von Ägypten
142 ff.
Schirkuh, General Nuredins 142,
144
Sède, Gérard de 207, 222, 234,
236, 238–243, 255 f., 265 f.
Simon von Kyrene 203
Sinclair, Andrew 190, 206, 228 ff.,
256–261

Sippel, Hartwig 152, 10, 189,
206 f., 232 f., 254 f., 267
Stefan Harding, Abt von Cîteaux
33, 53
Sugar, Abt von Saint-Denis 28

Theobald Gaudin 172
Theobald von der Champagne,
Graf 64
Theobald, Abt von Sainte-
Colombe 22
Theresa, Gräfin von Portugal 64 f.
Titus, römischer Kaiser 246

Urban II., Papst 21
Urgel, Fürst von 66

Varende, Jean de la 262
Vasco da Gama 258
Walter von Mesnil 145
Wilhelm von Boubein 178
Wilhelm von Gisors 243
Wilhelm von Halkeston 138
Wilhelm von Nogaret 186, 200,
213
Wilhelm von Plaisians 186
Wilhelm von Tyrus 16–20, 116,
137, 144, 158
William de Saint Clair 228
Wolfram von Eschenbach 26,
162, 271–274

Zengi, Imad ad-Din, Gouverneur
von Mossul und Aleppo 122 ff.,
131
Zeno, Antonio 259
Zeno, Nicolò 259